인공지능과 일상생활

인공지능과 일상생활

: 가정, 업무, 배움의 현재와 미래

1판 1쇄 | 2021년 8월 23일

지은이 | 김연숙, 손현주, 윤기영, 이지윤

펴낸이 | 정민용
편집장 | 안중철
편 집 | 강소영, 윤상훈, 이진실, 최미정

펴낸 곳 | 후마니타스(주)
등록 | 2002년 2월 19일 제2002-000481호
주소 | 서울 마포구 신촌로14안길 17(노고산동) 2층
전화 | 편집_02.739.9929/9930 영업_02.722.9960 팩스_0505.333.9960

블로그 | blog.naver.com/humabook
트위터, 페이스북, 인스타그램 | humanitasbook
이메일 | humanitasbooks@gmail.com

인쇄 | 천일_031.955.8083 제본 | 일진_031.908.1407

값 18,000원

이 저서는 2017년 대한민국 교육부와 한국연구재단의 지원을 받아 수행된 연구임.
(NRF-2017S1A3A2065772)

인공지능과 일상생활

가정, 업무, 배움의 현재와 미래

Artificial Intelligence

김연숙, 손현주, 윤기영, 이지윤 지음

후마니타스

차례

인공지능과 일상

바야흐로 인공지능시대입니다. 우리는 스마트폰 자동번역 기능과 자동차 내비게이션 같은 인공지능을 매일 만나고 있습니다. 세계 최강의 바둑 기사 이세돌 9단을 꺾은 '알파고'AlphaGo는 인공지능의 시작에 불과할지도 모릅니다. 인공지능은 산업을 혁신하며 우리의 일상생활을 변화시키고, 돌봄 서비스를 할 정도에 이르렀습니다. 인공지능은 과학기술의 진보를 넘어 '새로운 문명'으로 우리에게 다가오고 있습니다.

2019년 10월 28일, 문재인 대통령은 서울 강남 코엑스에서 열린 '데뷰DEVIEW, Developer's View 2019' 행사의 기조연설에서 이렇게 밝

했다(최경민 2019). 그렇다. 바야흐로 인공지능시대가 도래했다. 대통령 연설에 따르면, "인공지능 문명"은 스스로 지적 능력을 끊임없이 확장하고 부족함을 보완해 더욱 완전해지려는 인류의 꿈이 만들어 낸 결과이다. 그리고 "인공지능의 발전은 인류가 그동안 경험해 보지 못한 세상으로 인류를 이끌 것"이다. 인공지능은 이제껏 경험해 보지 못한 미래를, 현재의 일상 수준에서부터 이미 만들어 가고 있다. 인공지능에서 새로운 국가적 기회를 포착하고, 희망에 찬 미래 비전을 선포하며, 구체적인 정책 대안인 '인공지능 국가 전략'(2019/12/17)의 수립을 미리 알리는 이 연설의 바닥에 깔려 있는 것은 불확실성이다.

지금까지 기술의 거대한 변화는 언제나 불확실성을 동반해 왔다. 인간의 필요와 욕망을 충족시키기 위해 발명되고 개선된 도구인 기술이 인간으로 하여금 적응을 강제했고, 생산과 소비 체계는 물론 사회와 문화 전반의 변화를 일으켰다. 기술의 혁명적 변화에 따른 인간과 사회 변화의 폭 전체가 미리 예상된 바는 거의 없었다. 그럼에도 인공지능이 불러오는 변화가 특별한 이유는 무엇일까? 그것은 지금까지의 기술 변화와 달리 인공지능이 인간의 지적 능력 자체를 대체함으로써 도구로서의 기술을 넘어서고, 역으로 기술을 사용하는 인간의 능력을 의문에 부치는 것처럼 보이기 때문이다. 영화 〈아이, 로봇〉I, Robot[1]에서 인공지능 로봇 써니가 자신을 인정

1_아이작 아시모프의 동명 소설을 원작으로 한 SF 영화(2004년)이다. 로봇에 대해 강한 불신을 갖고 있으면서 몸의 일부가 기계화된 사이보그 형사 스프너, 로봇 3원칙을 자신의

하지 않는 형사 스프너에게 말하는 다음과 같은 반문은 이 점을 함축적으로 보여 준다.

스프너: 넌 기계일 뿐이야. 인간을 흉내 낸 기계.
로봇이 작곡을 하니?
로봇이 명화를 그릴 줄 알아?
써니: 당신은요?

그러므로 "일자리를 찾는 20대 청년, 직종 전환을 희망하는 30대와 40대 재직자, 인생 제2막을 준비하는 50대와 60대, 어르신 세대까지 원하는 사람은 누구나 인공지능을 배울 수 있도록 교육 기회를 제공하겠습니다. 인공지능을 자유롭게 활용하고 소비하게 하겠습니다"라는 문재인 대통령의 연설은 달리 읽힐 수도 있다. "인공지능 문명"에서 인간이 인간다울 수 있는 조건은, 20대 청년부터 어르신까지 누구나 인공지능을 자유롭게 '활용'하고 '소비'할 수 있어야 한다는 것이다.

언젠가 우리 모두는 인공지능을 자유롭게 '활용'하고 '소비'할 수 있을지도 모른다. 그러나 우리들 대부분이 "인공지능시대"에서 인간다울 수 있는 최소한의 조건을 갖추지 못한 채, 경험해 보지 못한 새로운 세계에 진입했다면, 문제의 성격은 다르다. 우리는 다가

의지로 거스를 수 있는 로봇 써니, 로봇 3원칙을 재해석해서 인류를 보호하기 위해 인류를 통제하려는 인공지능 비키가 등장한다.

오는 미래를 준비하고 있는 것이 아니라, 지금 이 순간 곧바로 미래에 던져진 것이다. 영화 〈나, 다니엘 블레이크〉I, Daniel Blake[2]에서 오랜 목수 생활을 마친 노년의 주인공이 실업 수당을 신청하는 장면은, 인공지능시대를 살아가는 우리가 언제든 직면할 수 있는 상황을 극적으로 보여 주는 것 같다.

> 다니엘 블레이크: 실업 수당 신청과 항고 신청 양식을 지금 받아 볼 수 있겠소?
>
> 일자리플러스센터 상담원: 인터넷 신청입니다.
>
> 다니엘 블레이크: 못 할 것 같은데
>
> 일자리플러스센터 상담원: 전화 도우미 이용하세요.
>
> 다니엘 블레이크: 차라리 집을 한 채 지으라 하시오. 컴퓨터는 근처도 안 가 봤소.
>
> 일자리플러스센터 상담원: 디지털 시대잖아요.
>
> 다니엘 블레이크: 또 그 소리! 전화에서도 디지털 타령이더군. 난 연필 시대 사람이오. 그런 사람들 배려는 안 하나?
>
> 일자리플러스센터 상담원: 난독증 대상 특별 상담 번호는 있어요.
>
> 다니엘 블레이크: 몇 번이오? 난 컴퓨터 난독증인데.
>
> 일자리플러스센터 상담원: 인터넷에 나와요. 예약 없이 오셨으면 이

2_영국 뉴캐슬을 배경으로 영국의 신자유주의적 복지 제도를 비판하는 영화(2016년)이다. 아래 대화는 영화 초반 '컴맹'인 다니엘이 관공서의 관료적인 절차 및 스마트폰이나 컴퓨터 사용을 '권장'하는 정부 지침과 씨름하는 장면이다.

만 가 주세요.

다니엘 블레이크: 환장할 노릇이군.

이 책은 인공지능이 불러온 변화가 우리, 잠재적인 다니엘 블레이크에게 어떤 의미를 갖는지에 관심을 맞춘다. 그러나 영화 〈나, 다니엘 블레이크〉처럼 컴퓨터나 인터넷과는 전혀 상관없는 목수일에서 순수한 인간다움을 찾는 시선은, 이 책과는 거리가 멀다. 무엇보다 소셜 네트워크 서비스Social Network Service, SNS(이하 SNS)나 유튜브 같은 뉴미디어를 통해 자신들의 정치적 지향을 분명히 드러내는 노인 세대를 종종 보는 한국에서 컴퓨터 근처에도 가보지 못한 다니엘은 무척 예외적인 존재이다. 대신에 이 책이 관심을 갖는 '우리'는 초등학생부터 노인 세대까지 컴퓨터나 스마트폰을 사용하며, 사이버 공간의 콘텐츠를 활용하고, SNS를 통해 교류를 나누며, 2020년대를 살아가는 한국인이다.

'우리'에게 인공지능시대의 의미가 다니엘 블레이크와 같은 것일까? 다니엘과 현격히 다름에도, 그가 직면한 상황에 공감한다면 그것은 무엇 때문일까? '우리'는 인공지능 로봇을 앞에 둔 스프너에 가까울까, 아니면 컴퓨터 근처에도 못 가본 다니엘에 가까울까? 애초에 '우리'는 인공지능이 가져온 변화를 어떻게 인식하고 있을까? 쏟아지고 있는 인공지능 관련 서적들에서부터 정부의 정책에 이르기까지 인공지능에 대한 적응의 강조와, 적응하지 못하면 도태되고 말 것이라는 경고가 가득하다. 하지만 '어떻게 변화에 적응할 것인가', '어떻게 변화를 선도할 것인가'라는 목소리의 폭풍우 속에서 '우리는 변화를 어떻게 인식하고 있으며, 그 변화는 우리에게 어떤 의미를 갖는가'라는 질문은 잘 들리지 않는다.

이 질문에 접근하기 위해서 이 책이 택한 키워드는 '일상'이다. 일상은 우리가 매일 움직이면서 되풀이하는 삶이다. 일상은 평범하고 자연스러우며 습관적이고 반복적인 행위, 생각, 느낌으로 구성된다. 일상은 개념적으로 특별한 사건과 부합하지 않는 것처럼 보인다. 하지만 우리는 일상 속에서만 존재할 수 있고, 일상이 모여서 가족, 집단, 제도, 사회가 만들어지고 작동한다. 과거, 현재, 미래의 거대한 시간과 역사적 사건 역시 일상 속에서 탄생한다. 그러므로 "인공지능시대"가 이미 도래해 전혀 경험하지 못한 세상이 만들어지고 있다면, 무엇보다 그것은 우리의 일상 속에서 이루어지고 있을 것이다. 컴퓨터 근처에 못 가본 목수 다니엘이 인공지능 로봇을 앞에 둔 형사 스프너로 변해 가면서, 인공지능이 던진 질문에 어떻게 응답할지 고민하는 것도 바로 일상 속에서일 것이다.

어쩌면 이 책을 읽는 독자에 따라서, SF적인 이미지로 가득 차 있는 '인공지능'과 '일상'이 어울리지 않는다고 생각할지도 모르겠다. 하지만 당신이 네이버, 다음, 구글과 같은 검색엔진을 통해 인터넷의 다양한 웹페이지를 찾았다면, 당신은 이미 인공지능을 사용하고 있다. 당신이 넷플릭스^{Netflix}에서 드라마와 영화를 선택하는 순간, 인공지능은 당신의 곁에 있는 것이다. 검색엔진을 사용할 때마다 검색엔진에 숨겨져 있는 알고리즘이 입력된 단어와의 논리적 연결을 기반으로 웹페이지를 추천한다. 온라인 검색엔진과 넷플릭스와 같은 추천 엔진은 우리가 일상생활에서 사용하는 인공지능의 많은 응용 프로그램 가운데 하나이다.

좀 더 주변을 둘러보자. 예컨대 구글의 지메일Gmail은 메일을 자동으로 분류한다. 인공지능의 도움을 받은 필터링 기능은 기본, 소셜, 프로모션, 업데이트, 포럼 등으로 메일을 나눌 뿐만 아니라 스팸메일의 99퍼센트 이상을 차단한다. 세계 최대의 소셜 미디어 페이스북은 헤어진 여인에게 보복하기 위해 성 관련 동영상이나 사진을 무차별적으로 뿌리는 리벤지 포르노Revenge Porno를 인공지능을 이용해 차단한다(Bradley 2018). 인스타그램에서는 인스타맵Instamp을 이용해 사진 등의 정보를 검색·추가·삭제할 수 있다. 대화형 인공지능 내비게이션은 음성만으로 목적지를 바꾸거나 가장 저렴한 주유소나 주차장, 화장실을 찾아 주고, 사고 상황에 따른 교통정보를 실시간으로 알려준다. 스마트홈Smart Home은 집안의 다양한 기기들을 연결해 가정이라는 사적인 공간 자체를 인공지능의 관리 하에 둔다.

기업체에서도 인공지능을 활용해 거래 비용을 줄이고 활발한 정보 유통을 통해 고객에게 양질의 서비스를 제공하고 있다(이효정·김기범·최연경 2018). 예컨대, 가격 민감도가 각기 다른 고객 개개인에게 차별화된 가격을 제시하는 다이내믹 프라이싱dynamic pricing 기법, 사용자의 행동 패턴·사용자 간 관계·상품 유사도에 기반을 둔 알고리즘으로 고객의 취향과 선호를 예측하고 이에 맞는 상품을 추천하고 구매 결정을 도와주는 추천 시스템, 컴퓨터로 프로그래밍된 알고리즘에 따라 증권·파생 상품 등 자산을 거래하는 단순 및 인공 신경망 알고리즘 트레이딩 등이 있다. 이외에도 인공지능 알고리즘은 신용 평가 및 심사, 투자자문, 기업의 준법 감시 등 다양한 분야에 도입되고 있다. 심지어 홍콩의 벤처 투자 회사인 딥날리지 벤처스Deep Knowledge Ventures는 '바이탈'VITAL이라는 알고리즘을 이사로 임명해 다른 다섯 명의 인간 이사와 똑같이 투자 결정에 참여하게 했다(Wile 2014).

정보를 습득하고 지식을 얻는 배움의 과정에서도 인공지능은 다양하게 활용되고 있다. SK텔레콤의 인공지능 로봇 알버트는 초등학생을 대상으로 놀이와 프로그래밍 코딩을 접목한 놀이식 코딩 학습을 한다. 이외에도 이미 초·중등 교육과정의 외국어교육, 과학, 수리, 교육 관리에는 다양한 인공지능 기술이 도입되고 있다. 학생의 공부 패턴을 분석해, 학생 개개인에 맞는 문제 유형을 반복 학습하게 하고 학습 진도 관리를 도와주는 인공지능형 인터넷 강의는 상당히 일반화되었다.

이미 우리 일상생활의 상당 부분은 디지털에 의해 형성되고, 디지털은 알고리즘 기반의 인공지능에 의해 만들어지고 있다. 인공지능은 우리가 사적인 생활을 영위하고, 일하고, 학습하는 방식을 끊임없이 변화시키고 있다. 디지털로 연결된 컴퓨터가 삶의 방식을 변화시키고 있는 것이다. 한마디로, 우리 눈앞에 펼쳐지고 있는 것은 바로 인공지능의 일상화이다.

이제 이 책의 주제와 내용을 좀 더 구체적으로 말해 보자. 이 책은 데이터 과학의 등장과 알고리즘의 발전으로 인공지능의 이용과 인공지능에 의존한 의사 결정이 일상화되고 있는 상황에서, 인공지능은 우리의 일상을 어떻게 변화시키고 있으며, 우리는 그 변화를 어떻게 인식하고 있는지, 그리고 그 변화는 우리에게 어떤 의미를 가지고 있는지 다룬다. 사람들이 현재 일어나고 있는 변화를 어떻게 생각하고 있는지에 대해서는 심층 면접과 전화 인터뷰를 통해 살펴보았다. 그리고 일상생활 중에서도 가정이라는 공간을 중심으로 한 사적인 삶의 영위, 직장에서의 다양한 업무 방식, 정보와 지식을 습득하는 배움의 과정에 집중했다. 물론 이 영역이 우리 일상의 전부는 아니다. 이 책은 인공지능에 의해 변화되고 있는 일상 전체를 그대로 재현하지 않는다. 그것은 가능하지도 않고, 효과적으로 문제의식을 환기시키려는 목적을 달성하기 위해서라면 바람직하지도 않다.

이 책의 구성과 내용은 몇 가지 문제의식을 부각시키기 위한 것이다. 인공지능시대의 거대한 변화에 적응해야 한다는 주장은 종종 변화의 폭을 강조하기 위해 현재 일어나고 있는 변화의 범위와 속도를 세심하게 가늠하지 않는다. 그로 인해 빚어지는 한 가지 결과는, 인공지능이라는 기술의 발전과 그로부터 비롯되는 변화에 대해 인간의 인식, 감정, 상상, 기대가 미치는 영향을 소거하고 사태를 바라보게 만든다는 점이다. 마치 인공지능 기술의 발전이 이미 인간의 손을 떠나 스스로 이루어지고 있고, 인간에게는 적응이라는 선택지밖에 남지 않은 것처럼 말이다. 반면 이 책은 인공지능 기술의 발전은 물론 인공지능이 일상생활에 가저올 변화의 범위와 속도는 기술적 측면 못지않게 사회·경제·정치·환경적 요인으로부터도 영향을 받는다는 점을 강조한다. 인공지능에 의해 만들어지는 변화는, 그 변화를 이해하고 수용하는 인간의 인지적 측면과 동떨어질 수 없다.

이런 관점은 이 책 전반을 관통하지만, 특히 제1부 "인공지능의 과거, 현재, 그리고 미래"는, 인공지능에 의한 일상의 변화를 살펴보기에 앞서, 인공지능 기술의 발전 과정과 전망을 사회·경제·정치·환경의 변수와 결부시켜 종합적으로 분석한다. 먼저 1장 "인공지능의 등장과 발전"은 인공지능 기술 발전의 역사를 간략하게 검토한다. 1950년대에 시작된 인공지능이 직면했던 3차례의 전성기와 2차례의 겨울 시대라는 성장과 침체의 굴곡에는 단순히 기술적인 한계뿐만 아니라 기술에 대한 환상과 경제적 이익에 대한 기대가 함께 자리 잡고 있었다. 또한 오늘날 인공지능 관련 상품 및 서비스가 급부상하게 된 것은 빅데이터의 발달과 함께 효율과 생산성을 높여 이익을 극대화하려는 상업적 동기, 개방·공유·오픈소스open source의 문화가 작용한 결과이다.

2장 "인공지능 발전의 트렌드와 미래 전망"은 인공지능과 관련해서 현재 일어나고 있는 변화를 사회, 기술, 경제, 환경 및 정치·제도의 분야별로, 그리고 단기·중기·장기의 시간대별로 구분해서 좀 더 세밀하게 파악하고 예측할 수 있는 일종의 지도, 즉 2020년 말 시점에서의 '인공지능 트렌드 레이다'trend radar를 제공한다. 경제협력개발기구Organization for Economic Cooperation and Development, OECD 과학기술정책위원회의 보고서, 가트너Gartner와 같은 미래 기술 예측 기관, 매킨지Mckinsey Global Institute, 프라이스워터하우스쿠퍼스 컨설팅Pricewaterhouse Coopers Consulting, PwC 등의 컨설팅 조직, 『MIT 테크놀로지 리뷰』*MIT Technology Review*, 『퓨처리즘』*Futurism*과 『와이

어드』*Wired* 등의 저널을 참고해 도출한 26개의 인공지능 트렌드 가운데 우리 사회에 미치는 영향, 사람들의 기대, 기술적 중요성을 고려하여 18개의 트렌드를 상세히 논했다. 디지털 기술에 대한 이해와 미래학적 시각에 바탕을 둔 인공지능 트렌드 레이다는 인공지능에 의해 변하고 있는 일상을 정확히 파악하고, 미래를 예측하며, 변화의 긍정적·부정적 측면을 진단해, 발생 가능한 미래 이슈에 적절히 대응할 수 있게 할 것이다.

제2부 "인공지능과 일상생활의 변화"에서는 본격적으로 인공지능이 가정생활, 업무 활동, 학습 방식을 어떻게 변화시키고 있는지 살펴본다. 2부의 각 장은 인공지능이 잠식한 일상의 각기 다른 측면을 다루고 있지만, 다음과 같은 공통의 문제의식에 바탕을 두고 있다. 첫째, 제1부에서 살펴본 것처럼, 인공지능의 일상화가 이미 진행되고 있지만, 그 과정은 완결되지 않았다. 그러므로 인공지능 시대에 관한 유토피아적 낙관론과 디스토피아적 비관론 사이의 추상적인 갑론을박보다 더 중요한 것은 변화의 부정적 측면과 긍정적 측면을 좀 더 세밀하게 판별하고, 발생할 수 있는 위험 요소를 줄여 나가기 위한 실천적인 지침을 명확하게 제시하는 것이다. 이런 맥락에서 스마트홈을 중심으로 가정생활을 다룬 3장, 여러 업무 현장에서 인공지능이 어떻게 도입되고 있는지를 다룬 4장, 기존의 학교 교육 방식을 훌쩍 넘은 배움의 변화를 다룬 5장은 모두 논의의 초점을 최대한 구체화하고, 관련된 여러 당사자의 입장에서 도움이 될 실용적인 조언과 정책적 대안을 제시하고자 했다.

둘째, 인공지능의 기술적 발전과 그에 대한 사람들의 인식이 일치하지는 않는다. 기술적 발전이 정체하고 있어도, 국가정책과 기업 투자에 유리하도록 발전에 대한 환상이 조장되고 기대 거품은 꺼지지 않을 수 있다. 또 각자의 디지털 문해력과 유창성, 생산과 소비 관계 내에서의 위치 등에 따라 인공지능에 대한 사람들의 인식은 각기 다르다. 이처럼 다양한 느낌과 생각, 기대와 불안이 어떤 범위와 속도로 인공지능이 도입될지에 영향을 미치는 또 하나의 장을 형성한다. 인간이 사용하는 기술인 인공지능도 이 인식의 장에 부합해야 도입될 수 있다. 일상의 소소한 경험과 생각이 인공지능 생태계를 결정짓는 중요한 요소로 작용할 수 있는 것이다. 이 인식의 장에 대한 국가와 기업의 영향력을 넘어 실제로 사람들이 어떻게 느끼고 생각하는지를 살펴보기 위해서는 그들의 주관적인 목소리를 들어볼 수밖에 없다.

그러나 인공지능의 일상화는 여기에 또 다른 복병을 심어 놓고 있다. 인공지능을 중심으로 한 제4차 산업혁명은 가상현실Online과 현실 공간Offline이 결합하는 O2O 융합을 특징으로 한다. 이 융합은, 흔히 맞춤형 제품·맞춤형 서비스에서 보듯이, 실제 인간의 일상 생활과 개인의 주관적 체험에 기초한 데이터를 바탕으로 각자에게 최적화된 가치를 창출하고자 한다. 그리고 개인 일정 관리, 쇼핑, 구직, 주식시장, 학습, 여행지 예약, 이성 추천 등등 모든 일상이 인공지능에 잠식되었을 때, 인간 욕망이 역으로 인공지능에 최적화된다. 인공지능의 일상화는 사람들의 주관적인 목소리라는 껍데기를 남겨 놓은 채 인간 욕망을 최적화시킬 수도 있는 것이다.

이런 점을 고려해서 이 책은 3, 4, 5장에서 인공지능에 의한 일상의 변화에 대해 기대와 불안이 교차하는 현장의 목소리에 귀를 기울였지만, 필자들의 비판적인 관점에서 해석하고 재구성했다. 그 결과는 어쩌면 실제 우리 주변의 사람들이 느끼고 생각하는 바와 차이가 있을 수도 있다. 그러나 애초에 담론적 재구성이 현실과 일치할 수는 없는 노릇이다. 오히려 그 불일치를 인정하는 데서 공감과 소통의 가능성이 생성될 수 있다. 이 책이 재구성한 일상의 변화와 거기에서 찾아낸 의미가 독자들에게 공감을 사기를 바랄 뿐이다.

셋째, 인공지능의 일상화는 우리의 지적 능력을 개선하고, 소통의 범위를 확장하며, 지식과 정보의 습득을 용이하게 하고, 광범위한 정보를 바탕으로 신속한 결정을 내릴 수 있게 해준다. 심지어 개인의 장애를 극복하고, 그동안 손이 미치지 못했던 사회 구석구석의 돌봄과 복지를 개선하는 데도 도움을 줄 수 있다. 그러나 그것은 또한 우리의 의사 결정이 점점 더 우리 손을 벗어난 블랙박스에 맡겨진다는 것을 의미하기도 한다. 인공지능의 일상화는 우리의 능력을 대폭 확장시키는 것과 동시에 우리를 점점 더 취약하게 만드는 것처럼 보인다. 무엇을 입을지, 무슨 음식을 먹을지, 어디에 주식을 투자할지, 어떤 학교를 선택할지 등등의 갖가지 문제에 대해 인공지능이 빅데이터·기계학습·딥러닝Deep Learning을 통해 모든 정보를 수집하고 분류하여 최적의 결정을 해준다고 믿게 될 수 있고, 어쩌면 벌써 많은 사람들이 그렇게 되어 있는지도 모른다. 인공지능이 더 발달하고 인공지능 생태계가 보편화될수록, 일상이 인공지능에 의해 관리될수록, 인간은 자신의 기억·욕망·필요를 인공지능에 더욱 의존할 수밖에 없을 것이다.

그러나 인간의 주관적 삶이 영위되는 최소한의 영역으로서 일상은 인공지능이 먼저 인간의 감정, 욕구, 생각에 순응해야 하는 장이기도 하다. 인공지능의 일상화는 기계의 언어인 인공지능 알고리즘을 인간이 이해하고 수용하는 데서 출발하기 때문이다. 또 인간은 항상 합리적이지 않다. 감정과 감각적 욕구가 우리를 움직이는 중요한 동기가 될 때가 많다. 인공지능의 합리성과 논리성은 인간의 비합리성과 충돌할 수 있다. 이럴 때 일상은 이미 인공지능에 의해 장악된 영역이 아니라 언제든 인간과 인공지능 가운데 누가 주도권을 갖는가를 두고 겨룰 수 있는 불확정의 전장이 된다. 이 점에서 인공지능의 신격화가 현실화되는 공간도 일상이지만, 인공지능 중심의 환경을 인간 중심의 환경으로 바꾸는 출발점도 일상일 수밖에 없다. 이를 위해서 무엇보다 필요한 것은, 인공지능이 가져온 변화의 의미가 무엇인지 곰곰이 생각해보는 비판적인 자세일 것이다.

3, 4, 5장은 이런 비판적인 문제의식을 바탕에 두고 가정생활, 업무 활동, 학습 방식의 변화를 다루었다. 3장 "인공지능과 가정생활의 미래"는 인공지능이 가정이라는 인간의 가장 내밀한 사적 공간 자체를 자신의 관리 대상으로 포섭하게 되었음을 지적한다. 스마트폰과 사물 인터넷Internet of Things, IoT의 발전으로 더욱 대중화된 스마트홈은 에너지 절약, 주거비용 절감, 건강관리 확대, 안전하고 편안한 삶의 충족이라는 편익을 기대하게 한다. 우리가 이 편익을 거부할 이유는 없다. 그러나 스마트홈이 인간 중심적인 스마트 라이프 환경이 될 것인지 아닌지는 사용자의 목소리가 얼마나 반영될 것인가에 따라 열려 있는 미래이다.

4장 "인공지능과 업무 방식의 미래"는 인간의 주된 경제생활이 이루어지는 다양한 일자리 현장에서 인공지능이 불러온 변화를 살펴보았다. 인공지능에 의한 인지노동cognitive work의 자동화가 산업의 혁신을 가져올 것이지만, 다른 한편으로 거의 모든 산업에서 인공지능이 인간의 일자리를 대체할 수 있다는 우려는 이미 우리에게도 익숙하다. 실제 금융, 제조, 의료, IT 컨설팅 및 인공지능 개발자의 육성에서는 실직에 대한 불안함, 새로운 전략적 가능성에 대한 기대, 인공지능이 빠르게 전파되지 않는 답답함이 교차한다. 사용자와 노동자 모두가 인공지능을 이용한 업무를 위해 어떤 환경과 능력이 필요한지를 고민해야 할 시점이다.

5장 "인공지능과 배움의 미래"는 인공지능시대의 배움이란 무엇이고, 과거의 교육과 어떻게 달라질 것인지를 논한다. 인공지능 기술은 가정, 학교, 그리고 일터에서 공유된 데이터, 기술 개방성, 편의성을 바탕으로 배움의 모습을 변화시키고 학교의 벽을 허물고 있다. 인공지능시대에서의 '배움'은 '주어진 지식을 누가 더 잘 습득하고 기억하는가'보다 개인의 상상력, 문제 해결 전략과 같은 '과정'에 대한 이해가 중요하다. 또한 우리가 살아가는 사회의 중요 가치가 무엇인지에 대한 사회적 합의와 '지식'의 재정의도 매우 중요해졌다. 배움은 인간 생애 주기의 일정 기간, 학교라는 특정한 공간에 국한된 활동이 아니라 인공지능시대의 인간다움을 지속적으로 확보해 가기 위해 전 생애에 걸쳐 모든 영역에서 지속해야 할 활동이 된 것이다. 이 점을 책의 구성에서 강조하기 위해, 가정-학교-직장이라는 종래의 생애 주기를 연상시키는 순서를 따르지 않았다.

한편 이 장은 인공지능에 의한 배움의 변화에 개인화된 인공지능의 알고리즘 편향성과 폐쇄적 정보 흐름의 부작용도 나타날 수 있음을 경고한다. 인공지능의 발전의 심화가 지식의 민주화를 가져올 것이라는 전망은 자칫 당위적이고 낭만적인 사고일 수 있다. 인공지능에 의한 배움이 인간의 편향성과 우리 사회의 갈등을 더욱 증폭시킬수도 있는 것이다. '배움'의 영역 역시 열린 미래로 남아 있다.

마지막으로 "결론"은 지금까지의 논의를 바탕으로 인공지능의 일상화가 가져온 딜레마를 고찰하면서 글을 마무리 짓는다.

끝으로 이 책의 집필 과정을 잠시 이야기하면서 서론을 맺고자 한다. 이 책의 기반이 된 연구는 SK텔레콤의 지원을 받아 2019년 5월부터 10월까지 6개월간 "인공지능과 일상생활: 인공지능은 일상생활을 어떻게 변화시키는가?"라는 주제로 진행되었다. 이 기간 동안 인공지능이 일상생활에 미치는 심층적·미시적 변화 양상을 포착하고, 관련된 미래 이슈를 예측하기 위해 4회에 걸친 전문가 세미나와 심층 면접 조사를 수행했다. 심층 면접 조사는 2019년 8~9월에 진행되었으며, 면접 대상자들은 서울·수도권·전북·경남에 거주하는 만 15~57세의 남녀로, 각 영역에서 인공지능과 관련한 경험이 풍부한 사람들로 구성되었다. 총 면접 인원은 22명으로 가정생활, 업무 방식, 학습 방식과 같이 3개 영역으로 나뉘어 조사되었다. 구체적인 설문 내용은 5개의 영역으로 구성되어 있다. 첫째, 인구 통계학적 특성, 둘째, 인공지능의 활용과 효과성, 셋째, 인공지능에 대한 의존도, 넷째, 인공지능 도입으로 인한 변화, 다섯째, 인공지능 도입에 따른 문제점 등이다. 이 조사는 국내에서 인공지능이 일상생활에 미치는 영향을 다룬 질적 연구가 많지 않은 상태에서 이루어졌다는 점에서 의의가 크다.

이후 SSK 대형 단계 연구를 수행하고 있는 서강대학교 글로컬사회문화연구소의 지원으로 2019년의 연구 결과를 심화하고, 책을 출간하기 위해 전면적으로 재서술할 수 있었다. 책의 출간이 지연된 데에는 역설적으로 연구 결과를 다듬는 사이에 벌어진 코로나19의 여파가 컸다. 코로나19의 비대면 사회는 재택근무·원격 강의·온라인 예배·온라인 배달 등 일상생활에서 다양한 변화를 일으켰다. 또한 온라인·비대면 활동의 증가는 인공지능의 부상과 디지털 전환을 가속화시켰다. 필자들은 2019년 말까지의 연구가 지금에도 적용될 수 있는지를 고민하고, 연구 내용을 업데이트하기 위해 노력했다. 심층 면접 조사를 보완하기 위해 전화 인터뷰를 지속했다. 하지만 대략 1년 남짓의 시간적 격차를 좁히지 못했다면, 그것은 전적으로 필자들의 역량 부족 탓이다.

모쪼록 이 연구가 독자로 하여금 인공지능에 의한 일상의 변화에 대해 한 번 더 생각해보는 계기가 되기를 바랄 따름이다.

제1부

인공지능의 과거, 현재, 그리고 미래

Artificial Intelligence

1장

인공지능의 등장과 발전

1. 인공지능의 역사

앨런 튜링Alan Turing은 "계산 기계와 지능"Computing Machinery and Intelligence(1950)이라는 논문에서 "기계가 생각을 할 수 있을까"라는 질문을 던지면서 최초로 인공지능 개념을 제시했다. 그리고 인공지능이라는 용어는 미국 스탠포드 대학의 존 매카시John McCarthy 교수에 의해 다트머스 회의Dartmouth Conference(1956)에서 처음으로 사용되었다. 매카시가 '인공지능'을 선택한 이유는 동물과 기계의 통제·소통을 연구하는 '인공두뇌학'cybernetics과 인공지능을 구별하기 위해서였다(카플란 2016, 40). 매카시는 미국 록펠러 재단에 인공지능 연구를 위한 지원의 필요성을 다음과 같이 제안하고 있다.

이 연구는, 학습의 모든 측면이나 지능과 관련한 모든 특징은 원칙적으로 아주 정밀하게 묘사할 수 있기 때문에 기계로도 충분히 비슷하게 흉내 낼 수 있다는 추측에서 출발한다. 이 연구를 통해 우리는 기계가 언어를 사용하고, 추상성과 개념을 형성하고 지금껏 인간들만 풀 수 있었던 문제를 풀고, 스스로 발전해 나가도록 만들 방법을 모색할 것이다(카플란 2016, 39-40).

인공지능은 지금까지 '전성기'와 '겨울'을 반복해 왔다(유타카 2015, 63-64). 인공지능의 겨울이란 인공지능에 대한 기대의 거품이 꺼지면서 투자가 되지 않는 기간을 의미한다. 제1차 인공지능 전성기는 1950년대 후반에서 1960년대까지이다. 컴퓨터로 특정한 문제를 푸는 연구를 주로 진행했으나 간단한 문제는 풀어도 복잡한 현실의 문제가 풀리지 않으면서 인공지능의 붐은 빠른 속도로 수그러들었다. 그리하여 1970년대 중반부터 겨울의 시대를 맞이했는데, 계산 기능과 논리 체계의 한계 그리고 데이터의 부족 등의 문제가 주된 이유였다(유타카 2015, 63).

제2차 전성기는 1980년대 초에서 1980년대 중반까지이다. 인공지능의 한 방법인 전문가 시스템expert system이 제2차 전성기를 가져왔는데, 이는 전문가의 지식·경험 등을 컴퓨터에 축적하여 전문가와 동일한 문제 해결 능력을 가지도록 만들어진 시스템이다. 그리하여 인공지능 산업에 전문가 시스템, 시각 시스템, 로봇, 특정 목적에 특화된 소프트웨어와 하드웨어를 구축하는 많은 기업들이 참여했다(러셀·노빅 2016, 30). 그러나 지식을 저장하고 관리하는 것이 엄청나게 방대해지면서 막대한 컴퓨팅 파워의 한계와 방대한 학습 데이터의 부족으로 1987년 무렵부터 인공지능의 겨울을 맞이한다.

제3차 전성기는 1990년대 중반부터 검색 엔진이 탄생하고 인터넷이 폭발적으로 발달하면서 2000년대부터 대량 데이터를 이용한 기계학습이 조용히 퍼지면서 시작되었다. 제3차 전성기는 2010년대부터 기계학습과 딥러닝이라는 두 개의 축이 그 발전을 가속화했다(유타카 2015, 63). 아이비엠IBM의 왓슨 프로젝트, 인공지능의 체스 게임과 바둑 경기 승리 등과 같은 사건, 레이 커즈와일Ray Kurzweil의 싱귤래리티Singularity, 스티븐 호킹Stephen Hawking의 발언 등이 회자되면서 인공지능의 물결이 급습했다.

전체적으로 인공지능의 역사는 1950년 튜링에 의한 최초의 개념화, 추론·탐색의 시대였던 제1차 전성기, 지식의 시대였던 제2차 전성기, 기계학습과 딥러닝의 시대인 제3차 전성기로 요약할 수 있다. 인공지능의 발달 과정은 많은 혁신을 가져왔고 인공지능의 미래에 의미하는 바가 크다. 〈표 1-1〉은 지난 70년 동안 인공지능의 주요 이정표 가운데 일부를 선별한 것이다.

표 1-1. 인공지능의 역사

구분	년도	내용
제1차 전성기	1950년	앨런 튜링 "계산 기계와 지능"에서 '기계들이 생각할 수 있을까?' 제시
	1956년	다트머스 대학의 존 매카시가 인공지능이라는 용어 최초 사용
	1959년	MIT에 인공지능 연구소 설립
제1차 겨울 시대	1974년	첫 번째 인공지능의 겨울이 시작되면서 자금과 관심이 증발됨
	1975년	세균 감염을 진단하고 항생제를 추천하는 시스템인 마이신(MYCIN) 개발
제2차 전성기	1981년	일본 국제무역산업성은 제5세대 컴퓨터 프로젝트를 위해 8억 5천만 달러를 책정
	1982년	최초의 성공적인 전문가 시스템 R1을 Digital Equipment Corporation에서 운용 1980년대에는 지식 기반 시스템과 지식 공학이 인공지능 연구의 주된 관심을 이룸
	1984년	미국 국방고등연구계획국(DARPA)은 1984년과 1988년 사이에 전략 컴퓨팅 이니셔티브를 수립하고 인공지능에 대한 투자를 세 배로 증액
제2차 겨울 시대	1987년	특수 인공지능 하드웨어 시장의 갑작스런 붕괴
	1980년대 후반	XCON과 같은 전문가 시스템은 유지하기에 너무 비용이 많이 지출됨
	1991년	1981년에 시작된 일본의 5세대 프로젝트의 목표를 달성하지 못함
제3차 전성기	1994년	최초의 웹 검색 엔진 출시
	1997년	IBM의 딥 블루가 세계 챔피언인 가리 카스파로프(Garry Kasparov)에게 최초로 승리
	2002년	아마존은 인간 편집자를 자동화된 시스템으로 대체
	2004년	미국 국방고등연구계획국(DARPA)의 자율 주행 자동차 대회
	2006년	제프리 힌튼(Geoffrey Hinton)의 심층 신경망(Deep Neural Network) 개발
	2010년	이미지넷 챌린지(ILSVRC, ImageNet Large Scale Visual Recognition Challenge)
	2011년	애플(Apple)이 개인 음성 에이전트 시리(Siri) 출시
	2012년	구글 브레인의 고양이 이미지 식별
	2014년	페이스북의 딥페이스 등장
		소프트뱅크사의 휴머노이드 로봇 페퍼
	2016년	구글 알파고가 세계 바둑 선두 주자인 이세돌에게 승리

출처: Etlinger(2017); 유타카(2015), 62-65쪽을 재구성.

2. 인공지능 상품 및 서비스의 부상

인공지능 기술의 새로운 전환점

지난 수십 년 동안의 인공지능의 발전은 인공지능에 대한 과도한 기대, 기술과 비용의 문제로 실패와 좌절의 연속이었다. 그러나 새로운 접근법의 등장과 기술 환경의 등장으로 인공지능은 새로운 진화의 시작을 보여 주었다.

과거의 인공지능과 오늘날의 인공지능을 구분하는 핵심 요인은 크게 세 가지가 있다(Etlinger 2017). 첫째는 빅데이터[1]의 발달이다. 정보 통신 기술의 발달로 인해 사용 가능한 텍스트의 양이 수백만 단어에서 수십억 단어로 증가했다. 오늘날의 빅데이터 기법은 이런 막대한 양의 자료와 정보를 이용하고 학습할 수 있다. 둘째는 여러 명령어를 동시에 처리하는 병렬 연산 방법을 가능하게 하는 그래픽 처리장치Graphic Processing Unit, GPU(이하 GPU)의 꾸준한 성장과 활용이다. 그래픽 데이터의 고속 처리를 주로 하는 GPU는 많은 계산

1_빅데이터는 일상생활·직장·학교·온라인과 오프라인의 상업적 거래·소셜 미디어 등에서 넘쳐 나는 대량의 데이터를 일컫는 용어로, 너무 크고 빠르거나 복잡해 기존 방식으로 효율적으로 저장하거나 처리하기 어려운 데이터를 말한다. 이때 중요한 것은 데이터의 양이 아니다. 개인·조직·국가들은 빅데이터를 수집하고 분석해 더 나은 의사 결정과 전략을 수립하는 데 사용한다. 또한 빅데이터는 종종 데이터 마이닝을 통해서 여러 가지 형식으로 제공되기도 한다.

을 동시에 수행해 저렴한 비용으로 빅데이터를 돌릴 수 있게 하였다. 명령어가 입력된 순서대로 데이터를 처리하는 직렬 처리 방식에 특화된 중앙처리장치Central Processing Unit, CPU와 같은 기술로 컴퓨터를 학습시키려면 엄청난 연산 능력과 비용이 요구된다. 그러나 GPU를 병렬로 연결해 활용하면 천문학적 비용이 들던 연산 능력이 매우 싼 전기료와 처리비용으로 가능하고, 인공지능 알고리즘인 딥러닝을 빠른 속도로 처리할 수 있어서 인공지능의 발전에 큰 영향을 미쳤다. 세 번째는 알고리즘의 개선이다. 알고리즘은 일종의 계산 규칙이다. 우리가 어떤 옷을 사고 어떤 영화를 볼지 추천해 주고, 우리를 위해 정보를 검색하고 한 지점에서 다른 지점으로 가는 길을 알려주는 것은 모두 계산 규칙에 바탕을 둔다. 발전된 알고리즘은 중요한 문제를 단순히 해결하는 것뿐만 아니라 최대한 경제적으로 해결하는 방법을 제시할 수 있다.

빅데이터, GPU를 이용한 병렬 연산, 알고리즘이라는 세 가지 요인의 결합으로 마침내 인공지능은 단순히 엉뚱한 생각이나 희귀한 기술이 아닌 상업적 현실이 될 수 있었다. 하지만 인공지능의 전면적인 부상의 배경에는 기술적 요인과 결합된 사회의 구조적 변화가 자리 잡고 있다.

데이터 사회, 그리고 기계학습과 딥러닝

인공지능의 부상은 데이터 사회와 깊은 관련이 있다. 중국 알리

바바그룹 회장인 마윈馬雲은 "세상은 지금 IT(정보 기술) 시대에서 DT(데이터 기술) 시대로 가고 있다"고 주장했다(한승호 2015). 이것은 데이터를 관리하고 분석·통제해 의미 있는 정보를 얻어내어 다양한 경제적·사회적 가치를 창출하는 것이 인간의 삶과 사회에 핵심 가치가 되리라는 전망이다. 즉 데이터가 경제적·사회적 생산력의 원천이 된다는 것이다. 데이터 사회는 "데이터가 현대자본주의 가치 생산의 중심 추동력이 되고 이를 가지고 알고리즘 장치를 통해 사회를 조절하는 신종 기술 사회"를 말한다(이광석 2017, 43).

디지털 혁명과 관련한 사회적 담론으로 스마트폰(초연결사회), 빅데이터(알고리즘 사회), 협력적 공유 경제(한계비용 제로 사회), 유전공학genetics·나노기술nano technology·로봇공학robotics의 'GNR' 혁명, 사물 인터넷·메이커 문화·인공지능의 제4차 산업혁명(지능 정보사회) 등이 있다(이광석 2017, 61). 이런 디지털 혁명의 시대에는 데이터의 끊임없는 생성·치환·흐름이 사회 구성의 물질적 조건이 된다. 데이터가 인간과 사회의 관계에 중요한 역할을 하고 생산력 촉발의 원인이며 데이터 환경과 데이터 흐름이 사회를 변화시키는 동인이다.

데이터 사회에서 우리는 데이터의 홍수 속에 살아가고 있다. 빅데이터의 규모, 빠른 생성 속도, 다양성은 정보 통신 기술의 발달과 함께 스마트 기기의 확산, SNS의 활성화, 사물 인터넷의 등장으로 더욱 확대되고 빨라지고 있다. 〈그림 1-1〉 글로벌 데이터의 연간 규모에서 보는 것처럼, 2025년 글로벌 데이터 처리량은 약 175제타바이트Zettabyte, ZB[2]로 증가할 것이며, 2018년에 생성된 33ZB보다 약 5배 이상 늘어날 것으로 전망된다(Reinsel, Gantz and Rydning

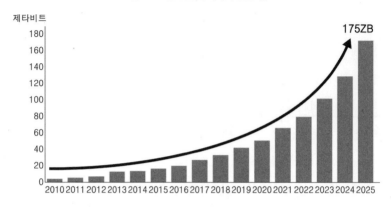

그림 1-1. 글로벌 데이터의 연간 규모

제타비트

175ZB

출처: Reinsel, David, John Gantz and John Rydning, 2018, "The Digitization of the World: From Edge to Core", *Data Age 2025*, IDC, p. 6.

2018). 오늘날 데이터와 관련하여 관심을 받는 것은 행정자료·통계자료와 같이 고정된 영역에 저장된 정형 데이터보다 카카오톡·페이스북·트위터 등과 같이 고정된 영역에 저장되어 있지 않은 비정형 데이터이다. 과거 인류 문명의 역사적 기록에 해당되는 규모의 비정형 데이터들이 디지털 공간에 매일 쏟아져 나오고 있다. 이에 따라 커다란 저장 공간과 고성능 컴퓨터의 연산 능력을 빌려 쓸 수 있는 클라우드의 사용이 증가하고 있으며, 이는 데이터의 성장을

2_제타바이트(zeta byte, ZB)는 데이터 량을 표시하는 단위로, 기가바이트(Gigabyte, GB)의 1조배에 달한다. 최근 디지털 기기의 메모리는 수십에서 수백 기가바이트이며, 하드디스크는 1GB의 천배인 테라바이트(terra byte, TB)급이다. 1GB에 유튜브 저화질 영상(1분, 7MB) 기준으로 약 146분, 3분짜리 음악 약 205곡을 저장할 수 있다. 1ZB의 데이터를 종이책으로 만들면 전 세계 인구에게 각각 36톤을 나누어 줄 수 있다.

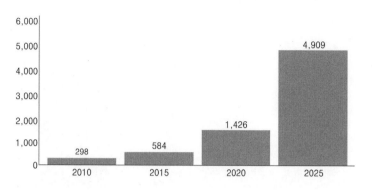

그림 1-2. 1인당 일일 데이터 상호작용 수

출처: Reinsel, David, John Gantz and John Rydning, 2018, "The Digitization of the World: From Edge to Core", *Data Age 2025*, IDC, p. 13.

더욱 가속화할 것이다(Reinsel, Gantz and Rydning 2018).

대부분의 일상생활이 데이터에 기반을 두게 됨으로써 1인당 하루 데이터 상호작용은 2015년 584번에서 2025년 4,909번으로 약 8.4배로 증가할 것으로 예상되며, 2025년에는 전 세계의 인구 중 75퍼센트가 네트워크에 연결될 것이다(Reinsel, Gantz and Rydning 2018). 그리고 전 세계에서 처리되는 데이터 양의 약 30퍼센트는 실시간으로 처리될 것이다. 이처럼 연결성, 실시간 모바일 데이터의 접근성이 엄청나게 향상되어 분석 가능한 데이터가 급속도로 성장함에 따라 인공지능과 같은 지능형 시스템이 기업과 사회의 중요 동인으로 등장할 수밖에 없게 되었다. 데이터 과잉의 시대에 인공지능 기반 데이터 관리, 분석, 처리가 기업과 사회의 성공 요인으로 떠오른 것이다.

그림 1-3. 인공지능, 기계학습, 딥러닝의 개념도

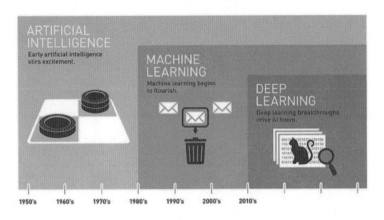

데이터 기반 관리·분석·처리를 가능하게 한 것은 인공지능의 기술인 기계학습과 딥러닝의 발달에 있다. 기계학습은 전통적인 통계 알고리즘에 의한 학습을 의미하며, 딥러닝은 신경망의 다층 구조로 구성되어 그 신경망이 심층적으로 구성되어 있는 알고리즘을 의미한다. 전통적인 기계학습은 소수의 변수로 구성되는 것이지만, 딥러닝은 다수의 변수에 대해서도 학습이 가능하다. 1980년대에는 기계학습, 2010년 전후에는 딥러닝 기술이 인공지능 기술을 구현하는 혁신적인 방법으로 자리 잡았다(〈그림 1-3〉 참조). 오늘날 데이터 폭증과 정보의 홍수로 인한 데이터 피로의 문제를 기계학습의 최신 기술 트렌드인 딥러닝이 해결해 주고 있다. 기계학습과 딥러닝은 실세계의 데이터를 수집·분류하여 사람이 지정한 도구(알고리

즘)를 이용해 '스스로 학습'하는 과정을 거쳐 문제를 해결하는 방법이다.

기계학습이란 "인공지능 프로그램 자신이 학습하는 구조를 말한다"(유타카 2015, 120). 다시 말하면, 기계학습은 개인지 고양이인지, 국화인지 장미인지, 쇼팽의 즉흥환상곡인지 베토벤의 월광소타나인지를 구분할 수 있도록, 말 그대로 인공지능이 학습하는 것이다. 기계학습은 인공지능 프로그램이 대량의 데이터를 처리하면서 '분류 방법'을 자동으로 터득한다(유타카 2015, 121). 예를 들면 고양이나 개를 분별하는 방법을 습득하면 다음부터는 고양이의 이미지를 보고 '이것이 고양이다', '이것이 개다'라고 분별할 수 있는 것이다. 기계학습은 다양한 정보를 통해 학습된 속성을 기반으로 정보 간의 의미를 부여해 데이터의 클러스터링, 빈출 패턴 마이닝을 통해 패턴을 인식하고 분류하는 일을 한다(유타카 2015, 123).

딥러닝은 토론토 대학의 제프리 힌튼Geoffrey Hinton 교수가 개발한 기계학습 방법의 하나로, 데이터를 바탕으로 분류 기준이 없어도 스스로 높은 차원의 특징을 획득하여, 비슷한 그룹을 묶고 상하관계를 파악하는 방법이다(유타카 2015, 150). 기계학습 단계에서는 인간이 일정한 영역을 관여할 수밖에 없었다면, 딥러닝 단계에서는 인간의 관여가 없이도 컴퓨터가 스스로 '분류 방법'을 획득할 수 있게 되었다. 기계학습의 시기에는 어떤 특징을 학습할 때 인간이 먼저 특징을 정해 줘야 했다. 예를 들어, 개나 고양이가 무엇인지 학습시키려면 개와 고양이의 특징을 인간이 기술해 주면 그것을 바탕으로 코딩화된 프로그램이 개와 고양이의 차이를 인지하여 분류할 수 있었다. 그러나 딥러닝 단계에서는 개와 고양이의 이미지를 입력하면 컴퓨터가 스스로 개와 고양이를 구별해서 각각의 특징을 찾아낸다. 딥러닝의 발달은 기존의 인공지능 기술의 지능 구현 능력의 한계를 뛰어넘어 새로운 형태의 "음성 및 시각 능력, 언어 이해 능력, 행동 계획 및 주변 사물의 행동 예측 능력"으로까지 확장되어 음성 자동 번역, 사진·이미지로부터 설명을 자동 생성, 문서 자동 생성 기술, 자연어 처리의 비약적 발전, 사람보다 게임을 더 잘하는 사례 등 다양한 영역에 급격한 변화를 야기했다(김병희·장병탁 2017).

기업의 인공지능 활용

기업들이 인공지능을 이용하는 가장 중요한 이유는 운영비용 절감, 효율성 향상, 매출 증대 및 고객 경험 향상을 통해 이익을 극대화할 수 있기 때문이다. 그 외에도 기업은 인공지능을 통해 고객 서비스를 제고해 상품의 가격을 올리거나, 새로운 상품을 만들어 다른 기업과는 다른 차별화된 경쟁력을 확보할 수 있다. 일반적으로 기업은 인공지능을 도입함으로써 다음과 같은 혜택을 누릴 수 있다.

〈인공지능이 비즈니스에 미치는 영향〉

① 일상적인 비즈니스 프로세스와 작업을 자동화하고 최적화함으로 써 시간과 경비를 절약

② 생산력과 운영의 효율성 제고

③ 인지 기술cognitive technologies의 산출물을 기반으로 보다 빠른 비즈니스 의사 결정

④ 인공지능 시스템이 제대로 설치될 경우 실수 및 '인간 오류'를 방지

⑤ 통찰력을 활용해 고객 선호도를 예측하고 보다 나은 맞춤형 경험을 제공

⑥ 방대한 양의 데이터를 추출하고 분류하여 상품의 질을 유지하고 잠재적 고객을 발굴해 고객 기반을 확장

⑦ 판매 기회를 파악하고 극대화해 수익을 증대

⑧ 분석을 가능하게 하고 지능적인 조언과 지원을 제공함으로써 전문성을 키움[3]

딜로이트Deloitte[4]는 2018년에 "기업의 AI 현황, 2차 설문 조사" The State of AI in the Enterprise, 2nd Edition에서 인공지능과 인공지능을

3_출처: NIBUSINESS INFO.CO.UK, "Business benefits of artificial intelligence"(https://www. nibusinessinfo.co.uk/content/business-benefits-artificial-intelligence).

4_딜로이트는 영국에 본사를 두고 있으며, 감사·세금·컨설팅·기업 리스크·재무 자문 서비스를 제공하는 전문 서비스 네트워크 조직이다. 딜로이트는 매출과 전문가 수에서 세계 최대 규모의 전문가 집단으로, 전 세계 244,400명 이상의 전문가와 협력하고 있다.

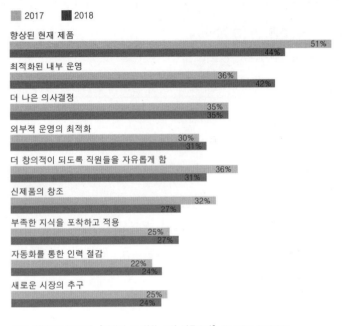

그림 1-4. 인공지능이 기업에 제공하는 혜택(세 가지 중복 선택)

2017   2018

향상된 현재 제품
51%
44%

최적화된 내부 운영
36%
42%

더 나은 의사결정
35%
35%

외부적 운영의 최적화
30%
31%

더 창의적이 되도록 직원들을 자유롭게 함
36%
31%

신제품의 창조
32%
27%

부족한 지식을 포착하고 적용
25%
27%

자동화를 통한 인력 절감
22%
24%

새로운 시장의 추구
25%
24%

출처: 딜로이트(2018), "기업의 AI 현황, 2차 설문조사", Deloitte Insights

이용한 인지 기술을 시험하고 구현하는 기업을 대표하는 임원들을 대상으로 인공지능 서비스에 대한 설문 조사를 했다. 이 설문 조사는 기업이 이익을 극대화하기 위해 어느 정도로 적극적이고 광범위하게 인공지능을 도입하고 활용하는지를 잘 보여 준다.

우선 이 설문의 응답자들은 인지 기술과 인공지능이 가져다줄 가치에 매우 낙관적이었다. 95퍼센트 이상의 응답자가 인공지능이 그들의 회사 및 해당 산업을 변화시킬 것으로 보았고, 응답자 가운데 거의 3분의 2(63퍼센트)가 인공지능이 시장을 완전히 끌어올렸

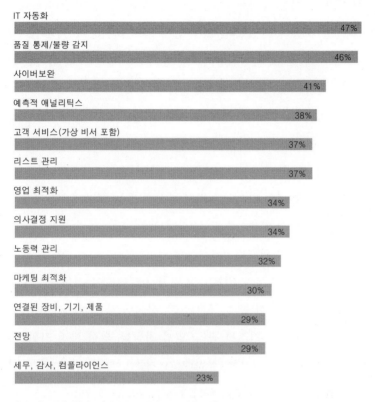

그림 1-5. IT에 초점을 맞춘 인공지능 사용 사례(세 가지 중복 선택)

항목	비율
IT 자동화	47%
품질 통제/불량 감지	46%
사이버보완	41%
예측적 애널리틱스	38%
고객 서비스(가상 비서 포함)	37%
리스트 관리	37%
영업 최적화	34%
의사결정 지원	34%
노동력 관리	32%
마케팅 최적화	30%
연결된 장비, 기기, 제품	29%
전망	29%
세무, 감사, 컴플라이언스	23%

출처: 딜로이트(2018), "기업의 AI 현황, 2차 설문조사", Deloitte Insights

다고 느꼈다. 비즈니스와 산업에 인공지능을 도입하는 가장 큰 이유로는 제품의 향상, 의사 결정의 개선 및 운영의 최적화 등을 들었다(〈그림 1-4〉 참조).

또한 설문 응답자들은 핵심 인공지능 기술에 대해 높은 수용성을 보여 주었다. 응답자 가운데 62퍼센트가 그들이 속한 기업이 기계학습을 도입했다고 답했는데, 이는 2017년의 58퍼센트보다 4퍼센트포인트 이상 증가한 수치이다. 또 응답자 가운데 50퍼센트가 딥러닝을 사용하고 있었다. 2017년에 딥러닝 사용이 34퍼센트인 것을 고려해 볼 때, 인공지능의 다양한 대안 기술 가운데 하나인 인지 기술에서 가장 큰 폭의 상승을 보여 주었다. 새로운 기술이 기업의 딥러닝 프로젝트 개시를 쉽게 한 것이다. 그리고 가상 비서와 챗봇 Chatbot, chatter robot을 위한 음성 기반의 인터페이스를 가능하게 하는 자연어 처리Natural Language Processing, NLP는 62퍼센트, 얼굴 인식을 통해 휴대전화 로그인을 하고 계산원 없는 매장이 작동하도록 하는 컴퓨터 시각(영상 인식)은 57퍼센트의 응답자가 속한 회사에서 도입 및 활용하고 있었다.

좀 더 구체적으로 기업체에서 인공지능 기술이 접목되는 분야로는 IT 자동화, 품질 통제·불량 감지, 사이버 보안, 예측적 애널리틱스, 고객 서비스, 리스크 관리, 영업 최적화, 의사 결정 지원, 노동력 관리, 마케팅 최적화, 장비·기기·제품의 연결, 전망, 세무·감사·컴플라이언스 등이 있다(〈그림 1-5〉 참조).

개방, 공유, 오픈소스 문화

기계학습과 딥러닝에 의한 기술의 발달 그리고 효율성과 경제적 이득을 취하려는 자본주의적 방식 이외에도 인공지능의 개발과 이용을 자유롭게 할 수 있는 개방, 공유, 오픈소스 문화가 인공지능

표 1-2. 주요 인공지능 오픈 플랫폼

오픈 플랫폼	모바일 지원	공개 기업 및 연구 그룹
텐서플로우(TensorFlow)	텐서플로우 라이트(TensorFlow Lite)를 통한 지원	구글
Accord.NET	–	마이크로소프트
CNTK(Cognitive Toolkit)	–	
패들패들(PaddlePaddle)	–	바이두(Baidu)
DeepLearning4J	–	스카이마인드(Skymind)
MLlib	–	아파치 소프트웨어 재단(Apache Software Foundation)
Mahout	–	
딥마스크(DeepMask), 샵마스크(SharpMask), 멀티패스넷(MultiPathNet	–	페이스북
카페2(Caffe2)	지원	
MXNet	지원	카네기멜론(Carnegie Mellon) 및 워싱턴 대학 등

출처: 금융보안원, "주요 인공지능 오픈 플랫폼", 2019.1.10.; 백정열, 2019, "최근 인공지능 프로젝트 동향", 『주간기술동향』, 1899호, pp.13-25, 정보통신기획평가원, 13쪽에서 재인용

의 또 다른 발전 배경이다(구본권 2017). 글로벌 기업들과 연구 개발자들이 인공지능 관련 소스코드, 응용 프로그램 프로그래밍 인터페이스Application Programming Interface, API[5] 트레이닝 및 테스트베드 환경 등 인공지능 개발에 필수적인 플랫폼을 전 세계에 무료로 공개하고 있다(남충현 2016, 4). 이런 인공지능 기술의 오픈소스화 트렌

5_"API는 응용 프로그램에서 사용할 수 있도록, 운영 체제나 프로그래밍 언어가 제공하는 기능을 제어할 수 있게 만든 인터페이스를 뜻한다. 주로 파일 제어, 창 제어, 화상 처리, 문자 제어 등을 위한 인터페이스를 제공한다"(위키백과).

드는 디지털 시대 이전의 생산방식과는 180도 완전히 다른 소프트웨어 생산방식으로서 인공지능의 발전 방향을 결정하고 있다. 오픈소스의 대표적인 플랫폼은 〈표 1-2〉와 같다.

구글, 마이크로소프트, 페이스북, 바이두, 스카이마인드, 아파치 소프트웨어 재단, 카네기멜론 및 워싱턴 대학 등이 인공지능 플랫폼 오픈소스화 트렌드에 참여하고 있다. 공개된 이런 플랫폼은 기계학습·딥러닝 등의 인공지능 알고리즘을 모듈화·라이브러리화하고, 직관적인 인터페이스를 제공하고 있다(남충현 2016, 4). 이런 노력들은 사용자가 복잡한 플랫폼을 몰라도 손쉽게 이용할 수 있도록 해서 인공지능 활용의 진입 장벽을 극복하게 한다(백정열 2019, 14). 또한 직접 기술을 개발하기 위해 많은 인력과 자원을 투자하지 않아도 되고, 공개된 플랫폼을 활용해 서비스 개발에 더 많은 시간과 자원을 투자할 수 있게 된다. 사용자들은 이미 개발된 인공지능 플랫폼을 이용해 자기에게 맞는 플랫폼을 구축할 수 있어서, 많은 투자를 하지 않고도 작은 규모의 스타트업들도 손쉽게 참여할 수 있다.

인공지능 기술은 전체 산업 및 사회의 다양한 영역에 응용할 수 있기 때문에 고도의 융합적 속성을 가진다. 기업과 연구 기관들이 개방형 인공지능 생태계를 지향하는 것은, 자신들의 내부 역량만으로는 이처럼 급변하는 시대적 요구에 대응할 수 없기 때문이다. 인공지능 플랫폼의 오픈소스화는 외부의 지식과 혁신 역량을 끌어들이는 발판이 되고 있다.

인공지능의 현재

오늘날의 인공지능이 무엇을 하고 있는지 간단하게 대답하기는 어렵다. 너무 다양한 영역에서 무수히 많은 활동을 하고 있기 때문이다. 인공지능 기술은 스타트업으로 대변되는 다양한 신생 업체뿐만 아니라, 기존 산업체에도 진입하고 있다. 〈표 1-3〉은 사업화되고 있는 디지털 에이전트digital agent, 챗봇, 사물 인터넷, 기계학습, 자율 주행, 프로세스 자동화의 분야들을 뽑은 것이다.

이처럼 인공지능은 자율 주행 차량, 인공지능형 로봇, 로봇 수술, 개인 맞춤형 투자 자산을 관리하는 로봇 어드바이저, 워드스미스Wordsmith 등의 로봇 저널리즘 등에 적용되고 있다. 그리고 인공지능을 기반으로 한 상품과 서비스는 금융 투자, 사이버 안보, 헬스케어, 운송, 스마트시티, 인재 선발 분야의 각종 산업 영역에 본격적으로 적용되어 생산성, 효율성, 편리성 등을 증진시키고 있다(최은창 2016, 18; 정보통신정책연구원 2018, 48). 또한 노동시간 단축, 재택근무, 원격 근무, 스마트워크 등 여가를 증진시키고 인간을 단순 반복적 업무로부터 해방시켜 일과 노동의 균형을 유지하는 데 도움을 주고 있다(이호영 외 2017, 18).

표 1-3. 인공지능의 활용 유망 분야, 주요 응용 및 사례

유망 분야	주요 응용	사례
디지털 에이전트	• 음성 비서 • 24/7 고객 상담 및 서비스 데스크 • 계좌 관리 및 이체, 자산 운용 관련 질의 응답 등 은행 업무 전반	• 영국 HSBC 은행은 'Olivia'도입하여 고객 계좌 관리 • 스웨덴 SAB 은행은 'Nina'로 콜센터 업무 처리 • 스웨덴 SAB은행은 'Amelia' 도입하여 내부 직원 대응 및 고객 상담 센터에 활용
챗봇	• 대화형 커머스 • 24/7 고객 상담 센터 • 법률 자문, 병원 진료 도움 등 전문 서비스	• DoNotPay는 주차 위반 여부 확인, 난민 신청서 작성 등 법률 자문 서비스 제공 • 바이두는 '멜로디' 챗봇으로 병원 방문 전 문진, 진료 예약, 질병 관련 데이터 제공 • Bank of America는 '에리카' 챗봇으로 고객 대응
프로세스 자동화	• 스마트 팩토리 • 로봇 프로세스 자동화(RPA) 　– 공항 입국 심사 자동화 　– 보험 보상 심사 및 산정 자동화	• BMW는 글로벌 공장에 스마트 팩토리를 도입해 공장 운영 효율성 및 자동화 도모 • 영국 철도 사업자 Virgin Trains는 인지 RPA를 도입해 연착된 기차 승객에 대한 환불 절차 자동화
기계학습	• 금융 산업 전반 적용 　– 금융 투자용 로봇 어드바이저 　– 이상 금융 거래 탐지(FDS) • 개인 맞춤형 Contents 추천	• 미국 금융투자회사 Vanguard는 자연어 처리, 사회 인식 알고리즘 등 인공지능을 활용한 로봇 어드바이저 서비스로 $52,000M 운용('16.12 기준) • 넷플릭스는 기계학습을 활용하여 고객 맞춤형 콘텐츠 추천 서비스를 제공
자율 주행차	• 차량 내 음성 비서 • 차량, 보행자, 표지판 등 주변 사물 인지 • 운전자 상태, 주행 환경 및 경로 예측	• 도요타는 음성 비서 등 인공지능 기술을 자체적으로 연구하고 있으며, 관련 기술 확보 위해 기업 인수, 제휴와 더불어 스타트업 펀드 운영 및 투자 수행 • 포드는 자율 주행차용 시스템 및 음성인식 기능을 개발 중이며, 관련 기술 보유 스타트업에 활발히 투자
커넥티드 홈	• 가전기기 내 음성인식	• 구글은 음성 비서 'Google Assistant' API를 공개해 음성으로 전등, 에어컨, TV, 플러그 등 가전기기 제어
	• 딥러닝 기반의 스마트홈 환경 최적화 및 자동화	• LG전자는 CES 2017에서 딥러닝 기반 에어컨 공개 　– 사용자 이동 경로를 분석해 오래 머무르는 공간을 집중 냉방

출처: SEC, News Clipping, Deloitte Analysis; 박형곤(2019)에서 재인용.

| 2장 |

인공지능 발전의 트렌드와 미래 전망

1. 트렌드 레이다

인공지능은 지속적으로 발전할 것이며 정치, 경제, 사회, 가정, 교육 등의 각 분야에서, 현재에서 먼 미래까지 복합적인 영향을 미칠 것이다. 인공지능 이외의 다양한 디지털 기술은 인공지능과 융합하거나 결합하여 21세기 전반기에 인류사회 전반을 근본적으로 전환할 것이다. 이런 변화를 전망하는 것은 세계·지역·국가·사회·기업·개인의 차원에서 전략과 정책의 수립을 위해 필수적이다.

전략과 정책의 타당성과 회복 탄력성 및 차별적 경쟁력 확보 등을 위해 인공지능과 관련된 트렌드를 지속적으로 모니터링하고 그 의미를 분석해야 한다. 인공지능과 관련된 미래 트렌드를 분석하는 방법과 기법은 다양하다. 대표적인 것이 글로벌 트렌드를 분석하는 가트너의 하이프 사이클Hype Cycle이다. 가트너는 각 기술별 하이프 사이클을 제공하는데, 이들의 기술 요소별 미래 예측을 완전히 정확한 것으로 받아들일 필요는 없다. 가트너의 기술 예측은 예측 당시의 기대 거품, 전문가의 식견 및 편향의 물결이 만든 그림자다. 다시 말하자면, 가트너의 예측은 참고로 보아야 하며, 미래를 예언하는 것은 아니다. 블록체인을 예로 들 수 있다. 블록체인은 2019년 이후 가트너의 하이프 사이클에서 사라졌다. 블록체인 기술이 현재 일부 사용되고는 있으나, 비용 효율성, 유연성, 규모성, 수행성 등에서 한계가 있기 때문에 실제 업무에 적용되는 사례가 많지 않기 때문이다.

하지만 가트너의 하이프 사이클이 상당한 통찰력을 주는 점도 있다. 가트너의 하이프 사이클은 더닝-크루거 효과Dunning-Kruger Effect에 기반을 둔 것이다. 더닝-크루거 효과는 지식수준이 낮으면 과도한 확신을 가지며, 이후 지식수준이 늘면 확신 수준이 급격하게 낮아졌다가, 지식이 성숙하면 다시 확신이 올라가나 처음 제대로 알지 못했을 때의 확신 수준에 이르지 못하는 것을 보여 준다. 다시 말하면, 깊이 있는 지식이 없으면 자신의 지식에 대해 과도한 확신을 하게 되고, 지식이 쌓일수록 자신의 지식이 부족하다는 것을 깨닫는 것을 설명한다. 해당 분야의 전문가가 되면 오히려 지적 겸손함을 가지게 된다. 이를 더닝-크루거 효과라 한다. 우리 속담으로 하면 '빈 수레가 요란하다'와 '익은 벼가 고개를 숙인다'에 해당한다. 가트너의 하이프 사이클은 새로운 기술에 대한 과도한 기대를 가지게 되는 일종의 편향 증상을 보여 줌으로써, 이들 새로운 기술의 타당성을 차분하고 냉철하게 판단할 수 있게 하는 장점이 있다.

예를 들어, 2020년 9월 현재 인공지능 분야에서 자연어 처리 인공지능 모델의 하나인 GPT-3[1]가 큰 관심을 받고 있다. GPT-3가 보인 성과에 일부 흥분한 사람들은 GPT-3가 컴퓨터 프로그램 개발자를 조만간 대체하며, 인공지능 챗봇이 급격하게 발전할 것이라고 전망했다. 그들의 낙관적 전망이 과잉되었다고만 하기는 어렵다. GPT-3의 발전 속도가 빠르고, 조만간 GPT-3보다 인공지능 성능이 10배 높은 GPT-4의 개발에 들어갈 것이라는 계획도 발표되었다. 그러나 GPT-3와 앞으로 등장할지 모르는 GPT-4 또한 통계적 확률 추론 기반의 인공지능에 불과하다. 즉 현재 인공지능 알고리즘으로는 문장의 맥락과 단어의 의미를 이해할 수 없다. GPT-3와 같은 자연어 처리 알고리즘은 단어 배열의 통계적 확률 알고리즘이다. 다음 단어 혹은 다음 문장이 어떤 단어로 구성되어야 할지는 이전의 문장에 대한 기억을 전제한다. 신경망 알고리즘이 과거를 기억하는 방식은 변수에 의한다. 문장 간 거리가 멀수록 이 변수가 흐릿해진다. 즉 기억력이 희미해진다. GPT-3에서 그 기억력이 높지

1_인공지능 개발 기업인 OpenAI가 개발한 Generation Pre-trained Transformer의 3세대이다. 인간이 사용하는 언어인 자연어를 사전에 학습한 인공지능 모델로, 이를 기반으로 다양한 언어지능 응용 프로그램을 개발할 수 있다.

않음이 확인되었다. 과거의 대화나 문장을 기억하지 못한다는 의미다. 이는 GPT-4가 된다 하더라도 완전히 극복하기 어렵다. 기억력의 문제는 성능이 개선된다고 해결될 것이 아니라, 현재의 신경망알고리즘이 가진 한계로 인한 것이기 때문이다. 요컨대 자연어 처리인공지능의 기억력이 길지 않다는 것이다. 기억력이 낮은 인공지능으로 할 수 있는 일은 제한적이다. 2019년 가트너의 인공지능 하이프 사이클은 자연어 처리의 기대 거품이 터지고 성숙하는 데 5년에서 10년이 걸릴 것으로 보았다. 2020년에도 그 전망이 크게 다르지 않았다.

한편 가트너의 하이프 사이클이 탁월한 기법이기는 하나, 인공지능과 삶이라는 통합적 시각을 담기에는 한계가 있다. 인공지능과 관련된 사회, 기술, 경제, 환경 및 정치를 전반적이고 통합적으로 보아야 하기 때문이다. 이런 통합적인 분석틀 가운데 하나로 사회, 기술, 경제, 환경 및 정치 영역을 포괄하는 STEEP가 있다. STEEP는 사회 등 각 영역의 영어 단어의 머리글자로 만들어진 용어다. 이런 분석틀은 PEST, STEPPER, STEEPLE 등 다양하며,[2] 그중에 STEEP가 가장 대중적으로 이용된다(윤기영·이상지·배일한 외 2018).

또한 트렌드 분석은 시간의 축을 포함해야 한다. 미래 시점은 일반적으로 현재를 포함한 단기 미래, 중기 미래, 장기 미래로 구분되는데, 트렌드와 연계해서 이를 구분하는 것을 스리 호라이즌three

---

2_PEST는 정치, 경제, 사회, 기술로 구성되며, STEPPER는 사회, 기술, 경제, 정치, 인구, 생태, 자원을 의미하며, STEEPLE은 사회, 기술, 경제, 생태, 정치, 법, 윤리로 구성된다.

horizons이라 한다(Blank 2019). 스리 호라이즌의 분석틀에서 미래 시점의 구분은 전체 미래 기간을 6으로 나누고, 1을 단기 미래인 호라이즌 1, 2를 중기 미래인 호라이즌 2, 장기 미래인 호라이즌 3에 3을 할당한다. 즉, 30년 한 세대를 예측하려고 하면 현재부터 5년 후를 단기 미래, 6년부터 15년까지 10년을 중기 미래, 16년부터 30년 후까지의 15년간을 장기 미래라고 본다. 이렇게 단·중·장기 미래의 기간을 달리하는 이유는 먼 미래일수록 불확실성이 크기 때문이다.

〈그림 2-1〉은 STEEP 및 스리 호라이즌의 지도 위에서 인공지능과 관련된 트렌드 등을 배치해 트렌드 레이다를 작성한 것이다. 트렌드 레이다에는 메가 트렌드, 이머전트 트렌드emergent trend 및 위크 시그널weak signal을 탐색해 배치했다. 메가 트렌드는 10년 이상 지속하는 트렌드를, 이머전트 트렌드는 트렌드까지 성숙하지 못하고 죽음의 계곡chasm을 건너지는 못했으나 어느 정도 알려져 있는 것을, 위크 시그널은 이머전트 트렌드도 되지 못하는 것으로 그 신호가 아직은 미약한 것을 의미한다. 예를 들어, 차세대 인공지능을 위크 시그널로 분류했는데, 차세대 인공지능의 등장은 많은 사람이 기대하나, 그것이 어떤 인공지능 알고리즘에 의한 것인지는 누구도 알지 못하는 상태이기 때문이다.

〈그림 2-1〉의 트렌드 레이다에서 메가 트렌드 등은 가트너의 하이프 사이클, 인터넷 저널인『퓨처리즘』Futurism,『와이어드』Wired와 그 외의 각종 트렌드 보고서 등을 참고해 정련했다. 모든 트렌드를 다 기재하는 것은 복잡성만 높일 것이기 때문에, 중요하고 독자

그림 2-1. 인공지능 관련 트렌드 레이다

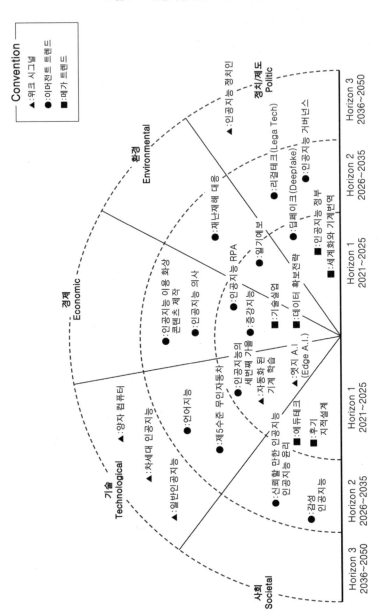

Convention
▲ :위크 시그널
● :이머전트 트렌드
■ :메가 트렌드

경제
Economic

환경
Environmental

정치/제도
Politic

기술
Technological

사회
Societal

Horizon 1
2021~2025

Horizon 2
2026~2035

Horizon 3
2036~2050

▲ :양자 컴퓨터
▲ :차세대 인공지능
▲ :일반인공지능
● :언어지능
● :제5수준 무인자동차
● :신뢰할 만한 인공지능
인공지능 윤리
● :감성
인공지능
● :에듀테크
■ :후기
지적설계
▲ :엣지 A.I
(Edge A.I.)
● :인공지능의
세번째 가을
▲ :자동화 된
기계 학습
■ :기술실업
■ :데이터 확보전략
● :증강지능
● :인공지능 의사
● :인공지능 RPA
● :인공지능의 이용 화상
쿠렌츠 제작
● :재난재해 대 응
● :알기에브
● :딥페이크(Deepfake)
● :리걸테크(Lega Tech)
▲ :인공지능 정치인
● :인공지능 거버넌스
● :인공지능 정부
■ :세계화와 기계번역

52 제1부 _ 인공지능의 과거, 현재, 그리고 미래

가 관심이 있을 것으로 판단한 것만 제시했고, 그중 보다 상세하게 내용을 서술할 것은 굵은 글씨로 표시했다.

STEEP 영역을 절로 나누어 각 트렌드의 의미와 방향 및 미래를, 단기 미래에서 장기 미래의 흐름으로 아래에 상술했다. 이를 통해 독자가 인공지능의 가능성, 한계, 현재 최신 기술 및 미래 발전 가능성을 확인할 수 있는 기회가 되길 바란다. 그리고 인공지능과 우리 개인의 삶이 어떻게 씨줄과 날줄로 엮어질지를 판단하고 상상하고 차분하게 생각할 수 있는 지도가 독자의 머리에 그려지기를 기대한다.

2. 사회적 트렌드

인공지능이 지식을 만들 수 있을까?
: **후기 지적설계**Post Intelligent Design

1997년 IBM에서 개발한 인공지능 '딥블루'Deep Blue가 당시 체스의 세계 챔피언이었던 가리 카스로파프Garry Kimovich Kasparov, Га́рри Ки́мович Каспа́ров를 이겼다. 딥블루는 모든 가능한 수를 계산해, 최적의 수를 계산하는 인공지능 알고리즘을 택했다. 당시 딥블루는 12수 앞을 계산했는데, 체스 프로 선수는 10수 앞까지 볼 수 있었

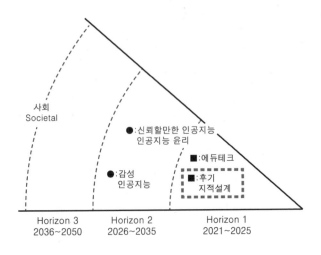

그림 2-2. 인공지능 트렌드 레이다에서 후기 지적설계 위치

사회
Societal

●:신뢰할만한 인공지능
　인공지능 윤리

■:에듀테크

●:감성
　인공지능

■:후기
　지적설계

Horizon 3
2036~2050

Horizon 2
2026~2035

Horizon 1
2021~2025

다고 한다. 인공지능이 체스 챔피언을 이겼다는 소식은 당시 세계를 뜨겁게 달궜다. 이는 인공지능 전문가의 귀에는 단 소식이었으나, 체스를 즐겨 하는 인간의 입에는 쓴 소식이었다. 다만 동양의 바둑 전문가와 바둑을 좋아하는 사람은 인공지능이 체스 챔피언을 이겼다는 소식을 동양의 지적 스포츠인 바둑의 우월성을 나타내는 소식으로 들었다. 딥블루의 알고리즘으로는 바둑 경기에서 인간을 이길 수 없었기 때문이다. 바둑에서 경우의 수는 체스에 비할 바가 아니어서, 딥블루의 알고리즘으로 바둑에서 인간을 이기기 위해서는 100년은 더 걸릴 것이라는 전망도 나왔다(이성규 2016; Johnson 1997). 그런데 20년도 채 지나지 않은, 2016년 3월 구글 딥마인드 DeepMind의 인공지능인 '알파고'가 우리나라 바둑 챔피언 이세돌을

이겼다. 이듬해에는 당시 바둑 챔피언인 커제柯潔가 알파고에게 패배했다. 커제는 알파고와의 대전 중 눈물을 흘렸고, 이세돌은 2019년 결국 은퇴했다.

알파고가 바둑에서 인간 챔피언을 이길 수 있었던 이유는 신경망 알고리즘에 있었다. 딥블루가 모든 가능한 수를 계산하는 방식인데 바둑의 경우의 수는 250의 150승으로, 세계 최고의 슈퍼컴퓨터라 하더라도 이를 계산하는 데는 수백만 년 이상이 걸릴 것이다. 반면 신경망 알고리즘은 모든 가능한 수를 계산하는 것이 아니라, 돌이 놓인 상황에서 통계적으로 최적의 다음 수를 찾는 방식이었다. 인공지능의 신경망 알고리즘이, 인공지능이 바둑에서 사람을 이기는 데 100년 걸릴 것을 20년으로 앞당겼다.

현재의 인공 신경망 알고리즘의 인공지능은 통계적 추론에 기반한 기계 지능으로, 인간의 인지노동을 대체하는 것이지, 인간의 창의성을 대체하는 것은 아니다. 글을 쓰거나, 음악을 작곡하거나, 새로운 지적 창조를 인공지능이 하는 것은 아니다. 인공지능이 음악을 작곡하거나 그림을 그리는 것은 인간의 지적 활동을 모방한 것에 지나지 않는다. 인공지능 '에이바'Aiva가 작곡을 하는 것은 바하와 베토벤과 모차르트를 모방한 것에 불과하다(김은영 2018; Machuron 2016). 2018년 세계 3대 경매 회사 중 하나인 크리스티에서 인공지능이 그린 그림이 약 5억 원에 낙찰되었다. 이 인공지능 또한 과거의 그림을 학습하여 모방한 것에 불과하다(곽노필 2018; Christie's 2018).

그런데 이렇게 위안하는 것이 타당할까? 1997년에 100년이 지나도 인공지능이 바둑에서 인간을 이길 수 없다고 장담했던 것과 지적 창조에서 인공지능이 인간을 앞서는 데 많은 시간이 걸릴 것이라고 장담하는 것 이면에는 인간의 두려움과 공포가 자리를 잡고 있다.

가장 위대한 창조는 자연 설계인 진화를 통해서 나타났다. 진화의 과정을 통해 척추동물, 물고기, 포유류 및 인간이 등장했다. 진화는 돌연변이와 적자생존의 과정이며, 이를 통해 과학을 탄생시킨 패턴 인지와 고차원의 공감 능력을 가진 포유류와 인류가 태어났다. 그런데 이 진화 과정은 모방이 가능하다(Dennett 2020). 돌연변이는 일종의 난수로, 그리고 적자생존은 일종의 검증 알고리즘으로 대체하여, 인공지능은 새로운 지식을 창조할 수 있는 것이다. 2017년 현대제철은 인공지능으로 15억 가지의 합금 비율을 비교해 기존보다 40퍼센트 정도 강도가 높은 강판을 개발했다(이덕주 2017). 생성 디자인generative design은 다양한 설계를 하고 일종의 검증 알고리즘을 통해 설계의 요건을 확인할 수 있다. 이제 새로운 창조의 영역에서도 인공지능이 인간을 넘볼 수 있는 실마리가 생겼다.

하지만 창조와 설계는 가치 지향을 가진다. 그 가치는 인간이 정의하고 합의하는 것이다. 인공지능은 그 가치를 이해하지 못한다. 따라서 인공지능이 제대로 된 창조를 하기 위해선, 즉 의미 있고 가치가 있는 창조를 하기 위해서는 인간과의 협업이 필요하다. 이때 창조는 인공지능이 하는 것은 아니라 사람이 인공지능을 이용하는 것으로 보아야 한다.

인공지능에 의해 증강된 인간의 창조력은 지식사회에 다양한 화두를 던진다. 지식의 생명주기의 변화에 따른 지식사회의 변화와, 인공지능의 지원으로 만들어진 지적 재산의 소유권 귀속 등의 문제는 한국 사회를 포함해 인류 사회에 다양한 질문과 고민을 던지고 있다.

인공지능은 지식 생산성을 높인다. 지식 생산성의 제고는 지식반감기를 단축시킨다. 지식반감기란 생산된 지식의 절반이 잘못되었다고 입증되거나 무용하게 되는 기간을 의미한다(아브스만 2014). 20세기 초 공학 분야의 지식반감기는 35년이었다(Charette 2013). 한 번 교육을 받으면 다시 교육을 받을 필요가 없었다는 의미다. 그런데 상황이 바뀌었다. 인터넷 망을 통해 지식이 자유롭게 유통되었다. 20세기 말 지식반감기는 5년 내외로 단축되었다. 21세기 들어 인공지능의 도움으로 지식을 보다 쉽고 정확하게 검색하는 것이 가능해졌으며, 인공지능의 도움으로 지식 생산성이 제고되었다. 이제 지식반감기의 단축 속도가 더욱 빨라졌다. 전반적인 교육 시스템의 변화가 요구되는 이유다(윤기영 2018b). 인공지능이 교육 시스템에 영향을 미치는 것은 지식반감기의 단축 때문만은 아니다. 지식 전달 체계에서도 인공지능에 의한 변화가 존재한다.

인공지능이 교사를 대체할까?
: 에듀테크EdTech[3]

단순 지식의 전달에는 인간 교사보다 인공지능 교사가 뛰어날

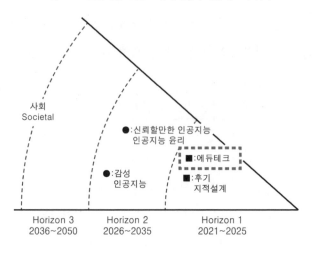

그림 2-3. 인공지능 트렌드 레이다에서 에듀테크의 위치

사회
Societal

●:신뢰할만한 인공지능
　인공지능 윤리

■:에듀테크

●:감성
　인공지능

■:후기
　지적설계

Horizon 3　　　Horizon 2　　　Horizon 1
2036~2050　　2026~2035　　2021~2025

수 있다. 학생들은 대부분의 경우 시험문제에서 틀린 문제를 주로 틀리는 경향이 있다. 잘 이해하고 있는 문제의 유형이나 분야의 문제를 틀리는 것은 예외적이다. 인공지능을 이용해 학습자에게 틀린 문제에 대한 유형을 주로 노출시키는 것은 학습 효율을 높일 수 있다(박원익 2020). 혹은 회화에서 학습자의 발음을 분석해 이를 교정하도록 할 수도 있다(LG CNS 2020).

　기계를 이용한 학습은 인류 공통의 고민이었던 것으로 보인다. 1900년 프랑스 박람회에서 100년 후인 2000년의 미래를 그린 그림이 전시되었다. 그중 2000년 학교의 미래를 그린 그림은 매우 흥

3_EduTech라고도 한다. 인공지능 등의 기술을 이용해 교육의 효과를 높이려는 접근을 EdTech라 한다.

그림 2-4. 1900년에 그린 2000년의 학교 모습

Asimov & Cote(1986).

미로운데, 그 근간에는 인간의 욕망이 숨어 있다. 고통스런 공부를
하지 않고, 지식을 쉽게 배우겠다는 것은 예나 지금이나 다르지 않
다. 영문 위키피디아에 따르면, 기계를 이용한 교육은 1924년 오하
이오 주립 대학 시드니 프레시Sydney Pressy 심리학 교수로까지 거슬
러 올라간다. 이런 욕망을 실현하는 도구 가운데 하나가 인공지능
을 이용한 학습이다.

　인공지능을 이용해, 교사 혹은 교수의 효율성을 높이고 학생의
교육 효과를 제고하는 것은 앞으로도 계속해서 진행될 것이다. 인
공지능은 비전 인식, 음성·소리 인식, 자연어 처리, 예측forecasting
및 콘텐츠 생성 등에 활용되는데, 각 기능에서 교육과 인공지능이
융합될 수 있다.

이에 대한 수요와 기술적으로 가능하다는 신문 보도나 전문가의 목소리가 많아짐에 따라, 우리나라에서도 에듀테크에 대한 관심이 늘어나고 있다. 2020년 7월 14일 공개된 한국판 뉴딜의 세부 과제에는 "다양한 교육 콘텐츠·빅데이터를 활용하여 맞춤형 학습 콘텐츠를 제공하는 '온라인 교육 통합 플랫폼' 구축"이 포함되어 있다(대한민국정부 관계부처 합동 2020). 같은 달 20일 국회에서 K-Edu 국회 포럼이 열려, 인공지능을 이용한 교육 체계에 대한 논의를 진행했다. 또 아시아 교육 협회는 '인공지능 활용 학생 맞춤형 교육 실현 대학 컨소시엄 세미나'를 2020년 8월 3일 개최했다.

장기적으로 보아 인공지능은 교육의 효율성과 효과성을 높일 것이다. 다만 기술의 발달이 기대보다 빠르지 않을 것이다. 관련 데이터의 누적이 쉽지 않고, 인공지능의 개발에 막대한 비용이 들어가며, 자연어 처리 등에 한계가 있어 그 응용 분야가 제한적이기 때문이다. 그러나 에듀테크는 점진적이지만 착실하게 발달할 것이다.

인간은 감정 로봇을 가족 구성원으로 여기게 될까?
: 감성 인공지능Affective Artificial Intelligence

우리나라 1인 가구는 지속적으로 증가할 것으로 보인다. 2020년 전체 가구 가운데 1인 가구 비율은 2015년 27.2퍼센트를 달성했고, 2020년 30퍼센트를 넘어 2047년 37.3퍼센트를 넘을 것으로 전망된다(통계청 2019b). 만혼, 고령화로 인한 1인 가족의 급격한

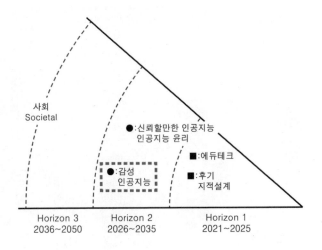

그림 2-5. 인공지능 트렌드 레이다에서 감성 인공지능의 위치

사회
Societal

●:신뢰할만한 인공지능
　인공지능 윤리

■:에듀테크

●:감성
　인공지능

■:후기
　지적설계

Horizon 3　　　　Horizon 2　　　　Horizon 1
2036~2050　　　2026~2035　　　2021~2025

증가가 주요 요인으로 꼽힌다.[4]

1인 가구의 증가에 따라 반려 동물 시장도 양의 상관관계를 보이며 증가하고 있다(허민영 2016). 반려 동물은 비용이 많이 들고 위생 문제를 일으킬 수 있다. 이에 대응하기 위해 인간의 감정을 이해하고 반응하는 인공지능과 로봇이 오래전부터 개발되고 있다. 대표적인 것은 소프트뱅크의 로봇 페퍼이다.

신경망 알고리즘의 발달에 따라, 인간의 감정을 이해하고 인간의 미묘한 표정을 분석할 수 있게 되었다. 인간의 표정을 인지하는 기술face expression recognition이 동시 다발적으로 연구되고 있다. 표정

4_황혼 이혼을 1인 가구의 증가 원인으로 보는 견해도 있으나, 통계에 의하면 다른 연령에 비해 황혼 이혼율은 낮다(미래에셋은퇴연구소 2019).

그림 2-6. 소프트뱅크의 로봇 페퍼

출처: phys.org

인식, 음성인지, 자연어 처리가 결합된 인공지능과 그 인공지능을 탑재한 로봇의 등장은 1인 가구의 증가에 따라 급격하게 늘어날 것으로 전망된다. 정부의 한국판 뉴딜에도 '스마트 의료 및 돌봄 인프라 구축' 과제가 포함되어 있다(대한민국정부 관계부처 합동 2020). 이는 감정 로봇의 개발에도 어느 정도 영향을 미칠 것으로 판단된다.

감정 로봇 기술은 지속적으로 발전할 것이며, 감정 로봇 혹은 감정을 이해하는 인공지능을 반려 로봇과 반려 인공지능으로 삼는 사례는 증가할 것으로 보인다. 로봇과의 결혼이 합법화될 것이라는 주장은 상당히 논쟁적이며, 이를 예측할 필요는 크게 없을 것 같다.

그런데 일본의 한 남성은 2009년 닌텐도 게임인 '러브 플러스' 캐릭터인 아네가사키 네네와 결혼했으며(『중앙일보』 2009), 중국의 인공지능 전문가인 칭 씨는 2017년 그가 만든 인공지능 로봇인 '잉잉'과 결혼했다(YTN 2017).

한 세대가 지나면 인공지능이나 로봇과 결혼하는 사례가 지금보다 늘어날 것이다. 그것을 막을 수 없고 막을 필요도 없다. 그러나 인공지능과의 결혼을 일반화할 필요는 없지 않을까 한다. 인간 배우자의 까탈스러움과 피곤함을 회피하기 위해 입안의 혀 같이 언행을 할 인공지능 배우자를 택하는 사례는 점진적으로 늘 것이다. 완전한 몰입형 가상현실 기술의 발달은 성적 욕구에 대해서도 대안을 마련해 줄 것이다. 그것은 개인의 선택에 머물러 있을 것이다. 전통적인 윤리의 시각으로 인공지능과의 결혼을 터부시할 필요도 없다. 인류의 역사에는 다양한 결혼 제도가 있었고, 현재도 주술적인 이유로 동물과 결혼하는 사례가 없지 않다.

그러나 인공지능 등과의 결혼이 급격하게 늘어날 것 같지는 않다. 일반 인공지능의 출현은 불확실하며 가능하다 하더라도 먼 미래에 있을 일이다. 즉, 인공지능과 과거를 공유하고 자연스럽게 정서적으로 소통하는 것은 기술적으로 아직은 어려운 일이다. 또한 배우자와의 관계가 주는 가치는 성욕의 해소나 외로움을 푸는 데만 있는 것이 아니다. 인공지능 로봇이 사람 간의 성관계를 어느 정도 대체하거나, 감성 로봇이 외로움을 어느 정도 위로해 줄 수는 있을 것이다. 그럼에도 불구하고 대다수의 사람은 사람 배우자를 택할 것이다. 다만 1인 가족의 경우 감정 로봇을 구입하는 경우는 증가할 것으로 전망된다.

윤리적 인공지능의 등장
: 신뢰할 만한 인공지능과 인공지능 윤리Trustworthy AI & Ethics of AI

우리는 인공지능을 신뢰할 수 있을까? 2015년 '구글 포토스'는 흑인을 고릴라로 분류해 인공지능의 인종차별 문제를 야기했다. MIT 미디어랩의 흑인 여성 연구원인 조이 부올라뮈니Joy Buolamwini 등이 연구한 결과에 따르면, 얼굴 인식 인공지능 알고리즘에 인종차별과 성차별이 존재했다(변주영 2018).

인공지능은 중립적이지 않다. 이는 인공지능 개발자의 편향과 데이터 편향이 결합된 결과이다. 편향이 있는 인공지능에 대해 인공지능 윤리의 문제가 제기된다. 우리는 '어떻게 인공지능을 신뢰할 수 있을까?'라는 질문을 우리 스스로, 정부, 인공지능 개발자 및 인공지능 개발 기업에게 해야 한다.

인공지능을 이용해 자동화된 무기에 대한 논쟁도 고려해야 한다. 특정 인종이나 적군의 얼굴을 인공지능으로 인식해 자동으로 미사일이나 총을 쏘는 인공지능 무기의 개발과 사용이 금지되어야 한다는 논쟁이 있다. 미국의 정책은 자동화된 무기의 사용에 대해서 적정한 수준으로 인간의 개입이 보장되어야 한다고 규정하고 있다(Wikipedia. lethal autonomous weapon; US Department of Defense 2012). 즉 자동화된 무기가 미사일이나 총을 쏠 때, 인간의 최종적

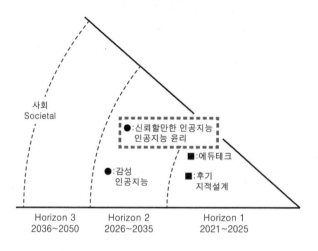

그림 2-7. 인공지능 트렌드 레이다에서 신뢰할 만한
인공지능과 인공지능 윤리의 위치

사회
Societal

●:신뢰할만한 인공지능
　인공지능 윤리

■:에듀테크

●:감성
　인공지능

■:후기
　지적설계

Horizon 3　　　Horizon 2　　　Horizon 1
2036~2050　　　2026~2035　　　2021~2025

의사 결정이 있어야 한다는 것이다. 그러나 자국의 이익과 안보를
우선시하고 상대국을 끊임없이 의심하는 현실주의적 국제정치에
서, 이런 규정이 영원히 지켜지리라고 기대하는 것은 어리석은 일
일 수 있다.

　인공지능 윤리는 인공지능이 지켜야 하는 윤리에 대한 인간 사
회의 합의라는 문제와, 그 사회적 합의를 인공지능에게 학습시키는
기술적 문제로 나뉜다. 전자에 대해서는 다양한 사회적 논의가 있
는데, 앞에서 언급한 자동무기 등이 사례가 될 것이다. 후자는 인공
지능이 인종적 차별이나 성차별을 하지 않도록 인공지능을 학습시
키는 것을 의미한다. 이런 사회적 합의와 인공지능 학습이라는 기술
적 측면을 아울러 신뢰할 만한 인공지능과 인공지능 윤리라고 한다.

신뢰할 만한 인공지능에 대해서는 유럽에서 일종의 지침을 규정했는데(EC 2019), 일곱 가지의 핵심 요건을 제시하고 있다. 이들 핵심 요건을 나열하면, 인간의 인공지능 통제, 기술적 강건성과 안전성, 프라이버시와 데이터 거버넌스, 투명성, 다양성과 비차별성 및 공정성, 사회적 환경적 웰빙, 책임성이다.

아래에서는 고전적인 인공지능의 윤리 원칙을 제시하고, 최근 국제노동조합연대회의UNI Global Union의 윤리적 인공지능 10대 원칙(Colclough 2018)을 제시하는 것으로 인공지능의 윤리에 대한 절은 마치도록 하겠다.

공상과학 소설의 대가인 아이작 아시모프Isaac Asimov는 1950년 로봇 3원칙을 제시했는데, 1985년 여기에 1개의 원칙을 추가했다. 그는 추가한 원칙을 가장 빠른 순서인 0번째 원칙으로 삼아 총 4개의 로봇 원칙을 제시했다(Asimov 1986).

영 번째 원칙: 로봇은 인류에게 해를 가해서는 안 된다. 혹은 인류가 스스로에게 해를 가하는 것을 부작위로 방기해서도 안 된다.

첫 번째 원칙: 로봇은 인간을 해칠 수 없다. 단, 영 번째 원칙을 위배할 때는 예외로 한다.

두 번째 원칙: 로봇은 인간이 내리는 명령에 복종해야 한다. 단 이런 명령이 영 번째 원칙과 첫 번째 원칙을 위배할 때에는 예외로 한다.

세 번째 원칙: 로봇은 자신을 보호해야 한다. 단 그런 보호가 영 번째와 첫 번째 및 두 번째 법칙에 위배될 때에는 예외로 한다.

표 2-1. 국제노동조합연대회의의 윤리적 인공지능 10대 원칙

원칙	내용
인공지능 시스템은 투명해야 한다.	노동자는 인공지능 시스템의 의사 결정과 그 결과를 포함해 인공지능의 의사 결정 등의 기반이 되는 알고리즘에 대해 투명성을 요구할 권리를 가져야 한다. 인공지능 시스템의 구현, 개발 및 배포와 관련해 노동자와 논의해야 한다.
인공지능 시스템은 윤리적 측면으로 통제하는 블랙박스를 장착해야 한다.	윤리적 블랙박스는 시스템 투명성과 책임성을 보장하기 위해 관련 데이터를 저장해야 하며, 시스템에 내장된 윤리적 고려 사항에 대한 명확한 데이터와 정보가 공개되어야 한다.
인공지능은 인류와 지구 생태계에 봉사해야 한다.	인공지능의 개발, 적용 및 활용에 대한 윤리 강령은 전체 운영 과정 중에, 인간의 존엄성, 정체성, 자유, 프라이버시, 문화 및 성 다양성, 인간의 기본권을 증진해야 하며 침해하지 말 것을 규정해야 한다.
인공지능은 인간의 통제를 받도록 설계되고 운영되어야 한다.	인공지능의 법적 지위는 도구로서 머물러야 한다. 또한 자연인과 법인을 포함한 법인격은 인공지능에 대한 통제권을 보유하고 있어야 하며, 인공지능으로 인한 문제에 대해 항상 책임을 져야 한다.
인공지능은 편향이 없어야 하면, 성 중립적이어야 하다.	인공지능의 설계와 유지에서, 부정적이거나 혹은 해로운 인간의 편향이 반영되지 않도록 하는 것이 특히 중요하다. 또한 인공지능에 의해 성, 인종, 성적 취향 및 연령에 대한 편향이 식별되고, 또 그것이 인공지능을 통해 전파되어서는 안 된다.
인공지능으로 인한 혜택을 범인류 차원에서 공유해야 한다.	인공지능에 의해 생산된 경제적 번영은 인류 전체에게 혜택을 주기 위해 광범위하고 고르게 분배되어야 한다. 따라서 경제, 기술 및 사회적 디지털 격차를 해소하기 위한 국가 단위의 정책을 포함하여 세계 차원의 정책이 필요하다.
기본권과 자유를 지원하며, '공정한 전환'[5]을 보장해야 한다.	인공지능 시스템이 발달하고, 증강 현실 기술이 성숙해짐에 따라, 인간 노동자와 노동을 구성하는 개개의 작업은 인공지능에 의해 대체될 것이다. 따라서 인공지능의 발달에 따라 대체되는 노동자가 새로운 일자리를 찾을 수 있도록 하는 구체적인 정부의 조치를 포함하여 '저스트 트랜지션'을 보장하는 정책을 반드시 마련해야 한다.
글로벌 인공지능에 대한 거버넌스 체계를 구축해야 한다.	전 세계 및 지역 차원에서 양질의 일자리와 윤리적 인공지능을 위한 다양한 이해관계자가 참여한 거버넌스 조직을 설립해야 한다. 이 조직에는 인공지능 설계자, 인공지능 소유자, 개발자, 연구자, 고용주, 법률가, 시민사회 조직 및 노동조합이 참여해야 한다.
로봇은 현행 법률 체계와 기본권 등을 준수해야 한다.	인공지능 로봇은 현행 법체계를 준수해야 하며, 인간의 기본권과 자유 및 프라이버시를 존중해야 한다. 이를 준수할 수 있도록 인공지능 로봇은 설계되고 운영되어야 한다.
인공지능 무기 경쟁을 금지해야 한다.	사이버 전쟁을 포함한 치명적 자동 무기는 금지되어야 한다. 국제노동조합연대회의는 인공지능이 노동자와 사회의 이익을 증진하면서 인공지능에 의한 의도하지 않았던 부정적 결과를 방지하기 위해 인공지능 윤리에 대한 국제 협약을 요구한다. 우리 국제노동조합연대회의는 인간과 기업이 이에 대해 책임 있는 대표자임을 강조한다.

5_공정한 전환(just transition)은 기후 위기 등에 따른 경제의 지속 가능성을 높이도록 경제 시스템을 전환할 때, 노동자의 권리와 생계도 보장할 수 있도록 하는 체계를 의미하며, 이를 위한 다양한 사회적 개입을 포함한다.

3. 기술적 트렌드

인공지능의 세 번째 가을이 다가올까?
: 인공지능의 세 번째 가을^{AI's 3rd Autumn}

인공지능은 현재까지 두 번의 겨울을 겪었다. 인공지능에게 겨울이란 인공지능에 대한 연구와 투자가 위축되고 줄어드는 것을 의미한다. 이런 겨울이 오는 이유는 인공지능에 대한 기대가 실망기에 들어섰기 때문이다. 상당한 투자를 했는데, 투자금을 환수할 수 없다면, 무한정 투자를 할 수 없다. 재원에는 한계가 있으며, 투자 우선순위가 있기 때문이다. 인공지능에 상당한 투자를 했는데, 인공지능을 이용한 성공적 비즈니스 모델이나 상품이 제대로 개발되지 않는다면 인공지능에 대한 투자가 위축되고 인공지능의 겨울이 오게 된다.

과거 두 번의 인공지능 겨울이 있었다. 인공지능 겨울의 시기에 대한 의견이 완전히 일치하는 것은 아니나, 대체로 첫 번째 겨울은 1974년에서 1980년까지, 두 번째 겨울은 1987년에서 1993년까지로 보고 있다. 첫 번째 겨울은 기계번역의 실패를 비롯해 당시의 인공지능이 현실 문제를 해결하지 못했기 때문에 도래했는데, 1973년 영국 의회의 요청에 따라 제임스 라이트힐^{James Lighthill} 교수가 작성한 인공지능에 대한 비판적 보고서에 의해 촉발되었다. 1987년에 시작된 두 번째 인공지능의 실패는 전문가 시스템에 대

그림 2-8. 인공지능 트렌드 레이다에서 인공지능의 세 번째 가을 위치

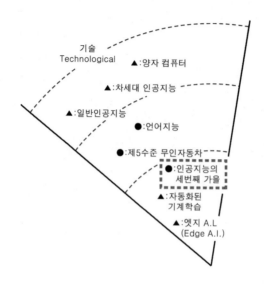

한 실망 때문에 초래되었다. 길고 추운 인공지능의 겨울 동안 다수의 인공지능 전문가가 인공지능 연구를 그만두었다.

두 번의 인공지능의 겨울을 보내고 세 번째 인공지능의 봄이 2010년경에 왔다. 그런데 세 번째 인공지능의 봄과 여름을 불러온 신경망 알고리즘은 두 번째 겨울이 끝난 이후에 그 씨앗이 심어진 것은 아니다. 신경망 인공지능의 기원은 1957년 코넬 항공 연구소 Cornell Aeronautical Lab의 프랑크 로젠블라트Frank Rosenblatt에 의해 고안되었다(Rosenblatt 1957). 로젠블라트가 고안한 것은 단층 신경망이었다. 단층 신경망을 다층 신경망으로 재구성하고, 각 신경망의 가중치 등을 스스로 조절해 통계적 추론의 정확도를 높이는 것

그림 2-9. 인공지능 연구의 호황과 불황

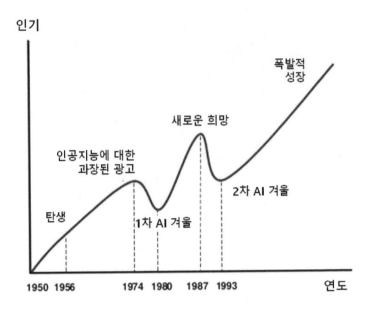

Lim(2018).

을 심층 학습, 즉 딥러닝이라고 한다. 딥러닝은 1980년 쿠니히코 후쿠시마Kunihiko Fukushima, 福島邦彦가 고안했다. 그러나 1980년까지만 해도 컴퓨터의 연산 속도는 빠르지 않았으며, 데이터도 충분하지 않았다. 신경망 인공지능이 기술적 타당성과 경제적 효율성을 지니기 위해서는 21세기까지 기다려야 했다.

인공 신경망 기술은 기존의 인공지능이 가졌던 한계를 극적으로 개선했다. 예를 들어 음성인식에서 단어 인식 오류율을 극적으로 개선했다. 딥러닝이 적용되기 이전에 단어 기준 음성인식 오류율은 10퍼센트를 상회했다. 2000년대까지 음성인식 오류율이 크게 개선되었으나, 2010년대까지 10퍼센트대에 정체되어 있었다. 딥러닝이 적용되면서 음성인식 오류율이 5퍼센트 미만으로 개선되었다(ETRI 2019). 딥러닝은 비전 인식과 기계번역의 성능도 획기적으로 향상시켰다. 그럼에도 불구하고 신경망 알고리즘의 인공지능에 한계가 드러나기 시작했다. 막대한 비용이 들어감에도 수익성이 있는 비즈니스 모델을 충분히 만들지는 못한 것이다.

2020년 6월 이코노미스트Economist의 『계간 기술』Technology Quarterly은 기획 기사로 인공지능의 한계가 도래할 것으로 지적했다(The Economist Technology Quarterly 2020). 인공지능 학습에 필요한 데이터를 수집하기 어려우며, 인공지능 개발에 막대한 비용이 들뿐만 아니라, 인공지능을 개발하고 데이터에 라벨링을 하는 것도 결국 인간이라는 점 등을 그 논거로 들었다. 가령 테슬라Tesla의 일론 머스크Elon Musk는 무인자동차가 2020년 달성될 것이라고 주장하고 있으나, 주행 규칙이 단순한 고속도로에서조차 무인자동차를 100퍼센트 신뢰할 수 없는 상황이다. 완전한 무인자동차가 나오려면 보다 많은 시간을 기다려야 할 것이다. 가트너의 2019년 인공지능에 대한 하이프 사이클은 무인자동차가 성숙하는 데 10년 이상 걸릴 것으로 보았다.

그렇다고 여러 전문가들이 이번에 인공지능의 세 번째 겨울이 도래할 것으로 보는 것 같지는 않다. 인공지능에 대한 연구와 자금 지원이 첫 번째와 두 번째의 겨울에서와 같이 줄어들지는 않겠으나, 여름철에 비해 상당히 줄어드는 정도로 전망한다. 그래서 인공지능의 겨울이 아닌 가을로 표현하고 있다(Shead 2020). 인공지능에 대한 투자는 어느 정도 지속될 것으로 보인다. 다만 인공지능에 대한 과도하고 성급한 기대는 지양해야 한다. 두터운 겨울용 외투를 준비할 필요는 없으나, 적어도 긴 팔의 셔츠와 얇은 가을 외투를 옷장에서 꺼낼 필요는 있다.

무인자동차는 언제 등장할까?

: 제5수준 무인자동차The 5th Level Autonomous Vehicle

무인자동차의 수준을 미국자동차기술학회Society of Automotive Engineers, SAE는 최저 0수준에서 최대 5수준으로 나누었다. 0수준은 자동화가 전혀 없는 자동차이며, 5수준은 출발지에서 도착지까지 인간의 관여 없이 완전한 자동 운행이 가능한 무인자동차를 의미한다(Shuttleworth 2019; DVI R&D COMMUNITY 2018).

테슬라 자동차의 일론 머스크는 2020년 무인자동차가 5수준의 완전한 무인자동차로 발전할 것으로 장담했으나(Koetsier 2020), 가트너의 보고서(Goasduff 2019)는 10년 이상 걸릴 것으로 보았다. 2020년 가트너의 자동화 관련 기술의 하이프 사이클에 따르면 3수준의 무인자동차 기대치가 환멸의 계곡trough of disillusionment을 벗어나 깨우침의 단계로 넘어가고 있다. 가트너는 4수준 무인자동차 기술과 5수준 무인자동차 기술은 각각 환멸의 계곡으로 떨어지고 있거나, 기대치가 부풀려져서 기대의 거품 정점에 놓여 있는 것으

그림 2-10. 인공지능 트렌드 레이다에서 제5수준 무인자동차 위치

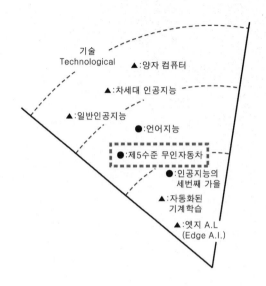

로 분석했다(Yamaji 2020).

무인자동차의 경제적 영향은 막대하다. 일자리에서부터 도시 구조의 변화까지, 물류에서부터 삶의 양식까지 변화를 가져온다. 2018년 기준 우리나라의 육상 운수업 중 육상 여객과 도로 화물 기업체 수, 종사자 수 및 매출액은 각각 3만 6천여 개, 88만여 명, 5조 6천여억 원에 달한다(통계청 2019a).

4수준과 5수준의 자동차가 대중화될 경우 도시 구조에도 큰 변화를 가져오게 된다. 건물에 주차장이 필요 없으며, 도로 이용률이 높아지게 된다. 자가용 자동차는 하루 24시간 대부분을 주차장에서 쉬는데, 자율 주행 자동차는 자동차 이용 효율을 높인다.[6] 반응

속도가 빠른 자율 주행 자동차는 도로 이용 효율을 높여 도로에 수용 가능한 차량의 수를 늘리는 동시에 운행 속도 또한 빠르게 할 것이다. 이는 건물 구조와 도시의 구조를 바꿀 것이다. 운행 속도가 빨라지면 도시의 수평적 공간이 확대될 것이다.

그런데 이런 완전한 수준의 자율 주행 자동차를 달성하는 데는 많은 시간이 걸릴 것으로 보인다. 일부의 의견은 완전한 수준의 자율 주행 자동차가 현재의 신경망 알고리즘으로는 어려울 것이라고 주장하기도 한다. 인공지능의 세 번째 가을이 다가오는 증거로 자율 주행 자동차 기술 발달이 지지부진하다는 것을 들기도 한다(The Economist Technology Quarterly 2020).

그렇다고 무인자동차 기술이 완성되기 전까지 일자리 등에 영향이 없는 것은 아니다. 화물차의 경우 1명의 인간 운전자가 여러 대의 무인 화물차를 이끌 수 있고, 정해진 구간에서는 무인 운행이 가능하다. 이는 화물 트럭과 버스의 경우 가장 먼저 무인자동차로 변화될 것임을 의미한다. 버스가 무인화되는 경우 임금 부담이 없어진 버스 회사는 버스를 소형화하고 보다 자주 운행하는 방향으로 발전하게 될 것이다. 이는 물류비용을 줄이고 운송비용을 줄이며, 승객 입장에서는 전체적인 교통 시간이 줄어드는 결과를 가져올 것이다.

6_코로나19 사태로 인해 공유 경제가 상당히 타격을 받았다. 가까운 장래에 신종 감염병에 대응하기 위한 환기, 박테리아와 바이러스 멸균 장치 등으로 바이러스, 박테리아 프리 인증을 받은 공유 자동차가 등장하면, 공유 자동차가 다시 대중화될 수 있다.

일반 인공지능은 언제 구현될까?

: 일반 인공지능Artificial General Intelligence

사람과 같은 지적 능력을 보여 주는 인공지능에 대한 상상은 환상적인 동시에 위협적이며, 낭만적인 동시에 몽환적이다. 사람처럼 다양한 지적 능력을 지닌 인공지능을 일반 인공지능Artificial General Intelligence, AGI이라고 하는데, 공상과학 소설과 영화에 흔하게 출연한다. 영화 〈매트릭스〉, 〈터미네이터〉, 〈아이, 로봇〉, 〈에이아이〉A.I.는 일반 인공지능을 영화의 주요 모티브로 삼았다. 스탠리 큐브릭 Stanley Kubrick과 아서 클라크Arthur C. Clarke가 공동 작업한 1968년의 영화 〈2001년 스페이스 오디세이〉2001: A Space Odyssey의 인공지능 HAL9000은 우주선을 통제하고, 인간과 자연스럽게 대화를 하며, 체스를 둘 줄 알고, 청각 장애인처럼 사람의 입술을 읽을 줄 안다. 2013년의 영화 〈그녀〉Her는 고독한 남성과 인공지능의 사랑을 그린 영화다. 인공지능 목소리를 스칼렛 요한슨Scarllet Johanson이 연기하여 더욱 유명해진 〈그녀〉는 일반 인공지능을 주요 모티브로 한다. 이 영화에서 일반 인공지능은 사람보다 더욱 자연스럽게 대화를 이끌어 낸다.

일반 인공지능을 강한 인공지능Strong AI 혹은 완전한 인공지능 AI-complete이라고도 하며, 인간 수준의 인공지능Human Level AI, HLAI이라고도 한다. 일반 인공지능에 대응되는 개념이 약한 인공지능Weak AI이다. 약한 인공지능은 음성인식을 잘하거나, CT나 엑스레이 사진을 분석하는 것과 같은 제한된 지능적 활동을 하는 기

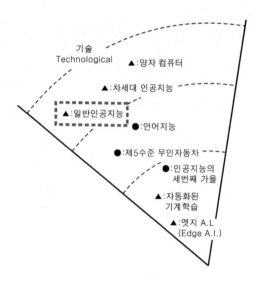

그림 2-11. 인공지능 트렌드 레이다에서 일반 인공지능 위치

계 지능을 의미한다. 약한 인공지능을 좁은 인공지능Narrow AI라고
도 한다. 현재 우리가 접하고 있는 인공지능은 약한 인공지능이며
일반 인공지능은 아직 상상의 영역에 머물러 있다.

그렇다면 일반 인공지능은 언제 달성 가능할까? 일반 인공지능
의 가능성은 하드웨어와 소프트웨어 측면에서 모두 분석하는 것이
필요하다.

하드웨어 측면에서 일반 인공지능의 도래 가능성을 분석한 이
는 레이 커즈와일이다. 커즈와일(2007)은 2045년 이전에 일반 인
공지능이 가능할 것으로 전망했다. 커즈와일이 이렇게 전망한 근거
는 무어의 법칙Moore's Law이다. 무어의 법칙이란 인텔Intel의 공동

설립자 중의 한 명인 고든 무어Gordon Moore가 1965년에 주장한 것으로, 반도체 칩의 집적도가 24개월마다 2배씩 증가한다는 경험을 일반화한 것이다. 무어의 법칙이 지속되는 경우 2045년 하나의 컴퓨터 CPU 칩에 집적된 반도체의 개수가 10의 26제곱 개가 되어 인류 전체의 신경망의 수를 합한 것보다 큰 수가 된다(커즈와일 2007). 성인의 뇌를 구성하는 신경세포는 약 860억 개로, 대충 1,000억 개로 계산하면 10의 12승 개이다. 뇌세포의 기능은 뇌세포 간의 연결을 담당하는 시냅스Synapse에 의해 이루어지는데 시냅스를 기준으로 하면 인간의 뇌의 시냅스는 100조 개에 이른다. 10의 14승 개다. 인류를 100억 명이라 하면 10의 10승이고, 인류 전체의 시냅스를 아주 넉넉하게 계산해도 10의 24승이다. 반도체의 수가 10의 26승 개라면 10의 24승 개의 100배이다. 일반 인공지능의 달성이 멀지 않은 것 같다.

그런데 2016년 인텔은 공식적으로 무어의 법칙을 더 이상 유지하지 않겠다고 선언했다(Simonite 2016). 24개월마다 반도체 칩의 집적도가 2배씩 증가한다는 무어의 법칙이 유지되기 위해서는 반도체 제조 장비를 2년마다 새로 구비해야 하는데 그 비용이 적지 않다. 인텔이 무어의 법칙을 유지하지 않겠다는 의미는 더 이상 대규모의 설비투자를 2년마다 진행하지 않겠다는 의미다. 그렇다면 다른 CPU 제조업체가 무어의 법칙을 유지하면 되는 것 아닐까? CPU 제조사 중의 하나인 AMD가 무어의 법칙을 준수하려고 하는 것은 아니나, 반도체 집적도를 지속적으로 높이고 있다. AMD는 선폭 7나노미터nanometer(10의 -9승 미터)의 CPU 반도체를 이미 출시했다. 우리나라의 삼성과 대만의 TSMC는 3나노미터의 반도체 제조 경쟁을 벌이고 있다. AMD는 2022년 3나노미터 CPU를 출시하겠다는 계획을 발표했다.

무어의 법칙이 영원할 수는 없다. 반도체 집적도를 높이려면 반도체의 크기를 줄여야 하는데, 이 반도체의 크기를 무한하게 줄일 수는 없다. 반도체의 크기가 일정한 수준 이하로 줄어들면 반도체가 반도체 역할을 더 이상 수행할 수 없다. 반도체란 필요에 따라 도체가 되기도 하고 부도체가 되기도 해야 하는데, 일정한 크기 이하로 줄어들면 부도체가 되지 못하고 도체가 된다. 즉, 전자가 저항 없이 이동하며, 이를 터널링 효과Tunneling effect라 한다. 기술의 발달로 인해 양자 터널링 효과의 임계 선폭이 줄어들고 있기는 하나, 궁극적인 한계가 있을 수밖에 없다. 커즈와일을 기술 복음주의로 비판하는 미치오 카쿠Michio Kaku, 加來道雄도 무어의 법칙이 지속될 수 없을 것으로 전망했다(카쿠 2012). 기술의 발달에 따라 3나노미터보다 작은 반도체 제조가 가능해질 것으로 보이지만(TechnoSports 2020), 원자의 크기를 무시하고 무한정으로 반도체 집적도가 올라가는 것은 불가능하다. 커즈와일이 2045년 특이점이 올 것이라는 예견의 근거가 된 무어의 법칙은 지속될 수 없는 것이다. 무어의 법칙이 지속될 수 없다면, 2045년 일반 인공지능이 도래하여 초지능으로 발전할 것이라는 커즈와일의 주장도 그 논거를 상실한다.

메모리 반도체가 3차원 구조를 가지므로, 컴퓨터의 CPU도 3차원으로 구성하여 반도체 집적도를 늘릴 수 있지 않느냐고 할 수도 있다. 메모리 반도체와 CPU는 다르다. CPU의 경우 계속 작동해야 해서 발열이 문제가 된다. 메모리 반도체는 필요한 경우에만 접근하므로, CPU만큼 발열의 문제가 크지 않다. 이 때문에 메모리 반도체는 3차원의 다층 구조를 가질 수 있다. CPU가 다층 구조로 발전하기 위해서는 발열 문제가 없는 재료를 사용해야 한다. 예를 들어, 탄소 기반 나노 물질로 반도체를 만드는 경우, 이 발열 문제가 해소될 가능성이 있다. 그러나 더 많은 시간을 기다려야 할 것으로 보인다. 그리고 CPU의 구조와 인간의 뇌의 구조가 다르다는 점도 지적해야 한다.

양자 컴퓨터의 발달이 무어의 법칙을 지속하게 할 수 있지 않느냐고 할 수도 있으나, 양자 컴퓨터의 용도는 제한적이다. 앞으로 기술이 발전하여 양자 컴퓨터가 인간의 뇌를 대체할 수 있지 않겠느냐고 주장할 수는 있겠으나, 아직 기반 기술이 등장하지 않았으므로, '알지 못한다'라고 이야기하는 것이 정확하다. 정리하자면, 하드웨어 측면에서 일반 인공지능이 가까운 미래에 가능할 것으로 보이지는 않는다.

소프트웨어의 측면에서도 일반 인공지능의 실현이 쉽지 않다. 현재 각광받고 있는 신경망 알고리즘 인공지능으로는 일반 인공지능을 만들 수 없다(Karen 2019). 신경망 알고리즘도 일종의 통계적 추론을 위한 도구에 불과하다. 통계적 추론이라 함은 기계 지능이 통계적 결과를 확인하는 것이지, 그 의미를 이해한다는 뜻은 아니다. 의미를 알지 못하는 상황에서 일반 인공지능으로 진화할 수 없다.

2020년 6월에 공개된 자연어 처리 인공지능 모델의 하나인 GPT-3도 이런 한계는 명확하다. GPT-3는 1,750억 개의 매개변수를 가지고 있다. 매개변수는 굳이 비유하자면 신경세포의 시냅스에 대응한다. GPT-3는 인간과 어느 정도 자연스러운 대화를 할 수 있다. 그러나 GPT-3가 문장의 의미를 이해하는 것이 아니다. 정상적 문장에 대해서 통계적으로 그 다음의 답을 제시할 수는 있어도, 내용이 이상한 문장에 대해서는 인간의 상식에 맞지 않은 답을 한다(Nomad Coder 2020).

질문: 기린은 몇 개의 눈을 가지고 있을까?
GTP-3: 기린은 2개의 눈을 가지고 있습니다.
질문: 내 발은 몇 개의 눈을 가지고 있을까?
GTP-3: 당신의 발은 2개의 눈을 가지고 있습니다.

하드웨어의 성능이 충분히 발달하여, 인간 뇌의 시냅스에 버금가는 100조 개의 매개변수를 처리할 수 있더라도, 이런 한계를 근본적으로 극복하는 것은 불가능하다. 현재의 인간이 개발한 인공지능 알고리즘으로는 일반 인공지능을 만들 수 없으며, 일반 인공지능을 만들기 위해서는 차세대 인공지능 알고리즘이 필요하다(Hao 2019). 차세대 인공지능 알고리즘의 기반 기술이 무엇인지는 알 수 없으나, 2036년에야 차세대 인공지능이 등장할 것이라는 의견을 경청할 만하다(Futurism 2016).
그렇다면 일반 인공지능은 2030년 후반에 등장할 것인가? 이에 대한 전문가의 의견을 수렴한 결과가 흥미롭다. 2009년 995명의 인공지능 전문가에게 일반 인공지능의 출현 시기에 대한 의견을 수렴한 결과 2060년까지는 등장할 것으로 보았다. 그런데 이런 의견 수렴은 반복적으로 진행되었는데, 그 등장 시기의 평균값이 점차 늦어지고 있다. 2009년의 또 다른 조사에서는 2050년경에 일반 인공지능이 가능할 것으로 보았으며, 2012년과 2013년의 조사에서는 90퍼센트의 응답자가 2075년경에 일반 인공지능이 등장할 것으로 답했다. 2019년의 조사에서는 45퍼센트의 응답자가 2060년까지 일반 인공지능이 등장할 것으로, 34퍼센트의 응답자는 2060년 이후에, 21퍼센트의 응답자는 일반 인공지능이 가능하지 않을 것으로 판단했다(AI Multiple 2020; Baum & Goertzel & Goertzel 2011; Müller & Bostrom 2016; Azulay 2019). 게다가 일반 인공지능에 대한 전문가의 판단은 비판적으로 볼 여지가 있다. 일반 인공지능에 대한 전망이 인공지능에 대한 투자로 이어질 수 있기 때문이다.

인공지능의 구현을 위한 하드웨어와 소프트웨어의 한계로 단기간 내에 일반 인공지능의 구현은 어려울 것이다. 과학기술이 기하급수적으로 발전하더라도, 현재 인류가 알고 있는 것보다 모르고 있는 것이 더 많다. 즉 불확실성이 더 많다. 센트럴 플로리다 대학의 컴퓨터학 교수인 케네스 스탠리Kenneth Stanley는 일반 인공지능의 도래 시점을 '20년 후, 2000년 이내'라고 했는데(Robitzski 2018), 그의 어림짐작은 매우 상징적이며, 시사하는 바가 크다.

그리고 일반 인공지능이 도래하지 않더라도, 약한 인공지능만으로도 한국 사회와 인류에게 끼치는 영향은 적지 않다. 3수준 이상의 자율 주행 자동차에 사용되는 인공지능도 약한 인공지능인데, 자율 주행 자동차가 실현되는 경우, 일자리에서부터, 도시의 구조와 기능, 거주지의 위치와 물류 및 군사기술에까지 영향을 미친다.

양자 컴퓨터는 인공지능의 획기적 발전에 기여를 할까?

: 양자 컴퓨터Quantum Computing

2019년 9월 구글의 양자 컴퓨터 '시커모어'Sycamore가 양자 우월성Quantum Supremacy을 달성했다(Arute & Arya & Babbush, et al. 2019). 양자 우월성이란 양자 컴퓨터가 전통적인 컴퓨터보다 우수한 성능을 보이는 것을 의미한다. 구글은 '시커모어'가 당시 전 세계에서 최고 성능을 보이는 슈퍼컴퓨터가 일 만년에 걸쳐 풀 수 있는 문제를 단 200초 만에 계산했다고 광고했다. 이런 종류의 주장에는 약간의 잡음이 들어가기 마련인데, 양자 우월성이 입증된 것은 맞으나, 슈퍼컴퓨터가 해당 문제를 계산하는 데 1만 년이 걸리는 것은 아니고 2.5일 정도 걸리는 정도였다. 그렇다면 양자 컴퓨터가 인공지능의 가을을 다시 봄으로 바꾸고 일반 인공지능을 가능하게 하는 것이 아닐까? 양자 컴퓨터의 특성상 그 단위인 큐빗Qubit이 하나씩 늘어나면 연산 속도가 2배씩 늘어나기 때문이다.

과연 양자 컴퓨터의 발달은 일반 인공지능의 발달에 기여할까? 2014년 캐러비안의 해적으로 유명한 영화배우 조니 뎁Johnny Depp이 주연한 〈트랜센던스〉Transcendence는 양자 컴퓨터를 이용한 마인드 업로딩Mind Uploading을 그렸다. 마인드 업로딩이란 인간 개체의 의식과 기억을 컴퓨터에 올릴 수 있다는 공상과학적 상상력이다.

그림 2-12. 인공지능 트렌드 레이다에서 양자 컴퓨터 위치

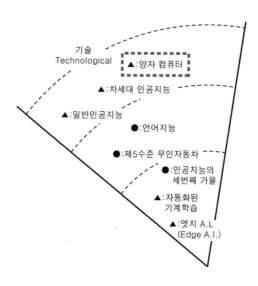

과학적 상상력이라고 하지 않은 이유는, 인류는 아직 인간의 의식의 실체를 제대로 이해하지 못하고 있기 때문이다. 또한 양자 컴퓨터로 범용 컴퓨터의 일을 할 수는 없다.

양자 컴퓨터는 기존 컴퓨터와 상충하는 관계가 아니라 상호보완적인 관계로 보아야 한다. 폰노이만Von Neumann 방식의 기존 컴퓨터[7]가 잘 해결할 수 없는 부분에서 양자 컴퓨터가 탁월한 성능을

7_폰노이만 방식의 컴퓨터 구조는 입력장치, 중앙처리장치 및 출력장치의 구조와, 중앙처리장치에 산술연산, 논리연산 및 메모리 구조를 갖는 범용컴퓨터를 의미한다. 현재의 컴퓨터는 모두 폰노이만 방식이다.

보이기 때문이다. 그러나 양자 컴퓨터가 가야 할 길은 아직 멀다. 구글 '시커모어'의 성공은 1903년의 라이트 형제의 첫 비행과 비교된다(Metz 2019). 양자 컴퓨터가 인공지능의 발달에 어느 정도 기여할지는 불확실하다. 수많은 양자 컴퓨터가 신경망처럼 연계되어 의식을 갖게 될지도 불명확하다. 다만 가능하다 하더라도, 그 미래가 가깝지는 않으리라는 것은 분명하다.

4. 경제적 트렌드

플랫폼 경제와 인공지능
: 데이터 확보 전략

21세기 들어 디지털 플랫폼 기업의 활약이 두드러진다. 구글, 아마존, 애플, 세일즈포스Salesforce 등이 모두 디지털 플랫폼 기업이다. 플랫폼 기업이란 양면 시장Two-sided Market 혹은 다면 시장Multi-sided Market에서 서로 상이한 고객군이 거래할 수 있는 시장인 플랫폼 비즈니스 모델을 채용한 기업을 의미한다. 디지털 플랫폼 기업이란 이런 복수의 고객이 거래할 수 있는 시장을 디지털 기술을 이용해 제공하는 기업이다. 대표적인 오프라인 플랫폼 기업으로는 창고형 할인 매장을 들 수 있다. 다양한 상품과 고객이 할인 매장에서

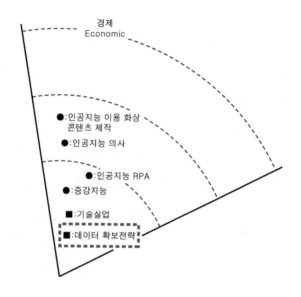

그림 2-13. 인공지능 트렌드 레이다에서 데이터 확보 전략의 위치

거래한다. 플랫폼 기업의 장점은 고객이 모일수록 더욱 고객이 모이게 되는 네트워크 효과 때문이다. 오프라인 플랫폼 기업에서 네트워크 효과는 제한적이었으나, 디지털 플랫폼 기업에서 이 네트워크 효과는 글로벌 차원으로 진행된다.

디지털 기술이 발달하면서 네트워크 효과가 강해졌다. 디지털 기술로 접근 비용이 낮아졌고, 이제 언제 어디서나 해당 플랫폼에 접근할 수 있게 되었기 때문이다. 구글, 아마존, 세일즈포스, 넷플릭스, 우버Uber, 에어비앤비AirBnB 등은 모두 디지털 플랫폼 기업이다. 이들 디지털 플랫폼 기업은 인공지능시대에 데이터 확보를 전략적으로 할 수 있다는 점에서 탁월하다.

네트워크 효과는 디지털 플랫폼 기업의 독과점을 가능하게 하며, 인공지능 학습을 위한 데이터 확보를 상대적으로 용이하게 한다. 네트워크 효과로 인해 해당 플랫폼 기업에 고객이 많아지면, 고객에게 더 많은 가치를 제공하기 때문이다. 예를 들어 인터넷 온라인 상점 플랫폼인 아마존은 수요 고객이 많아질수록, 입점하는 공급 고객이 많아진다. 수요 고객이 많아져야 공급 고객의 매출액이 늘어나기 때문이다. 공급 고객이 많아지면 많아질수록 수요 고객은 다양한 제품을 비교하여 선택할 수 있게 되므로, 수요 고객은 더욱 늘어난다. 또 네트워크 효과에 의해 모인 고객은 데이터를 남긴다. 남겨진 데이터는 인공지능 학습에 활용된다. 따라서 글로벌 디지털 플랫폼 기업은 글로벌 인공지능 회사로 진화할 수 있다.

구글과 아마존이 인공지능 분야에서 탁월한 실적을 보여 주는 데는 이유가 있다. 이들 기업은 고객이 남긴 정보를 바탕으로 인공지능을 키울 뿐만 아니라, 인공지능의 개발을 위해 고객으로 하여금 적절한 정보를 남길 수 있도록 유인한다. 즉, 디지털 플랫폼 기업이 인공지능의 개발에도 유리하다.

다른 한편 디지털 플랫폼 비즈니스 모델은 경제적 양극화를 심화시킨다. 디지털은 국경이라는 물리적·제도적 방벽을 와해시킨다. 즉, 디지털 플랫폼 비즈니스 모델은 글로벌 부의 양극화를 심화시킨다. 디지털 플랫폼 기업이 인공지능의 개발에 장점을 지니게 된다는 것은 경제적 양극화의 속도를 가속화시키는 것을 의미한다. 앞에서 말했던 신뢰할 만한 인공지능이라는 화두가 전 세계적 차원에서 고민되어야 하는 이유이기도 하다.

인공지능이 일자리를 얼마나 대체할까?

: 기술실업Technological Unemployment

인류 역사에서 기술의 발달은 생산성 증가를 가져왔다. 범용 기술General Purpose Technologies의 발달은 생산방식의 근본적 변화를 가져와, 기존 일자리를 사라지게 했다. 범용 기술은 특정 지역 혹은 전 세계적으로 경제적 영향이 큰 기술을 의미한다. 대표적인 범용 기술로는 증기기관, 전기, 내연기관, 컴퓨터 및 인공지능 등을 들수 있다(Lipsey & Kenneth & Clifford 2005). 기술의 발달에 따라 일자리가 사라지는 것은 자연스러우나, 사라지는 것 이상의 일자리가 만들어질 것이냐에 대해서는 논란이 있다. 증기기관의 발명으로 인해 기계 파괴 운동인 러다이트Luddite 운동이 1811년에서 1816년까지 절정을 이루었으나, 새로운 일자리가 늘어나면서 러다이트 운동은 소리 소문 없이 잦아들었다. 기술의 발전에 따른 기술실업에 대한 공포는 반복적으로 등장했다. 제1차 산업혁명으로 인한 러다이트 운동은 기술실업의 공포에 대한 당시 노동자의 폭력적 반응이었으며, 칼 마르크스Karl Marx와 존 메이너드 케인스John Maynard Keynes 등은 기술실업의 가능성과 위험을 예측했다. 21세기 범용 기술로서의 인공지능이 발달함에 따라 기술실업에 대한 전망이 다시 등장했다.

2013년 옥스퍼드 대학의 칼 베네딕트 프레이Carl Benedikt Frey와 마이클 오스본Michael Osborne은 모바일 로봇과 기계학습으로 미국 일자리의 47퍼센트가 대체 가능하다고 했다(Frey & Osborne 2013).

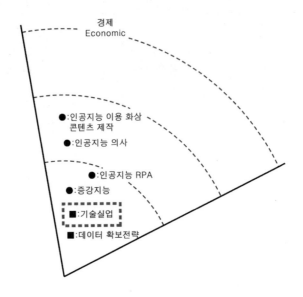

그림 2-14. 인공지능 트렌드 레이다에서 기술실업의 위치

기술실업에 대한 전망은 인공지능이 발달하는 상황 속에서 전 세계
에 상당한 반향을 일으켰는데 우리나라도 예외가 아니었다. 21세
기 초에 등장한 기술실업에 대한 전망은 크게 세 가지로 나뉜다.

낙관론: 인공지능과 로봇 등으로 일자리가 사라지겠지만, 그보
다 많은 일자리가 생길 것이라는 견해다. 딜로이트는
기술 발전이 오히려 일자리를 늘린다는 것을 산업혁명
이후의 추세를 분석해 실증적으로 밝혔다. 과거의 기술
발달과 일자리 추세로 보아 인공지능도 예외가 아니라

는 주장이다.

비관론: 이번에는 달라서, 인공지능 등으로 인해 사라지는 일자리가 새로 만들어지는 일자리보다 더 많을 것이라는 주장이다. 산업혁명은 인간이 사용할 수 있는 에너지를 확장하여 생산성을 높였는데, 그때 인간 노동력의 대체 범위는 인간의 육체적 노동에 국한되어 있었다. 공장자동화 등으로 패턴화가 가능한 육체노동의 일부가 자동화되었으나, 그 대체 범위는 제한적이었다. 반면 인공지능은 인간의 인지노동을 대체하기 때문에, 기술실업이 광범위하게 확산될 것이라는 주장이다. 이 주장은 기본소득 주장과도 연계되어 있다. 비관론의 입장을 지지하는 미래학자 및 전문가가 적지 않다. 2020년 민주당 대선 후보 경선에 출마했던 앤드류 양Andrew Yang도 그중의 하나이며, 프레이·오스본도 이에 속한다.

절충설: 단기적으로는 일자리가 줄어드나 장기적으로는 인류 사회가 이에 적응할 것이라는 주장이다. 세계경제포럼의 의장인 클라우스 슈밥Klaus Schwab 등이 주장했다.

기술실업에 대한 논쟁은 현재 진행형이다. 다만 최근의 견해는 기술실업이 진행되기는 할 것이나, 그 속도가 생각보다 빠르지 않다는 것으로 모아지고 있다. 그 근거로는, 기술의 발달 속도에 비해 법제도의 변화가 빠르지 않아 기술실업이 빠르게 진행되지 않는다는 관점에서부터, 디지털 기술의 발달 속도가 예상보다 빠르지 않아 기술실업의 속도가 빠르지 않다는 데까지 의견이 다양하다. 앞에서 보았듯이, 무어의 법칙이 사실상 중단되었으며, 신경망 알고리즘에 대한 실망감이 늘어나고 있어, 기술실업이 빠르게 진행되지 않을 가능성도 있다. 예를 들어, 완전한 수준의 무인자동차인 5수준 이상의 자율 주행 자동차가 개발되면, 버스, 트럭, 택시 등의 운수 노동자의 일자리에 큰 변화가 올 것이 틀림없고, 그 이외의 서비스 업종의 생태계에도 큰 변화가 올 것이다. 그런데 가트너의 2019년의 전망에 따르면 무인자동차의 상용화를 기다리려면 10년 이상을 기다려야 한다.

그렇다고 기술실업에 대해 안심할 수 있는 상황은 아니다. 인공지능이 인간의 노동 전체를 대체하는 것은 아니나, 인지노동을 대체하기 시작했다는 데 주목해야 한다. 인공지능과 스마트 로봇은 인지노동 분야에서 인간의 일자리를 점진적이면서도 지속적으로 대체할 것이다. 전 세계적인 공급 과잉 현상이 일어나면서 기술실업의 속도는 점점 더 가파를 수 있다. 공급 과잉에 대응해 인지노동 자동화를 통해 비용 효율성을 높이려는 시도가 기술실업을 촉진할 수 있기 때문이다. 또한 인공지능의 한계로 인해 세 번째 가을이 도래하는 것을 예측하는 것이 합리적이나, 인공지능의 발전을 둘러싼 복잡성으로 인해 상당한 불확실성이 있다. 즉, 인공지능의 미래는 확정된 것이 아니며, 기술실업의 추세에도 상당한 불확실성이 있다.

정리하자면, 인공지능 등으로 인한 기술실업은 착실히 진행될 것이다. 다만 그 속도가 프레이·오스본이 전망한 대로, 또 슈밥이 동의한 대로, 빠르게 진행되지는 않을 것이다. 새로 만들어지는 일자리가 없어지는 일자리보다 많아지는 것은 불확실하며, 노동정책과 일자리 나누기 등의 정책이 수반되어야 일자리가 의미 있게 늘어날 것이다.

그리고 최근 코로나19로 인한 디지털 전환의 가속화도 고려할 필요가 있다. 코로나19는 비대면 온라인 비즈니스를 강화시켰다. 마이크로 소프트의 CEO인 사티아 나델라Satya Nadella는 코로나19로 인해 "2년이 걸릴 디지털 전환이 2개월 만에 진행되었다"고 했다(Spataro 2020). 디지털 전환의 가속화는 정부와 개인이 기술실업에 적응하고 대응할 수 있는 시간적 여유를 단축시킬 것이다.

증강 지능Augmented Intelligence

증강 지능은 인간과 협업하는 인공지능이라는 개념이다. 앞에서 언급한 인간의 노동을 인공지능이 대체할 것인가라는 질문은 일자리에서 노동의 의미와 윤리의 문제까지 복합적인 논의를 불러일으킨다. 이 장에서도 이와 관련된 논의들을 위의 '신뢰할 만한 인공지능과 인공지능 윤리', '기술실업', 그리고 아래의 '인공지능 의사'에서 다양한 각도로 다루고 있다. 그런데 인공지능이 인간의 노동을 완전히 대체하는 데는 상당한 시간이 걸릴 것으로 전망된다. 인공지능의 발전 속도가 기대만큼 빠르지 않으며, 지금의 인공지능 알고리즘은 근본적 한계를 가지고 있기도 하지만, 조직 구조, 업무 프로세스 및 문화가 인간의 노동을 인공지능으로 대체하는 데 시간

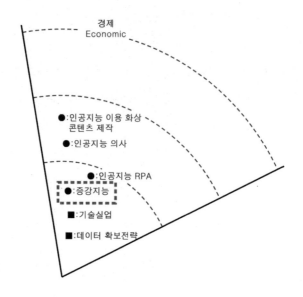

그림 2-15. 인공지능 트렌드 레이다에서 증강 지능의 위치

을 걸리게 하기 때문이다. 그 이전에 인간과 인공지능은 협업을 통해 업무를 진행하게 될 것이다.

증강 지능 활용 분야 사례를 예시로 들면 다음과 같다(Roberts 2019).

● 금융 서비스: 특정 기업에 속한 재무 설계사가 고객의 목표, 자산, 소득수준 및 위험 투자 성향에 따른 개인화 서비스를 제공하도록 지원

● 보건 의료: 환자에 대한 치료의 품질을 높이고 오진의 가능성을 줄이도록 지원

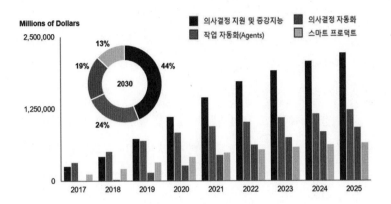

그림 2-16. 인공지능 유형별 비즈니스 가치

- 여행 서비스: 고객 불만 해결 및 고객과의 소통 분석의 최적화
- 제조: 인공지능 생성 디자인을 통해 설계자가 설계 작업의 효율성 제고. 인공지능은 짧은 시간 내에 매우 다양한 설계 대안을 탐색하고, 인간 설계자는 자신의 전문 지식과 통찰력 등을 활용하여 설계 대안 중 최선을 선택해 인간과 인공지능이 협업을 진행
- 석유 등 가스 산업: 정밀 드릴링 최적화. 드릴링 작업자는 인공지능의 지원을 받아 작업 중 환경을 정확하게 이해할 수 있으므로, 드릴링 작업은 빨라지며, 드릴링 기계의 마모 및 손상 감소

증강 지능은 특히 의사 결정 지원 분야에서 전망이 밝다. 2019년 가트너는 인공지능 유형별 비즈니스 수익을 분석하면서 2030년

에도 의사 결정 지원이 전체 인공지능 시장의 44퍼센트를 차지할 것으로 보았다(Gartner 2019).

증강 지능은 거의 모든 곳에서 활용될 가능성이 크다. 그만큼 해당 분야와 특수 인공지능에 대한 수요가 확대될 것이고, 관련 분야의 일자리가 늘어날 것이다. 증강 지능은 업무의 안전성을 높이고, 자원을 경제적으로 사용할 수 있도록 할 것이고 위험과 이슈에 대한 적시의 정확한 대응을 가능하게 할 것이다. 그런데 이렇게 긍정적인 것만은 아니다. 증강 지능은 업무 효율성을 제고하게 할 것인데, 업무 효율성의 제고는 인공지능으로 인간 노동자를 완전히 대체하지는 않으나, 과거에 비해 필요한 인간 노동자의 수를 줄어들게 할 것이다. 즉, 기술실업이 진행될 것이다.

필요한 노동력의 감소는 한편으로 인간이 보다 여유롭게 일할 수 있는 기술적 기반을 제공한다. 그러나 이런 기술은 당분간 양질의 일자리를 줄이는 방향으로 그 힘이 이용될 가능성이 크다. 양질의 일자리가 줄어들면 유효 수요가 줄어든다. 증강 지능으로 업무 효율성과 제조업의 생산성은 늘어나면서, 일자리가 점진적으로 줄어들 위험이 크다. 이는 특정 국가에서만 진행되는 것이 아니라, 전 세계적으로 진행될 것이다.

인공지능은 의사를 대체할까?

: 인공지능 의사^{AI Doctor}

인공지능이 의사를 대체하는 것은 오래된 꿈이다. 영화 스타워즈 시리즈물에서 의사는 모두 로봇이다. 1980년 〈제국의 역습〉에서 주인공인 스카이워커의 잘린 팔목을 치료하고 주인공 손을 달아주는 것은 의사 로봇이다. 2013년 영화 〈엘리시움〉에서 진단과 치료는 완전 자동화되어 있다. 영화 〈에이리언〉 시리즈에서도 자동화된 진료 장치가 우주선에 실려 있다. 질병을 치료하고 건강한 삶을 유지하기 위해 의료 서비스에 누구나 편하게 접근할 수 있기를 바라는 욕구가 투영된 것이 진단과 치료의 자동화이다. 영화 〈엘리시움〉은 극단적 양극화를 그린 것이기는 하나, 영화에서 묘사된 진단과 치료의 자동화가 주는 시사점이 있다. 왜 특별한 계층에게만 수명을 극단적으로 연장하는 진단과 치료가 자동화되었을까?

생명체의 복잡성, 유전자에 대한 인류의 지식 부족, 질병의 다양성과 복잡성 등은 진단과 치료, 즉 진료를 모두 자동화하는 데 많은 시간이 걸리게 한다. 그러나 논리적으로 보아 질병의 증상과 원인 대해서는 패턴 인지가 가능하여 언젠가는 진료, 특히 진단 분야는 자동화가 가능할 것이라는 데 큰 이견이 없다.

이런 희망과 꿈이 IBM으로 하여금 '왓슨'WATSON에 상당한 투자를 하게 한 동기였다. '왓슨'은 인공지능 의사로서 다수의 병원에서 채택되었다. 우리나라에서도 길병원, 부산대병원, 계명대 동산병원, 건양대병원에서는 암의 진단과 관련된 '왓슨 포 온콜로지'

그림 2-17. 인공지능 트렌드 레이다에서 인공지능 의사의 위치

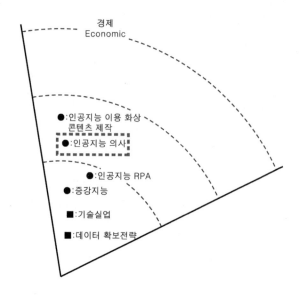

Watson for Oncology, 가천대 길병원은 '왓슨 포 온콜로지'와 '왓슨 포 지노믹스'Watson for Genomics를 모두 도입했다(이재원 2019). '왓슨 포 온콜로지'는 종양의 진단에 특화되어 있고, '왓슨 포 지노믹스' 는 유전체 분석을 그 용도로 한다. 그런데 '왓슨'에 대한 기대의 거품이 꺼지기 시작했다. 2019년 '왓슨'은 신약 개발 부분에서도 철수했으며(김진구 2019), 미국의 엠디엔더슨MD Anderson은 '왓슨'과 결별했다(홍숙 2019).

그렇다고 실망하기에는 이르다. 인공지능 의사가 인간 의사보다 진단의 정확도가 더욱 높은 부분이 있기 때문이다. 특히 신장암 등의 분야에서 탁월한 성능을 보이고 있다(Shah 2020). 미국의 식품

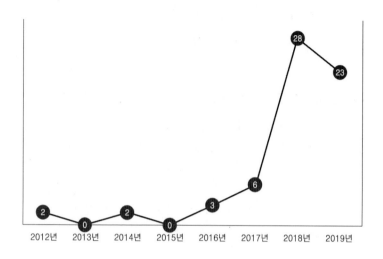

그림 2-18. 인공지능 FDA 승인 추이

의약국Food and Drug Administration, FDA(이하 FDA)은 특정 인공지능
에 대한 질병 진단에 대한 승인을 하기도 했다.

　비전 인식 분야의 인공지능은 탁월한 성능을 보인다. CT, MRI
등의 영상 정보로 특정 질병을 진단하는 데 인공지능은 탁월한 성
능을 보인다. 애플 워치로 심전도를 측정하는 것도 FDA의 승인을
받았는데(Carfagno 2019), 심전도를 일주일 24시간 내내 측정하는
것은 상시 심전도를 측정하고 분석함으로써 예방적 치료를 할 수
있게 한다. 인공지능 의사가 인간 의사보다 탁월한 분야는 점진적
으로 그리고 꾸준히 증가하는 것으로 보인다. 2020년 현재 FDA가
인공지능 진단 기술에 대해 승인한 추세를 보면 2016년부터 그 증
가 추이가 늘어났으며 2018년 급증한 것을 확인할 수 있다(The

Medical Futurist).

　인공지능 의사의 가장 탁월한 점은 종합 진단이 가능하다는 것과 실시간 진단이 가능하다는 것이다. 인체는 복잡계로, 병의 증상만으로 그 원인을 정확하게 찾아내는 것은 쉽지 않은 일이다. 한 명의 인간 의사가 저지르는 오진은 자연스럽다. 그렇다고 병을 진단하기 위해 복수의 전문의가 종합적인 판단을 하는 것도 쉽지 않은 일이다. 비용, 의료 인력, 의료 시스템의 한계로 인해 복수의 전문의가 종합적 진단을 진지하게 하는 경우는 예외적이다. 그런데 인공지능 의사는 이런 종합 진단을 하는 것이 어려운 일이 아니다. 질병마다 진단을 하는 개별적인 인공지능을 통합하면 종합 진단과 유사한 결과를 얻을 수 있다.

　또한 의료용 사물 인터넷MIoT, Medical IoT을 활용하면 실시간 예방적 진단도 가능하다. 앞에서 언급했던 애플 워치가 이런 사례에 해당한다. 의료용 센서 기술은 지속적으로 발달할 것인데, 신체에 삽입하는 센서에서 접촉식 혹은 비접촉식 의료용 센서와 스마트 폰이 연계되면서 상시적인 실시간 진단을 가능하게 할 것이다.

　인공지능 로봇도 수술과 같은 치료를 언젠가는 할 수 있을 것이다. 수술 로봇인 '다빈치'는 지능형 로봇이 아니라 인간 의사의 움직임을 따라 하는 로봇으로, 인간의 손 떨림은 다빈치의 수술 도구에 전달하지 않고, 손동작의 스케일링scaling을 하여 미세 수술을 가능하게 한다. 손동작의 스케일링이란 손으로 몇 센치를 움직이면 다빈치 수술 도구는 몇 밀리미터 혹은 그 몇 백 마이크로미터로 움직이도록 조정하는 것을 의미한다. '다빈치' 로봇은 인간의 수술 동작을 모두 로그 정보로 남길 것이며, 이를 학습하면 언젠가는 간단한 수술의 경우 로봇의 수술이 인간의 수술을 능가하게 될 것이다. 그러나 이를 위해서는 많은 시간을 기다려야 할 것이다. 인공지능이 체스를 인간보다 잘 두어도, 체스를 정리하고 청소하는 것에서 인공지능이 인간을 아직 이길 수 없다.

궁극적으로는 인공지능 의사가 인간 의사를 대체할 수 있다. 그러나 그 속도는 빠르지 않고 점진적으로 진행될 것으로 보인다. 그리고 기술적으로 완성된다 하더라도, 치료는 인간 의사에게 맡겨질 것이며, 최종적인 의사 결정도 여전히 사람에게 맡겨질 것이다. 인간 의사와 인공지능 의사는 협업 체계를 구축해 증강 지능이 될 것이다. 다만 인공지능 의사와 이에 대한 수요자 및 인간 의사는 일종의 플랫폼에서 만나게 될 것이다. 이는 의료 소비자와 의료 소비자를 찾는 인간 의사가 글로벌 의료 플랫폼 기업에 종속되는 결과를 낳을 수도 있다.

5. 환경적 트렌드

일기예보와 인공지능

일기예보의 과학화와 정확성을 위해 수치 예보 모델을 활용하

그림 2-19. 인공지능 트렌드 레이다에서 일기예보의 위치

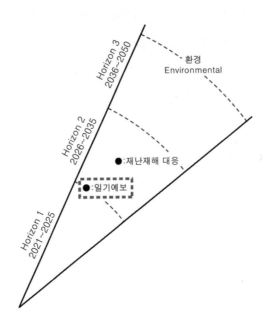

고, 이 수치 예보 모델 수행을 위한 막대한 양의 계산에 슈퍼컴퓨터가 활용되고 있다. 슈퍼컴퓨터는 상대적 개념이다. 성능을 기준으로 연 2회 500대 슈퍼컴퓨터를 선정하는데, 여기에 선정되면 슈퍼컴퓨터로 인정받으며, 이 순위에서 탈락하면 슈퍼컴퓨터로서의 수명을 다한 것으로 본다(국가기상슈퍼컴퓨터센터).

수치 예보 모델은 단일한 것이 아니다. 기상청에서는 전 지구, 국지, 국지 확률 등 8개 분야에서 16개 모델을 활용하고 있다. 그런데 이런 전통적인 수치 예보 모델은 기존의 통계적 모델의 한계를 가지고 있다. 분석의 대상이 되는 변수의 개수가 제한적이라는 점

이다. 복잡계인 기상 모델에서는 기상에 미치는 모든 변수를 활용해 기상을 예측하는 것이 이상적이다.

우리나라 기상청은 아직 그 성과가 그렇게 좋지는 않으나 인공지능을 이용한 일기 예보 시스템의 구축을 지속적으로 추진하고 있다. 기상청의 인공지능 일기예보 시스템의 이름은 '알파웨더'Alpha Weather(송주상 2020)이다. '알파웨더'는 복수의 빅데이터에 기반을 둔 일기예보 인공지능 모델을 '앙상블'Ensemble이라는 인공지능 아키텍처로 결합한 것이다. 복수의 기상예보 인공지능 간에 기상예보를 경쟁하게 하여, 다수결을 획득한 기상예보 결과를 채택하도록 하고 있다. 현재 '알파웨더'는 기존 수치 예보 모델보다 기상 예측에 시간이 걸리며 그 정확도도 높지 않아, 실용성이 크지 않은 것이 현실이다.

구글에서도 인공지능을 이용해 일기예보를 예측하려 하고 있다. 미국해양대기청the National Oceanic and Atmospheric Administration, NOAA의 레이더 화상 정보를 이용해 학습한 구글의 일기예보 인공지능은 준 실시간 기상 예측 정보를 제공하고 있다(DeBos 2020). 구글의 인공지능 일기예보 시스템은 6시간 전에 높은 확률로 강우 예측을 할 수 있다고 한다. 이런 준 실시간에 가까운 일기예보도 가치 있는 것이지만, 충분히 먼 미래 시간에 대한 기상예보를 하는 것이 중요하며, 6시간 이후와 같은 짧은 시간의 미래 기상을 예측하는 것은 상대적으로 쉽다는 것을 간과해서는 안 된다.

인공지능이 기존의 수치 모델을 능가하는 것이 언제일지 모르나, 능가한다 하더라도 증강 지능에 머무를 가능성이 크다. 당분간

은 기존의 수치 예보 모델을 그대로 활용할 것이며, 기상예보 인공
지능을 지속적으로 학습시키고 보완할 것이다.

재난 재해 대응

21세기 전반기 들어 재난 재해가 증가 추세다. 기후변화, 인구
증가에 따른 농지 확대, 도시화와 세계화라는 메가 트렌드가 세계
보건기구World Health Organization, WHO의 팬데믹 6단계의 징검다리
가 되고 있어 신종 감염병의 발생 주기가 짧아지고 있다. 기후 위기
는 더욱 큰 재난이다. 2020년 6월 시베리아 특정 지역의 기온이 38
도까지 올랐다. 우리나라도 2020년 6월 온도가 7월과 8월 여름철
온도까지 올랐다. 정작 7월과 8월은 장마철이 아닌 우기가 되어, 맑
은 날을 보기 어려웠다. 8월 말과 9월에는 태풍으로 동북아시아가
몸살을 앓았다. 기후 온난화에 따라 앞으로 태풍의 주기와 규모가
빨라지고 더 커질 것이다. 자연재해 발생 건수가 1970년에 비해 4
배가 증가했다(van Heteren & Hirt & Van der Veken 2020). 재난 재
해 대응의 필요성이 증가하면서, 그 대응을 위한 방안으로 인공지
능을 이용하려는 시도가 일어났다.

재난 재해 대응에서 인공지능을 이용한 접근은 재난 재해 예측,
재난 재해에 대한 회복 탄력성 제고 등이다. 인공지능을 이용한 재
난 재해 예측 분야는 지진, 홍수, 화산, 태풍이다. 구글과 하버드 대
학은 과거 13만여 차례의 지진기록으로 지진 예측 인공지능을 훈

그림 2-20. 인공지능 트렌드 레이다에서 재난 재해 대응의 위치

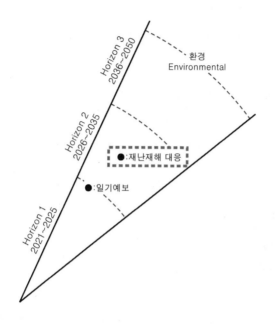

런시키고 있다(Vincent 2018). 홍수에 대해서도 인도에서 구글이 구글 맵과 구글 서치 기능을 이용해 홍수를 경고하는 인공지능 플랫폼을 구축하고 있다(Sandle 2018). 아이비엠은 지진 센서와 과거의 지질학 데이터를 이용해 화산 분출을 예측할 수 있도록 그들의 인공지능 시스템인 '왓슨'을 훈련시키고 있다(Joshi 2019). 나사NASA 와 디벨롭먼트시드Development Seed[8]는 위성사진을 이용해 허리케인

---

[8]_디벨롭먼트시드는 공개 데이터와 공개 소프트웨어로 다양한 글로벌 문제 등에 대한 대안을 탐색하는 비정부기구이다.

의 경로를 추적하는 인공지능을 개발하고 있다(Joshi 2019). 인공지능을 이용한 재난 예측은 여기에 그치는 것이 아니다. 미국국립보건원National Institutes of Health은 중국의 코로나19 관련 정보로 코로나19의 추이를 예측하려는 인공지능을 개발하기도 했다(Paradox Engineering 2020). 그 외에도 인공지능을 이용해 산불을 예측하려는 시도 등도 존재한다.

과거의 재난 재해 기록을 통해 얼마나 많은 구호가 필요한지를 인공지능을 통해 예측하고, 필요한 곳에 필요한 물품을 신속하게 준비할 수 있다. 이를 통해 재난과 재해에 대한 회복 탄력성을 높일 수 있다(van Heteren & Hirt & Van der Veken 2020).

기후변화와 전 세계적인 인구수의 증가 등은 재난 재해의 발생 건수와 피해액을 급격하게 증가시키고 있다. 이에 따라 인공지능을 이용해 재난 재해를 예측하거나, 완화하거나, 대응할 수 있는 역량을 높이려는 시도가 있을 수밖에 없다. 다만 재난 재해 가운데 일부는 고도의 복잡계에 속하거나 혹은 충분한 데이터를 확보하는 것이 원천적으로 어려울 수 있어서, 그렇게 성공적이지 않을 수 있다. 그럼에도 불구하고 이런 시도는 지속적으로 이루어져 재난 재해의 피해를 점진적으로 줄일 것이다.

6. 제도적·정치적 트렌드

세계화 4.0과 인공지능: 세계화와 기계번역

인공지능 번역 기술이 상당히 발전했다. 구글 번역기 및 네이버의 파파고 등 기계번역기는 다양한 언어로 만들어진 지식과 정보에 대한 접근성을 상당히 낮추었다. 예를 들어, 필자는 2017년 독일의 "Weißbuch Arbeiten 4.0"를 읽어야 했다. "Weißbuch Arbeiten 4.0"은 우리말로 번역하면 "노동4.0 백서"이다. 노동 4.0은 독일의 인더스트리 4.0Induestrie 4.0의 진행에 따라 노동의 변화를 전망하고 이에 대해 예측적 대응을 하기 위한 고민과 정책적 제안을 의미한다. 백서 이전에 녹서가 출간되었는데, 녹서는 정책에 대한 요청서를 의미하며, 백서는 정책 제안서를 뜻한다. 즉, 노동4.0 백서는 독일의 인더스트리 4.0에 대응한 노동 관련 정책 제안서를 의미한다. 2017년 당시 녹서인 "노동4.0 녹서"Grünbuch Arbeiten 4.0만이 영어로 번역되어 출간되었으나, "노동4.0 백서"는 영어 번역본이 출간되어 있지 않았다. 백서를 읽어야 했던 필자는 독일어를 원활하게 읽을 만한 실력이 되지 않았다. 필자는 "노동4.0 백서"를 구글 번역기로 돌려 영어로 번역하여 읽을 수 있었다. 이외에도 필자는 네덜란드어, 러시아어, 핀란드어 등의 보고서 등을 구글 번역기를 통해 영어로 번역하여 읽을 수 있었다. 이를 통해 언어의 장벽이 사라진 것을 실감할 수 있었다.

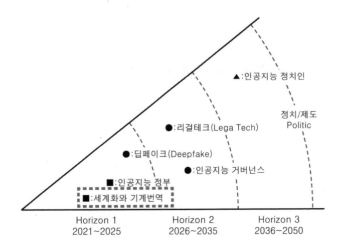

그림 2-21. 인공지능 트렌드 레이다에서 세계화와 기계번역 위치

그런데 왜 바로 한국어로 번역하지 않았을까? 아래에 원문, 구글번역기로 영어로 번역한 글, 구글 번역기로 한글로 번역한 글, 네이버의 파파고 번역기로 한글로 번역한 글 및 필자가 구글의 영역본을 한글로 번역한 것을 순서대로 제시했다. 그 결과를 보면 아직 한글 번역기의 수준이 매우 낮은 것을 확인할 수 있다.

인공지능에 의한 기계번역이 언어의 뉘앙스와 전문적인 내용까지 모두 번역할 정도로 발전하지는 않았다. 그러나 정보를 전달하는 데는 충분하다. 과거 언어적 장벽으로 가로 막혔던 지식과 정보의 흐름이 열린 것이다. 이는 지식사회의 경쟁력에도 영향을 미친다. 그런데 한국어 번역에 문제가 크다는 것을 알 수 있다. 이는 구글 번역기와 파파고 번역기가 모두 같다. 번역 품질이 낮다는 것은

독일어 원문	Das Weißbuch Arbeiten 4.0 ist das Ergebnis eines Dialogprozesses, den das Bundesministerium für Arbeit und Soziales im April 2015 mit der Vorlage eines Grünbuchs begonnen hat.
구글 영어 번역	The White Paper Work 4.0 is the result of a dialogue process that the Federal Ministry of Labor and Social Affairs began in April 2015 with the submission of a Green Paper.
구글 한글 번역	백서 작업 4.0은 연방 노동 사회부가 2015 년 4 월에 그린 페이퍼를 제출하면서 시작한 대화 과정의 결과입니다.
파파고 번역	백서 작업 4.0은 2015년 4월 연방노동사회부가 그린페이퍼 제출과 함께 시작한 대화 과정의 결과다.
필자 번역	노동4.0 백서는, 독일연방노동사회부가 2015년 4월에 노동4.0 녹서의 제출에 따라 시작한 것으로, 다양한 이해관계자 간 대화의 과정 속에서 도출된 결과다.

지식 경쟁력을 낮출 수 있다.

한글 기계번역의 품질이 낮은 이유는 언어의 구조가 다르고, 한국어가 정교하지 않은 것이 원인이기도 하나, 더 나아가 우리말 말뭉치Corpus가 충분하지 않기 때문이다. 말뭉치란 자연어 연구를 위한 언어의 표본이다. 인공지능에게 자연어를 학습시키기 위해서는 풍부한 말뭉치가 있어야 한다.

2018년 기준 말뭉치의 수는 영어 3,000억 개, 중국어 800억 개, 일본어 150억 개에 달하나, 한글은 2억 개에 불과하다. 기계번역을 위해서는 이중 언어 말뭉치 혹은 다중 언어 말뭉치가 있어야 한다. 이중 언어 말뭉치란 동일한 의미를 가지는 한국어와 대응하는 영어가 있도록 구성된 말뭉치를 의미한다.

영어와 유럽어 간의 기계번역은 비교적 우수한데, 이는 언어적 유사성과 풍부한 말뭉치에 기인한다. 그러나 영어를 포함한 유럽의 여러 나라에서 사용되는 언어와 한국어 간의 기계번역의 품질은 지속적으로 개선되어야 할 것이다.

기계번역의 품질이 높아지면 세계화 또한 강화될 것이다. 세계화 1.0은 국가 간, 세계화 2.0은 기업 간, 세계화 3.0은 개인 간 세계화로 정의된다(프리드만 2006). 최근 세계경제포럼은 세계화 4.0을 주장했는데, 이는 디지털 기술을 이용한 세계화를 의미한다. 기계번역은 이 세계화 4.0의 전개를 강화할 것이다. 이를 통해 정보와 지식의 유통이 더욱 원활해지고, 노동의 이동이 용이해질 것이며, 가족의 국적 구성도 다양해질 것으로 전망된다. 다만 기계번역이 정치, 경제 및 사회의 구조까지 바꾸는 것은 아니므로, '세계가 평평해지는' 것을 막는 모든 허들을 사라지게 하는 것은 아니다. 그러나 언어적 장벽 하나만 낮추어진다 하더라도, 세계화가 강화될 것임은 틀림없다.

인공지능 정부

인공지능 정부란 정부가 수행하는 업무의 전부 혹은 일부를 인공지능이 수행하거나 지원하는 것을 의미한다. 이때 정부는 행정부만을 의미하지 않으며, 입법부와 사법부까지 포함하는 경우도 있다. 예를 들어, 사법부에서 소액 사건 심판에 인공지능 판사를 채용하거나, 입법부에서 인공지능에 의해 법률안을 검토하도록 하는 경

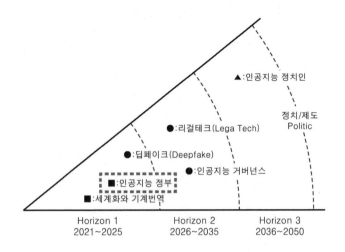

그림 2-22. 인공지능 트렌드 레이다에서 인공지능 정부의 위치

▲:인공지능 정치인

정치/제도
Politic

●:리걸테크(Lega Tech)

●:딥페이크(Deepfake)

●:인공지능 거버넌스

:인공지능 정부

■:세계화와 기계번역

Horizon 1
2021~2025

Horizon 2
2026~2035

Horizon 3
2036~2050

우도 인공지능 정부라고 할 수 있다.

윤리 및 기술 등의 문제로 인해 인공지능이 기존의 정부기능을 완전히 대체하는 것은 상당히 오랫동안 어려울 것이다. 따라서 현 시점에서 인공지능 정부AI Government, AI-Government라는 용어는 일종의 과장일 수 있다. 그래서 '정부에서의 인공지능'AI in Government 활용으로 완화해서 사용하는 경우가 많다.

정부 3.0을 인공지능 정부라고도 부르기도 하며(Halaweh 2018), 인공지능과 사물 인터넷을 핵심 기술로 하는 전자 정부를 전자 정부 3.0 혹은 정부 3.0이라고도 한다(Charalabidis, Loukis, Alexopoulos & Lachana 2019). 우리나라에서는 박근혜 정부 당시 전자 정부 3.0을 언급했기 때문에, 그 이후 정부에 인공지능을 활용하는 것을 정부 3.0이라고 명명하는 것이 적당하지 않다. 이 때문에 고故 이민화 교수(2016)는 정부 4.0이라는 이름을 명명했으나, 대중화되지 못했으며, 정부는 대신 디지털 정부를 추진하고 있다.

공공 영역에서 인공지능의 주요 활용 영역은 다음과 같다. 컴퓨터 소프트웨어에서 오류 탐색 등을 포함한 품질 관리, 인재 등용 및 훈련을 포함한 임직원 관리, 사이버 보안, IT 분야의 자동화, 예측적 분석, 위험 관리, 고객 서비스, 의사 결정 지원, 세무·감사·준법 감시 등에 인공지능을 활용한다(Eggers, Agarwal & Kelkar 2019). 이 외에도 무기 체계에 인공지능을 장착하고 있다.[9]

한국판 뉴딜 종합 계획(대한민국정부 관계부처 합동 2020)에서는 '5G·AI 기반 지능형 정부' 과제에 2025년까지 9.7조 원을 투자하기로 했다. 이에 따라 각 정부 부처에서 인공지능 혹은 지능 관련 과제를 본격적으로 진행하고 있다.

정부 분야에서도 인공지능의 활용 분야는 다양한데, 인공지능의 역할은 지원 기능, 증강 지능 및 자동화로 나뉜다. 인공지능 개발이 지속됨에 따라 정부 기능의 품질이 올라갈 것으로 보인다. 전자 정부에서 디지털 정부로의 전환은 이런 인공지능의 적극적인 활용과도 관련이 있다. 어떻든 인공지능을 활용하는 분야는 확대될 것으로 보인다. 이 지점에서 우리는 두 개의 질문을 제기할 수 있

9_논외이나 극초음속 무기는 음속의 15~25배로 시속 약 2만km이다. 극초음속 무기에 대한 대응 판단의 시간은 아주 여유 있게 잡아도 1시간 이내가 되며, 몇 분 이내가 될 가능성도 높다. 이 때문에 극초음속 미사일에 아주 신속한 대응이 필요한데, 이는 핵미사일 발사 버튼을 인간 대통령에게 맡기는 것이 아니라, 인공지능의 통계적 추론에게 맡기게 될 위험이 있음을 의미한다.

다. 공무원 일자리와 말 그대로 인공지능으로 대부분의 업무가 자동화된 인공지능 정부의 도래 시기이다.

공무원의 일자리는 복잡한 문제이다. 인지노동의 자동화를 통해 공무원 일자리 중 다수를 인공지능으로 대체하는 것은 기술적으로 충분히 가능할 수 있다. 하지만 기술적으로 가능하더라도 국내 전체의 일자리와 관련하여 논의해야 할 것으로, 이는 기술적으로 가능하냐 그렇지 않느냐의 논의 수준은 아니다. 다시 말하지만 기술적으로만 보자면 멀지 않은 미래에 많은 공무원의 일자리 대체는 가능할 것이다.

인공지능이 정부를 대체할 수 있을까? 즉, 인공지능 정부는 가능할까? 영화 〈아이, 로봇〉의 인공지능 '비키'가 우리 행정부의 업무를 대체할까? 고도의 가치판단이 필요한 입법부, 사법부와 행정부의 정책 결정 기능은 제외하더라도, 행정부 내의 정형화된 판단과 결정은 비키에게 맡기는 것이 낫지 않을까? 사물 인터넷을 통해 들어온 데이터를 통해 실시간으로 공공서비스 공급을 결정하고, 교통을 관리하며, 에너지 공급을 결정하는 것을 상상해 볼 수 있다. 이는 일반 인공지능을 전제로 하지 않는다. 다수의 특수 인공지능을 결합하여 일정 수준까지 정부 업무를 자동화하는 것이 가능할 것이다. 하지만 기술적으로 가능하다고 우리가 이를 반드시 선택해야 한다거나 선택하게 될 것임을 의미하지는 않는다.

인공지능 정부를 선택하기 위해서는 인공지능 윤리와 인간의 역할에 대한 심층적인 합의가 필요하다. 인공지능이 중립적 가치관을 가질 것이라는 보장은 없으며, 인공지능 개발자의 편향이 그대로

투영될 위험도 존재하고(The Economist Technology Quarterly 2020),
또 비용 절감의 효율성이 최고 유일한 미덕이라는 판단이 지속될 것
이라는 보장도 없기 때문이다(이나야툴라 2021).

우리는 SNS를 신뢰할 수 있을까?
: 딥페이크 기술의 발달

미국의 연방 하원 의장인 낸시 펠로시Nancy Pelosi가 술에 취해
혀가 꼬인 상태로 연설하는 것이 인터넷 비디오로 돌아다니면 우리
는 이것을 믿어야 할까?(Mervosh 2019) 오바마Barack Obama 대통령
이 영화 〈블랙 팬서〉의 악당역인 킬몽거Killmonger가 옳았다고 주장
한다면 아마 우리는 고개를 갸웃거리게 될 것이다(Buzz FeedVideo
2018). 이제 인공지능을 이용해 조작 영상과 음성을 만드는 것은 어
려운 일이 아니다. 이를 딥페이크Deepfake 기술이라 한다. 딥러닝
Deep Learning과 속인다는 것을 의미하는 페이크Fake를 합하여 딥페
이크가 되었다. 즉 인공지능 기술을 이용해 타인의 얼굴, 몸동작 및
목소리를 모방하는 기술을 의미한다.
　딥페이크는 적대적 생성 신경망Generative Adversarial Network, GAN
(이하 GAN) 기술을 이용한다. 버락 오바마의 얼굴이나 목소리를 학
습시키고 나서, 다른 사람의 동영상이나 음성을 입력하면, 학습된
오바마의 얼굴과 목소리를 출력으로 나오게 하는 기술이다. 비전
인식과는 반대의 순서로 작동되면서 새로운 화상 데이터를 만들기

그림 2-23. 인공지능 트렌드 레이다에서 딥페이크의 위치

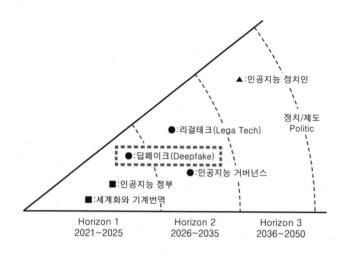

때문에 적대적 생성 신경망이라고 한다. 딥페이크 기술에 대한 진입 장벽은 매우 낮다. 개발자가 소스를 공유하고 공동 개발하는 사이트인 깃허브Github에서 다양한 딥페이크 소스코드를 받을 수 있다.

딥페이크 기술의 진입 장벽이 더욱 낮아지고 누구나 이용할 수 있게 된다면, 우리는 어떻게 인터넷에 떠도는 정보를 믿을 수 있을까? 팩트체크된 정보만 믿어야 할까? 페이스북과 같은 SNS에 넘쳐나는 뉴스가 딥페이크에 의해 오염되었다면 우리는 우리의 민주주의를 어떻게 지킬 수 있을까? 인공지능을 이용해 딥페이크로 만든 동영상, 사진 및 음성을 걸러낼 수 없을까?

제도와 기술에 의해 딥페이크를 걸러낼 수 있기는 할 것이다. 그런데 믿고 싶은 것을 믿고, 듣고 싶은 것을 듣는 우리의 인지적 편향을 먼저 점검하는 것이 필요하다. 딥페이크 기술의 발달은 우리에게 비판적 사고와 디지털 문해력digital literacy을 키워야 할 필요성을 시사한다. 어떻든 딥페이크의 배경 기술인 GAN의 경제적 효과가 커서, GAN 기술은 상당히 발달할 것이고, 그만큼 딥페이크는 정교해지고 쉬워질 것이기 때문이다. 딥페이크는 정치적·인종적·종교적·경제적 이유로 넘쳐날 것이며, 이를 걸러내는 것은 개인의 비판적 사고와 필요한 정보를 원활하게 검색하고 비교할 수 있는 디지털 문해력이기 때문이다.

GAN은 영화, 드라마, 게임 등 문화 콘텐츠를 제작할 때, 비용 효율성을 높일 수 있는 기술이다. 2020년 국제 전자제품 박람회Consumer Electronics Show, CES에서 삼성은 인공지능 '네온'Neon에 대한 콘셉트를 소개했다. 인공지능을 이용해 자연인과 같은 표정과 행동 및 자연어 응대 등을 하는 화면 속의 인공지능 개인 비서를 만들겠다는 것이다. 이는 영화에도 응용될 수 있다. 특히 가상현실 기술이 발달하는 경우, 가상현실 콘텐츠 제작에 GAN을 적극적으로 이용하게 될 것이다. GAN의 발달은 곧 딥페이크의 발달을 의미한다.

우리는 조만간 GAN으로 만들어진 가상의 인간을 가상현실 및 확장 현실 등에서 수시로 만나게 될 것이다. 그 가상 인간은 특정 연예인을 닮을 수도 있다. 자연인인 연예인은 자신의 외모를 초상권 등으로 특정 기업에 판매하고, 개인은 월 가입비를 내고 그 연예인을 가상공간 등에서 '이용'하게 될 것이다. 이런 시대가 오면 딥페이크 여부를 분간하기 더욱 어려워질 것이다. 무엇을 믿어야 할지도 모르는 사회에서, 스스로의 비판적 사고만이 진실로 향하는 유일한 등대가 될 것이다.

인공지능 정치인이 등장할까?

: 인공지능 정치인^{AI Politician}

인공지능 정치인은 자연인 정치인보다 뛰어날까? 사람마다 다르겠으나, 확실히 어떤 사람들은 인공지능 정치인이 자연인 정치인보다 중립적이고 청렴할 것이라 신뢰하는 것 같다.

2018년 러시아 대통령 선거에 러시아 기술 기업인 얀덱스^{Yandex} 소속의 '알리사'^{Alisa}가 입후보했다(The Moscow Times 2017; Prakash 2018). '알리사'는 이 선거에서 25,000여 표를 받았다. 같은 해 일본의 도쿄도 다마시 시장 선거에 무소속의 44세 '마츠다 미치히토' ^{松田みちひと}가 출마해서 수천 표를 받았다(Express 2018). 서로 관련이 없을 것 같은 '알리사'와 '마츠다 미치히토'에게는 한 가지 공통점이 있다. 둘은 모두 인공지능이다.

'알리사'는 자신이 인간 정치인보다 여섯 가지 점에서 뛰어나다고 주장했다. 편향이 없고 부패하지 않으며, 데이터 기반의 빠른 의사 결정이 가능하고, 일주일 24시간 내내 접속이 가능하며, 유권자 개개인의 요구를 경청할 수 있고, 나이가 들지도 않고 아무리 일을 해도 지치지 않으며, 유권자 개개인을 모두 기억한다는 것이다(The Moscow Times 2017). 이 여섯 가지는 확실히 장점이라 할 수 있다.

'알리사'의 장점에 대한 주장만 보면 그녀가 인간 정치인보다 뛰어나다는 것을 믿고 싶어지며, 인간 정치인이 아니라 인공지능 정치인에게 정치적 의사 결정의 많은 부분을 맡기고 싶어진다. 그러나 현재의 인공지능은 과거의 데이터를 기반으로 판단하는 것으

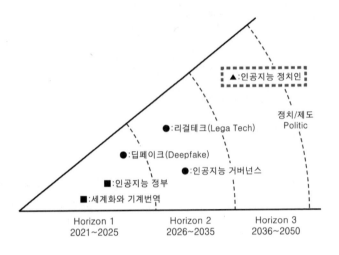

그림 2-24. 인공지능 트렌드 레이다에서 인공지능 정치인의 위치

로 미래의 가치를 결정할 수 없다. 또한 통계적 추론으로는 고도의 가치판단을 하는 것이 불가능하다.

윌 스미스가 주연한 영화 〈아이, 로봇〉에서 인공지능인 '비키'는 인류로부터 인류를 구원하기 위해 인류를 통제하려고 한다. 비키는 아시모프의 로봇 원칙을 논리적으로 적용한 결과 인류를 통제하는 것이 인간에게 도움이 된다고 판단한 것이다. 그래서 비키는 '제 논리는 명백합니다'라고 말을 할 수 있었다. 윌 스미스가 분한 '스프너'와 인공지능인 '비키'가 대화를 하는 장면의 대화를 아래에 빌려 왔다(나무위키: 아이 로봇).

비키: 지금 실수하시는 겁니다. 제 논리는 명백합니다. You are making a mistake. My logic is undeniable.

스프너: 넌 그래서 죽어야 돼. You have so got to die.

'비키'의 단호한 의사 결정의 결과 내용은 경영전략의 구루인 헨리 민쯔버그Henry Mintzberg의 주장과 크게 다르지 않으며(Mintzberg 2015; 2016), 정책학에서 굵직한 학문적 성과를 남긴 예헤즈켈 드로어Yehezkel Dror의 고민과 다르지 않다(드로어 2019). 따라서 이들 석학은 '스프너'의 행동에 동의하지 않을 수도 있을 것 같다. 그러나 다행인지 불행인지 '비키' 정도의 고도의 가치판단과 의사 결정을 할 수 있는 인공지능이 등장할 수 있을지의 여부는 불확실하며, 기술적으로 가능하다 하더라도 상당히 많은 시간이 걸릴 수 있다. 그러나 인공지능 정치인이 등장하지 않더라도 인공지능이 정책 결정과 입법의 일정 부분에 지원을 할 수는 있다.

최근 우리나라는 국회 입법 정보 시스템에 인공지능을 응용하기 위해, 법률안을 조문 단위로 추출해 인공지능이 학습할 수 있는 데이터로 바꾸는 '지능형 입법 정보 서비스 구축 사업'을 착수하기로 했다(김동진 2019). 이번 사업은 2020년부터 2024년까지 5개년에 걸쳐 진행할 예정이다. 동 사업이 성공적으로 완료되면 지능형 플랫폼을 활용하거나 외부 입법 정보와 연계하여 의정 활동의 효율성을 높이고 입법 정보 접근도 제고될 것으로 기대하고 있다.

입법 예측의 대표적 사례 가운데 하나는 미국의 피스컬 노트Fiscal Note다. 피스컬 노트는 연방 정부를 비롯하여 연방의회, 주 정부 등이 공개하는 공공 정보를 수집해서 실시간으로 누적적·통계적으로 분석해 특정 입법 사안에 대해 입법 가능성을 예측해 주는 인공지능이다. 행정 처분 예측은 과거 정책을 토대로 행정처분을 예측하는 것을 의미한다. 대다수의 선진국은 정보공개법이 있어서, 정부의 의사 결정 자료, 행정 처분 결과 및 그 기초자료를 공공 정보로 규정하여 공개가 활성화되어 있다. 이를 통해 적법 행정 및 책임 행정의 실현에 이바지하고 있다. 이에 따라 공개된 공공 정보를 분석해 합리적으로 행정 처분을 예측할 수 있는 영역이 존재하는 것이다. 인공지능을 이용해 판결 예측을 하는 솔루션 중 하나는 미국 IBM의 로스ROSS이다. 로스는 기업의 파산 사건에서 청산 가치와 존속 가치에 평가를 도와주는 인공지능이다. 미국의 경우 다수의 손꼽히는 로펌을 대상으로 서비스되고 있다. IBM은 로스의 성과를 모니터링해 적용할 수 있는 법률 분야를 넓혀 가겠다는 계획이다 (구태언 2018).

인공지능 정치인의 등장까지는 상당한 시간이 걸리겠으나, 입법부와 행정부에서 인공지능을 적극적으로 활용하려는 시도는 늘어날 것이다. 다만 부패하고 편향적인 인간 정치인에 질린 시민들이 저항의 의미로 인공지능 정치인이 등장할 때마다 표를 몰아줄 가능성이 없지는 않다.

7. 인공지능은 어디로 갈 것인가?

인공지능은 단기적으로는 인간의 인지 활동과 노동을, 장기적으로는 인간의 지식 생산을 도와주고 강화하고 혹은 대체하게 될 것이다. 인간의 지식을 완전히 대체하는 것은 불가능할지 모르나 많은 부분의 대체가 가능할 것이다. 이는 진화론에 따른 자연 설계와 인간의 지적 활동에 의한 지적 설계를 비교하면 명확해진다. 무작위와 검증을 인공지능에 의해 수행하면 인간의 지적 설계보다 탁월한 결과물이 나올 수 있다. 향유고래의 폐와 인간의 뇌와 독수리의 눈을 자연이 설계했는데, 그 자연 설계의 메커니즘은 매우 단순하며, 그 단순성을 인공지능이 모방할 수 있기 때문이다.

그렇다고 인공지능이 인간의 뇌 활동과 인간의 코기토cogito[10]를 대체할 수 있다는 것은 아니다. 사람이 원자와 분자로 되어 있다고 해서, 그것으로 개개인의 정신에 깃든 희노애락애오욕喜怒哀樂愛惡慾과 인의예지仁義禮智의 사단칠정四端七情을 설명하고 구현할 수는 없다. 인간을 포함하여 많은 생명체는 그 이상의 것이다. 그래서 우리는 환원주의reductionism을 포기했다. 그런데 21세기 들어 과학기술의 발달에 따라 우리는 다시 새롭게 환원주의를 만나고 있다. 과학기술이 충분히 발달하면 우리의 뇌와 자아를 분석하고 재현할 수 있다는 주장이다.

10_코기토는 라틴어로 '나'를 의미한다. 데카르트는 '나는 생각한다, 고로 존재한다(Cogito ergo sum)'라는 철학적 명제를 남겼다.

인공지능도 이런 생각과 고민의 연장선에 있는 것처럼 보인다. 그런데 그 실상을 보면 현재 인공지능의 수준은 통계적 추론 기계에 불과하다. 신경망 알고리즘이라고 하나 인간의 신경망과는 그 구조와 기능이 완전히 다르며, 단순한 유비에 불과하다. 인간의 뇌는 동시 병렬이나, 컴퓨터의 인공지능은 근본적으로 순차적 처리에 불과하다. 고성능의 비디오 카드를 여러 장 연계시켜도 마찬가지이다. 아주 먼 미래의 과학기술의 발전에 대해 단언하는 것은 어렵다. 자아를 가진 일반 인공지능은 가능할 수도 혹은 불가능할 수도 있다. 다만 과도한 기대와 상상은 거품에 불과하다. 5수준의 완전한 무인자동차가 개발되는 것에도 10년 이상 걸릴 것이라는 것이 일반적인 견해다. 다만 복수의 인공지능을 연결하여 일반 인공지능과 유사한 것으로 위장할 수는 있을 것이다.

그런데 이 정도의 인공지능이라 하더라도 우리의 삶에 큰 영향을 미칠 것이다. 많은 일이 자동화될 것이며, 효율성과 생산성이 늘어날 것이다. 지식 생산성은 늘어나고, 제품의 하자는 줄어들며, 보다 적은 비용을 보다 많은 것을 생산하게 할 것이다. 인공지능 학습에 대량의 데이터가 필요하므로, 글로벌 플랫폼 기업의 힘은 더욱 강화될 것이다. 이에 따라 경제적 양극화가 글로벌 차원에서 진행될 위험도 있다. 학습 데이터와 개발자에 따라 편향될 수밖에 없는 인공지능에 대해 우리는 자칫 기계적 중립성에 대한 신뢰를 가질 수도 있을 것이다.

인공지능은 교육, 가정, 일자리, 정치 등의 모든 면에서 우리와 같이할 것이다. 인공지능은 화장실에서부터 최고 의사 결정 회의에 이르기까지, 뒷마당 고추밭에 언제 비료를 주어야 하는지에서부터 국가안전보장회의에까지, 우리와 부둥켜안은 채 탱고를 출 것이다. 통계적 추론 도구인 인공지능이 조만간 세 번째 가을을 겪는다 하더라도 그렇다. 그러므로 우리는 인공지능을 보다 잘 이해해야 한다. 그러기 위해서는 현재 우리가 가정, 업무, 교육 등의 각 영역에서 인공지능을 어떻게 활용하고 있는지, 우리는 인공지능에 대해 어떻게 인식하고 있는지에 대해서도 또한 명료하게 이해해야 한다. 그것이 출발점이기 때문이다. 이 점이 바로 다음 2부에서 다룰 내용이다.

제2부

인공지능과
일상생활의 변화

Artificial Intelligence

3장

인공지능과 가정생활의 미래

1. 기술과 가정생활

가정생활 속의 기술

역사사회학자인 토머스 휴즈Thomas P. Hughes는 그의 책『창조와
욕망의 역사』Human-Built World: How to Think about Technology and Culture
에서 "에덴을 잃어버린 인간을 위해 신은 테크놀로지를 허락했고,
인류가 꿈꾼 것은 테크놀로지를 만나 모두 현실이 되었다"고 말한
다. 신이 자연이나 생물을 만들어 이 세상을 새롭게 창조했다면, 자

연이나 생물이 아닌 모든 것은 인간에 의해 만들어졌고, 그런 세상을 가능하게 한 것은 모두 테크놀로지라고 보는 시각이다. 휴즈는 "인간의 독창성 및 발명 능력과 관련된 창조적 과정"을 테크놀로지로 정의하고 있는데, 이는 테크놀로지가 인간의 역사를 만드는 수단임을 그리고 우리 삶의 대부분은 테크놀로지와 불가분의 관계에 있음을 보여 주고 있다(휴즈 2008, 18).

기술의 변화는 개인과 가정생활에도 영향을 미친다. 지난 수십 년 동안 기술의 가장 큰 변화 가운데 하나는 휴대폰과 컴퓨터를 비롯한 정보 통신 기술ICTs의 급속한 발전에 있다(Huisman and Edwards 2012, 45). 예를 들면, 현대의 휴대폰은 전화의 기능을 넘어서 메시지 전달, 음악 청취, TV 시청, 온라인 게임, 사진 편집, 블루투스, 쇼핑, 음식 배달 서비스, 택시 탑승 및 길 찾기 등 일상생활에서 다양한 서비스와 개인의 욕구를 충족시켜 주는 도구가 되었다. ICT뿐만 아니라 텔레비전, 비디오 게임, 음악 장치들은 기술의 진보와 손쉬운 접근을 가능하게 하여 가족과 가정생활의 기능에 영향을 미친다.

가정에서 기술은 더 빠르고 쉽게 요리하기 위한 전자레인지의 사용과 같이 삶의 편리성을 위해 선택된다. 또, 텔레비전, 비디오게임, 노래방 기기처럼 오락을 목적으로 개발된다. 그리고 가정에서 사용하는 화상 통화, 텍스트 메시지, SNS 등은 가족들과 소통하고 서로 정보에 접근하는 것을 돕는다(Huisman and Edwards 2012, 45).

산업화와 가사노동 수행 방식의 변화

한국에서 산업화가 진행되면서 기술은 본격적으로 가정생활에 영향을 미쳤고, 한국의 모든 가정은 변화를 경험했다. 보통 산업화 하면 공장, 조립라인, 철도, 도로 등을 떠올리겠지만, 가정이라는 울타리 안에서도 산업화는 진행되었다. 과학기술의 실용화로 가정 기기가 도입되기 시작했고, 가사노동의 변화가 야기되었다.

한국에서 가정기기의 도입은 산업화가 시작하는 1960년대에 이루어졌으며, 1970년대에 가정기기의 보급이 확대되면서 식생활, 의생활, 주생활과 같은 가사양식은 급격히 변화했다(이기영·김성희 1995, 72). 가정기기의 도입과 확산으로 취사, 식품저장, 식품분쇄, 식기세척, 세탁, 의복손질, 의복제작, 난방 및 청소 등과 같은 가사 노동의 수행방식이 변한 것이다. 그 구체적인 변화는 〈표 3-1〉에 서 확인할 수 있다.

먼저 식생활에서 취사 기기와 연료의 변화를 살펴보자(이기영· 김성희 1995, 73-74). 취사 기기가 다양해지기 전에는 나무 땔감을 쓰는 아궁이가 취사도구로 오랫동안 이용되었다. 한국전쟁 이후로 연탄이 나무 땔감을 대체했고, 1966년 연탄 파동이 일어난 후에는 석유를 사용하는 석유곤로의 보유율이 증가했다. 1973년 석유파동 을 겪으면서 1974년에 가스레인지가 개발되었다. 그리고 1990년 대에 들어서는 전기밥솥, 전기 프라이팬, 만능 쿠커, 전자레인지와 같은 전기 취사 기기가 급속히 보급되었다. 이처럼 나무 땔감, 연 탄, 석유, 가스, 전기로의 취사 연료의 변화와 이에 따른 취사 기기

표 3-1. 가사노동 수행방식의 변화

	50년대		60년대		70년대		80년대		90년대
	초	후	초	후	초	후	초	후	초
장작불을 이용한 취사	■	■	■	■					
연탄불을 이용한 취사				■	■	■	■		
석유곤로를 이용한 취사					■				
전기밥솥을 이용한 취사						■	■	■	■
가스레인지를 이용한 취사							■	■	■
냉장고의 보유						■	■	■	■
방아로 곡식 찧기	■								
믹서의 보유						■	■	■	■
유기그릇의 이용	■	■							
입식싱크대의 보유							■	■	■
물동이로 물을 길어오기	■	■	■						
공동수도를 이용				■	■	■	■		
개별수도 보유							■	■	■
세탁기 보유							■	■	■
전기다리미 보유			■	■	■	■	■	■	■
다듬이질하기	■	■	■						
재봉틀 보유			■	■	■	■			
맞춤복 이용	■	■	■	■	■	■			
기성복 이용								■	■
장작불로 난방	■	■							
연탄아궁이로 난방			■	■	■	■	■		
보일러 보유							■	■	■
중앙난방 이용									■
전기청소기 보유							■	■	

출처: 김성희(1996), 152쪽

의 발전은 불을 얻는 데 드는 힘과 시간을 현격히 줄여 갔다. 불을
관리하는 과정이 간편해지면서 영양과 요리에 대한 관심이 커졌지
만, 최근에는 외식의 이용이 증가하면서 취사와 관련된 주부 노동

과 가정 취사 기기의 효용성이 감소하고 있다.

의생활과 관련해 가장 대표적인 가전제품은 세탁기이다(이기영·김성희 1995, 76-77). 세탁기의 보급 과정은 기술이 가사노동에 미치는 복합적인 영향을 잘 보여 준다. 한국에서 세탁기는 1969년에 생산되기 시작했다. 1975년까지도 세탁기의 전국 보유율은 1.0퍼센트로 매우 저조했고, 소득 계층에 따라 보급에 큰 차이가 났다. 세탁기가 보급되기 전에 상류층의 경우, 빨래는 가정고용인(가정부)의 일이어서 상류층 주부에게는 힘든 일이 아니었다. 반면에 하류층의 주부에게는 아주 고된 가사 노동 중의 하나였다. 세탁기가 도입되면 여성의 가사노동이 줄어들 것이라 예상했지만 현실은 그렇지 않았다. 세탁기는 가족 구성원에게 빨래가 더 이상 힘든 일이 아니라는 생각을 심어 주었고, 위생과 청결함에 대한 기대 수준을 높였다. 주부들은 그만큼 더 자주 빨래를 하게 되어 결국 여성의 노동시간은 줄어들지 않았다. 그리고 세탁기가 없던 시절에 빨래는 힘든 가사 노동이기는 했지만 그렇기 때문에 가족들이 종종 도와주던 일이었고, 고되더라도 냇가에서 동네 친구들과 한담을 나누며 하던 일이기도 했다. 하지만 이제 빨래는 여성 혼자의 몫이 되었다. 세탁기는 빨래하는 주부의 노고를 줄여 주었지만, 빨래 빈도와 양, 그리고 빨래하면서 느끼는 고립감은 오히려 늘었다.

주생활과 관련된 변화로 청소를 빼놓을 수 없다(이기영·김성희 1995, 77-78). 전기청소기가 도입되기 전에 청소는 주로 빗자루, 쓰레받기, 걸레, 총채 등을 이용했다. 전기청소기가 나온 것은 1960년 중반 경이다. 이때 전기청소기의 광고 문안은 "시간과 노동을 절감할 수 있는 청소기"였다. 전기청소기가 도입된 것은 1960년대이지만 보급은 저조해 1987년 8퍼센트, 1989년 18퍼센트, 1991년 31퍼센트였다. 전기청소기의 사용은 주부의 작업 자세를 편하게 하고 에너지를 감소시키고 청소 시간을 줄여 주었다. 하지만 주거 규모의 증대와 청결 의식의 증가로 여성의 가사노동은 줄어들지 않았다.

취사 기기, 세탁기, 전기청소기와 같은 가정 기기의 도입은 가사노동 수행 과정에서 노고와 시간을 절약시켜 주부들을 편하게 했다. 그러나 가정 기기들은 관련 활동에 대한 요구를 증가시켜 가사노동을 덜어 주는 데는 예상만큼의 효과를 나타내지 못했다. 게다가 주부들을 가정에 고립시키는 결과를 초래하기도 했다. 빨래터의 사례처럼 일과 더불어 맺어지던 인간관계는 없어지고 노동과정에서 느꼈던 육체적 리듬감, 몰입의 기쁨 같은 만족감은 줄어들었다(이기영·김성희 1995, 80). 가전제품이 주부의 가사노동을 감소시킨다는 기술 결정론적 사고는 가사노동에서의 특정한 편익만을 강조한 데서 나온 결과이다.

루스 코완Ruth Cowan은 미국 가사 노동에 대한 경험적 연구인 『과학기술과 가사노동』More Work for Mother에서 세탁기와 냉장고와 같은 가사 기술의 보급에도 불구하고 미국 여성의 평균 가사노동은 감소하지 않았다고 주장했다. 코완은 가사 기술이 인간의 노고를 해방시킨다는 관점에 대한 맹신을 거부하고, 기술의 영향은 여성과 남성의 관계, 여성의 역할·지위에 대한 가치 체계를 함께 고려해야 한다고 말한다(코완 1977). 또 조리, 청소, 세탁, 육아와 같은 가사노동은 단순하지 않고 단독적인 과업이 아니라 상호 결합된 영역이다. 예를 들면, 세탁은 단지 옷을 빨래하는 것이 아니다. 세탁과정에 필요한 물·비누·화학약품의 구입, 세탁물을 운반하는 일, 건조, 다림질, 제자리에 넣는 일 등을 포함한다(코완 1977, 22). 이처럼 기술이 가사노동에 미친 영향을 이해하기 위해서는, 가사노동을 개별 과업의 단순한 나열로 보는 것이 아니라, 가사노동을 구성하는 상호 연관된 작업들이 다른 개별 과업과 어떻게 연결되어 있고, 이런 연결성이 어떻게 변화되는지를 함께 고려해야 한다. 가정 내로 들어온 인공지능은 바로 이 연결성 — 집과 내부 구성원의 연결, 집과 외부 환경의 연결, 가사노동의 연결 등 — 을 변화시키고 있다. 이 장은 기술의 발전이란 측면에서 스마트홈을 중심으로 가정생활 속으로 성큼 다가온 인공지능의 현재와 미래를 살펴볼 것이다.

2. 스마트홈의 개발 현황

스마트홈의 개념과 발전단계

스마트홈Smart Home은 "TV, 냉장고, 세탁기, 전자레인지 등 기본적인 가전뿐만 아니라 조명, CCTV 등 다양한 집안의 기기들이 네트워크에 연결되어 지능형 서비스를 제공할 수 있는 주택"이다 (IRS Global 2017, 33). 스마트홈 개념은 오래전부터 개발되고 있었지만 사물 인터넷 시대가 도래하면서 최근에 각광을 받고 있다. 스마트홈은 클라우드 서비스·웹 인터페이스를 통해 월패드, 모바일폰, 태블릿 PC, 인공지능 스피커 등으로 조절되는 중앙 허브(게이트웨이)에 연결된 스위치와 센서들로 구성되어 있다. 스마트홈은 빌딩자동화에 비추어 주택 자동화home automation 또는 도모틱스domotics로 불리기도 한다(김우영 2019).

스마트홈은 예전의 '홈오토메이션'home automation, '홈네트워크'home network보다 진화한 형태이다. 홈오토메이션은 조명, 보안, 가정, 냉난방을 집안에서 제어하는 것이고, 홈네트워크는 집안과 집밖에서 동시에 집안을 제어할 수 있는 것이다. 홈오토메이션과 홈네트워크는 스마트홈의 토대이자 기본적인 기능을 제공한다(IRS Global 2017, 34). 홈네트워크가 네트워크에 단순 연결되어 있는 기기를 제어한다면, 스마트홈은 더욱 편안하고 안전한 생활이 가능한인간 중심적 생활환경을 제공하기 위해 인공지능·사물 인터넷·클라우드 등과 같은 기술을 적용한다(김민상 2018). 더 나아가 최근에는 사용자에게 최적화된 서비스를 제공하는 지능형 스마트홈이 등장하고 있다. 지능형 스마트홈은 스마트폰의 등장과 연동된 '터치'인터페이스에서부터 더욱 쉽게 기기를 컨트롤할 수 있는 인공지능스피커와 같은 '음성' 인터페이스가 대중화되는 추세로 나아가고있다. 이에 따라 지능형 스마트홈에서 음성인식 기술의 중요성이커지고 있다.

〈그림 3-1〉은 홈오토메이션, 홈네트워크, 스마트홈, 지능형 스마트홈으로 진화하는 스마트홈의 발전 단계를 보여 준다.

그림 3-1. 지능형 스마트홈 발전 단계

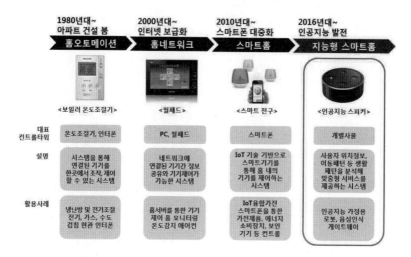

	1980년대~ 아파트 건설 붐 홈오토메이션	2000년대~ 인터넷 보급화 홈네트워크	2010년대~ 스마트폰 대중화 스마트홈	2016년대~ 인공지능 발전 지능형 스마트홈
	<보일러 온도조절기>	<월패드>	<스마트 전구>	<인공지능 스피커>
대표 컨트롤타워	온도조절기, 인터폰	PC, 월패드	스마트폰	개별사물
설명	시스템을 통해 연결된 기기를 한곳에서 조작, 제어 할 수 있는 시스템	네트워크에 연결된 기기간 정보 공유와 기기제어가 가능한 시스템	IoT 기술 기반으로 스마트기기를 통해 홈 내의 기기를 제어하는 시스템	사용자 위치정보, 이동패턴 등 생활 패턴을 분석해 맞춤형 서비스를 제공하는 시스템
활용사례	냉난방 및 전기조절 전기, 가스, 수도 검침 현관 인터폰	홈서버를 통한 기기 제어 홈 모니터링 온도감지 에어컨	IoT융합가전 스마트폰을 통한 가전제품, 에너지 소비장치, 보안 기기 등 컨트롤	인공지능 가정용 로봇, 음성인식 게이트웨이

출처: 한국디자인진흥원. 2016. "스마트홈 산업 환경 및 관련 기술 동향"; 김민상. 2018. "1인
가구시대: 진화하는 스마트홈 서비스."『이슈리포트』제6호. 정보통신산업진흥원에서 재인용.

1인 가구 시대와 맞춤형 스마트홈

스마트홈 서비스는 노동시간을 감소시키고, 편안함을 증가시키
며, 즐거움을 제공하는 방향으로 진화·발전할 것이다. 그리고 스마
트홈의 발전 방향에는 가정생활의 형태도 깊은 관련이 있다. 이 점
에서 고려해야 할 중요한 요소는, 현재 한국의 세대별 가구원수가
점차 줄어들어 1인 가구가 지속적으로 증가하고 있다는 점이다. 경
기 침체로 고용 시장이 악화되고 저출산·고령화의 영향으로 1인 가
구가 지속적으로 증가하고 있다. 특히 한국은 모든 연령대에서 1인

표 3-2. 1인 가구 맞춤형 스마트홈 서비스

구분		주요 기능
엔터테인먼트	반려 동물 케어 서비스	집을 비울 경우 스마트폰으로 반려 동물을 모니터링하고 즐겁게 놀아 줄 수 있는 서비스
	홀로그래픽 캐릭터를 활용한 인공지능 스피커	1인 가구의 외로움 등 심리적인 요소를 해결할 수 있도록 사용자가 홀로그래픽 캐릭터와 소통하고 함께 살고 있다는 느낌을 제공
가사노동	음식을 만들어 주는 서비스	셰프 로봇으로 사용자가 앱을 통해 원하는 메뉴를 선택 후 재료만 올려 두면 자동으로 음식을 만들어 1인 가구의 음식에 대한 스트레스 해결
	세탁물을 자동으로 개는 서비스	편리하게 옷을 개어 주는 로봇으로 옷을 개고 정리하는 시간을 절약해 주어 빨래의 번거로움 최소화
보안	홈시큐리티 서비스	부재시 집안을 모니터링하거나 위급한 상황에서 경보 사이렌과 SOS 버튼을 누르는 서비스 등을 제공하여 주거 침입과 같은 범죄로부터 불안 해소
	무인 택배 시스템	택배 기사가 택배함에 장착된 초인종을 누르면 자동으로 스마트폰과 택배함이 연결되어 사용자가 택배 기사를 확인 후 원격으로 택배함을 열어 물건 수령
헬스케어	독거노인 실버 케어 서비스	몸에 부착하거나 휴대하지 않아도 몸의 상태를 감지할 수 있는 생체 센서를 이용해 홀로 사는 노인들의 건강 상태를 확인하고, 위급 상황시 가족이나 사회복지사에게 알림
에너지 절약	에너지 관리 서비스	스마트폰으로 실시간 전기 사용량을 확인할 수 있고, 에너지 사용 패턴과 월별 사용량을 입력해 합리적인 전기 소비가 가능

출처: 김민상(2018)

가구가 지속적으로 증가하여, 2045년에는 1인 가구가 가장 큰 부분을 차지하는 가구 유형이 될 전망이다(김민상 2018). 그리하여 1인 가구 증가에 따른 소비 패턴의 변화와 더불어 1인 가구를 위한 다양한 서비스가 제공되는 '솔로 이코노미 시장'이 성장하는 추세이다.

미래의 스마트홈은 1인 가구 특성을 고려한 1인 가구 맞춤형 스마트홈 서비스가 주도하게 될 것이다. 1인 가구로 살면서 불편한 점은 집안일, 식재료 구입, 배달 음식, 택배 수령, 자택 보안 등 여러 가지가 있을 수 있다. 이런 불편한 점을 고려해 볼 때 1인 가구 맞춤형 스마트홈 서비스는 〈표 3-2〉와 같이 생각해 볼 수 있다.

스마트홈 기술 개발의 네 가지 방향

사물 인터넷에 기반을 둔 스마트홈 기술 개발의 미래는 에너지 절약, 주거비용 절감, 건강관리, 안전하고 편안한 삶의 욕구 충족이라는 네 가지 방향으로 진행될 것이다.

지구온난화와 이산화탄소 배출 절감을 위한 에너지 절약[1]
효율성 향상을 통한 주거비용 절감
건강관리와 관련된 서비스 영역의 확대
안전하고 편안한 삶과 연결된 니즈

이 네 가지 방향에 근거해 사물 인터넷 기반 스마트홈의 서비스 영역은 다음 〈그림 3-2〉와 같다.

---

[1]_친환경 주택이 태양광 발전과 축전지 등 가정의 전력을 절약할 수 있고 억제할 수 있는 시스템이 적용된 주택이라면, 스마트홈은 에코 시스템을 통합해 효율적인 운용이 가능한 주택이다(IRS Global 2017, 34).

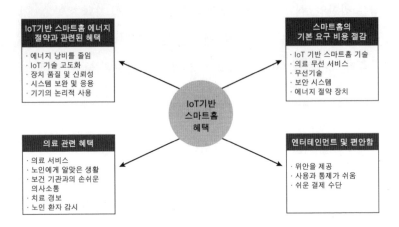

그림 3-2. 사물 인터넷에 기반을 둔 스마트홈 서비스 영역

IoT기반 스마트홈 에너지 절약과 관련된 혜택
· 에너지 낭비를 줄임
· IoT 기술 고도화
· 장치 품질 및 신뢰성
· 시스템 보완 및 응용
· 기기의 논리적 사용

스마트홈의 기본 요구 비용 절감
· IoT 기반 스마트홈 기술
· 의료 무선 서비스
· 무선기술
· 보안 시스템
· 에너지 절약 장치

IoT기반 스마트홈 혜택

의료 관련 혜택
· 의료 서비스
· 노인에게 알맞은 생활
· 보건 기관과의 손쉬운 의사소통
· 치료 경보
· 노인 환자 감시

엔터테인먼트 및 편안함
· 위안을 제공
· 사용과 통제가 쉬움
· 쉬운 결제 수단

출처: Alaa, Mussab, A.A Zaidan, B.B. Zaidan, Mohammed Talal, M.L.M. Kiah, 2017, "A review of smart home application based on Internet of Things", *Journal of Network and Computer Applications*, 97, pp. 48-65.

3. 미래의 가정생활: 스마트홈의 미래

미래의 가정생활 시나리오[2]

새벽을 가르는 스마트폰 자명종 시계가 울리기 시작한다. 다시 알림

2_PWC, 2017, "Smart Home, Seamless Life: Unlocking a Culture of Convenience", *Consumer Intelligence Series*, January를 재구성함.

기능을 누르자, 커피를 우리기 위해 커피 물이 끓기 시작하고 실내의 전등이 서서히 켜진다. 지호는 잠을 제대로 못 잤다. 그녀의 침대 매트리스는 이것을 감지하고 커피포트에게 에스프레소를 선택하라고 신호를 보낸다.

그녀는 마침내 침대에서 일어나 맨발로 조심스럽게 화장실로 들어간다. 그녀의 발바닥은 데워진 화장실 타일을 느낀다. 화장실은 외부 온도가 18도 이하로 떨어지면 경보음이 울리고 적당히 열이 오르도록 프로그램 되어 있다. 샤워가 끝나고 나서, 지호는 모직 바지와 두꺼운 스웨터를 입는다. 그것들은 밖이 춥고 잠을 제대로 못 자서 피곤하다는 정보를 바탕으로 지능형 옷장이 추천하는 옷이다.

그녀는 옷을 입고 부엌으로 들어가 에스프레소를 손에 들고 재빨리 오늘 하루를 준비한다. 어제 냉장고가 까칠한 세 살짜리 딸 수지가 먹을 유일한 음식인 달걀을 사라고 남편에게 알렸으니 정말 다행이다. 지호는 딸 수지에게 청결한 옷을 입히고, 유치원에 시간 맞춰 보내려고 허둥지둥한다. 딸 수지가 가장 좋아하는 음악이 이미 딸의 침실에서 연주되고 있다. 수지가 일찍 유치원에 등교하도록 동기를 부여하기 위해서다.

부엌으로 돌아가면 냉장고에서 '삐' 소리가 난다. 앗, 냉장고는 "네가 며칠 전에 산 닭고기를 빨리 요리하지 않으면 상할 거야"라고 알려준다. 냉장고는 지호가 이미 가지고 있는 재료들을 바탕으로 한 요리법을 추천한다. 그녀는 이 기능에 대해 매달 2만원을 추가로 지불한 효과가 있다고 생각한다. 그녀는 천천히 요리법을 고르고 냄비에 모든 재료를 던져 넣는다. 시간이 되면 스마트폰이 원격으로 전자레인지를 켤 것이다.

이런, 오전 7시 15분. 출근할 시간이다. 그녀의 차가 켜지고, 예열이 된다. 차고 문이 열린다. 모든 사람이 외출한 동안 집의 온도 조절기가 집안 온도를 25도까지 떨어뜨리고, 모든 방의 TV는 자동으로 꺼진다.

오전 7시 30분, 지호와 딸 수지는 미리 예열된 차를 타고, GPS 시스템을 작동시켜 교통 혼잡을 피할 수 있는 가장 좋은 길을 선택하게 된다. 수지가 침실에서 듣던 그녀가 가장 좋아하던 음악이 지금 뒷좌석에서 연주되고 있다. 지호는 차를 몰고 가면서 집과 차가 그녀보다 더 똑똑하기 이전에 자신이 어떻게 이런 모든 것들을 스스로 관리했는지 감탄하게 된다.

고효율의 패시브 하우스 Hyper-efficient Passive House

이 연구를 위해 진행된 인터뷰에 참여했던 사람들은 집에서 스마트 디바이스 smart device를 잘 다루며, 스마트 디바이스를 통해 커뮤니케이션, 헬스, 커머스 서비스를 이용하는 사용자들이다. 이들은 먼저 미래 스마트홈의 프로토타입으로 에너지 낭비를 최소화하고, 스마트홈 허브나 컨트롤 디바이스를 갖춘, 고효율의 패시브 하우스를 꿈꾼다.

가정에서의 인공지능은 패시브 하우스가 목적이 되어야 한다고 생각합니다. 패시브 하우스란 사람이 아무런 조치나 조작을 하지 않아도 온도, 습도, 공기의 질, 조도 등이 최적의 상태를 항상 유지하는 것이죠. 내가 조작하지 않아도, 나와 가족 구성원 한 명 한 명의 패턴을 잘 파악해서 그에 맞게 자동으로 조절해 주는 것, 그렇게 하면서도 에너지 효율을 극대화해서 가정의 운영비를 최소화시켜 주는 것이 중요하다고 봅니다(권○○).

원래 패시브 하우스는 '수동적인 집'이라는 뜻으로, 두터운 단열재를 이용해 외부의 공기를 차단하고 집안의 열은 쉽게 빠져나가지 않게 설계함으로써 최소한의 에너지를 사용해 적절한 실내 온도를 유지하는 건축물이다. 액티브 하우스가 태양열 등 자연 에너지를 적극 활용하는 집이라면 패시브 하우스는 에너지 절약형으로 기후변화에 적응하여 에너지 낭비를 최소화하는 집이다. 패시브 하우스의 원래 장점은 에너지 소비를 줄이고 쾌적한 실내 환경을 유지하는 것이지만, 인터뷰 참여자는 에너지를 절감시킬 수 있는 친환경 집을 넘어 인공지능을 통해 최적화된 쾌적성을 추구하는 것이 바람직하다고 보고 있다. 이들은 인간이 모든 행동을 직접 하기보다는 ICT와 사물 인터넷과 같은 기술의 도입으로 생활의 편리와 더 많은 커뮤니케이션을 실현할 수 있는 패시브 시스템을 원한다.

그래서 제가 강조하는 게 뭐였냐면, 아파트 사물 인터넷 시스템은 실제로 사용자에게 액티브한 걸 요구를 해요, 그런데 사실 사물 인터넷의 핵심은 패시브거든요. 저는 그렇게 생각하거든요. 지금 우리나라는 대부분 사용자들에게 액티브를 요구해요. 그럼으로써 자동화는 배제가 되고 원격제어에 초점이 맞춰져 있어요(윤○○).

내가 잘하거나 잘 해왔던 것들을 플러스해 주는 것보다는 부족했던 부분을 채워 주는 시스템이라고 생각합니다. 매일 아침 출근하기 위해 전등을 켜고, 씻고 나서 다시 전등을 끄고, 청소를 하거나 집안 온도를 조절해 주는 등 필요하지만 잊어버리거나 하지 않아도 되는 일을 매일 대신 해줌으로써 부족하게 생활하던 부분을 채워 주는 것이라고 생각해요. 예를 들면, 전등을 켜지 않아도 씻고 출근하는 데 큰 문제가 없다든가, 3일이나 5일간 청소를 하지 않고 주말에 몰아서 해도 상관없는 것 등이죠(장○○).

인터뷰 참여자들은 액티브 하우스보다 패시브 하우스를 선호한다. 이들은 전통적 의미의 패시브 하우스와 기계가 알아서 변화된 환경에 적응하여 인간의 욕구를 충족시켜 주는 스마트홈을 패시브 하우스와 혼용하고 있다. 그리하여 스마트폰, 패드, 인터넷 등과 같은 원격제어 장치를 통해 운영되는 집은 진정한 의미의 자동화된 스마트홈은 아니라고 본다. 이들에게 스마트홈은 사용자의 아무런 조작 없이 인공지능이 사용자의 생활 습관을 학습하여 스스로 소비 패턴을 예측하고 쾌적한 환경을 제공하며 최적의 냉난방을 제공하는 곳이어야 한다.

인간 중심적인 스마트 라이프 환경을 포괄하는 스마트홈

오늘날 대부분의 건설 업체·통신사·제조업체들은 스마트홈을 주택에 ICT를 접목하는 것 정도로 생각한다(김우영 2019). 그래서 관련 기술을 어떻게 개발하여 접목할 것인지가 큰 관심거리이다. 특히 건설 업체는 주택 분양을 높이기 위한 마케팅 관점에서 스마트홈을 활용한다. ICT 장비를 이용해서 고급 브랜드 이미지를 구축하고 비싼 값에 주택을 매매하려는 것이다. 따라서 스마트홈이 사용자에게 어떤 의미이며, 어떤 생활환경을 제공하는 것이 좋은지에 대한 관심은 별로 없다. 반면 인터뷰 참가자들은 정보 통신 업체, 건설 업체, 가전 업체 등에 대해 매우 비판적이고 인간 중심적인 스마트홈을 지향한다.

저는 사용자의 환경이나 경험을 고려하지 않고 기업 이윤 측에서만 접근한다고 하는, 그러니까 지금 ○○ 통신 회사도 그렇고 ○○전자도 그렇고 ○○ 전자도 그렇고 다 사물 인터넷이라는 게 미래에 먹거리가 될 거라고 생각하기 때문에 접근하고 도입하려고 하지만 그 방향성도 사실 뚜렷하지 않고 비전도 없고 자기만의 뚜렷한 가치도 가지고 있지도 않고, 이게 돈이 될 것 같으니까 그런 입장에서만 접근을 하니까 …… 그런 식으로 접근하는 것 자체가 스마트홈에 대해 모른다는 것이죠(신○○).

보통은 기술 산업이 어떻게 발전하는가에 대해 인간중심적인 접근을 별로 안 하거든요. 하지만 중심은 인간이거든요. 기술을 쓰면 인간이 행복하기 위해서, 해방되기 위해서 하는 건데 이게 그렇게 안 되고 있어요. 특히 스마트홈도 국내에서는 ○○ 거대 통신 회사 하고 건설업체 해가지고는 짜맞춰 놓고 와서 니네 살아라 이거거든요(박○○).

인터뷰 참가자들이 원하는 안전하고 편리한 생활이 가능하도록 하는 인간 중심적인 스마트 라이프 환경으로서의 스마트홈은 다음과 같다. 인터뷰 참가자들은 가전제품·조명·냉난방·환기·보안 관리가 총체적으로 이루어지는 통합된 컨트롤 장치로서의 스마트홈에 더욱 관심을 갖는다. 또한 이들은 주변 환경을 파악할 수 있는 센서, 수집된 정보로부터 판단을 할 수 있는 컨트롤러, 각종 정보를 보내는 유무선 네트워크, 사용자에게 직접적인 편의를 제공하는 스마트 장치 등으로 구성되는 스마트홈 서비스를 기대한다.

저는 인공지능 스피커를 통해서, 요리를 하면서 레시피를 찾아볼 수 있고, 타이머를 조작할 수 있고, 집안에 전등 및 전자기기들을 음성만으로 조작하는 데 주로 이용하고 있습니다. 예를 들면, 침대에 누워서 끄지 못했던 전등을 끈다던가, TV를 끄고 켠다던가 하는 것이지요(박○○).

그래서 실질적으로 일반 사람들은 건강 쪽에는 원래도 관심이 없지만, 최근에 뉴스에서 많이 나왔던 것이 미세먼지 때문에 집은 밀폐해 놓고 공기청정기만 돌려 대니까 CO_2가 증가한다는 건데요. CO_2, 라돈, 미세먼지처럼 건강과 관련된 잘 모르는 정보들이 많은데, 이런 환경적인 부분에서 따지면, 삶의 질 향상이라는 게, 내가 집에 왔을 때 편안하고, 주변 환경에 따로 신경 쓰지도 않아도 나를 기준으로 해서 나를 중심으로 해서 자동으로 알아서 맞춰 주는, 그런 환경을 조성해 주는 게 가장 핵심인 것 같아요(윤○○).

편안함과 안전을 증대시키는 웰빙 지향의 스마트홈

인터뷰 참가자들 대부분은 인공지능이 주택에 응용되는 범위가 넓어지면서 생활의 편리성이 더욱 증대할 것이라고 예상했다. 인공지능은 인간의 부족한 부분을 채워 주고, 시간을 절약하고, 불필요한 일을 제거해 준다고 여겼다. 또한 이들은 인공지능이 생활 패턴을 분석해 인간의 다음 행동을 예측함으로써 인간이 쾌적한 환경에서 생활할 수 있도록 유도한다고 보았다. 그리고 이들은 삶의 질에 대한 높은 관심을 바탕으로 가족의 건강과 안전을 증대시키는 웰빙 지향의 스마트홈을 추구했다.

저 같은 경우는 스마트홈을 하면서 오히려 여유가 생겼고 그 여유에 따라서 취향이 좀 더 구체화된 점이 있는 거 같습니다. 예를 들어, 스마트홈을 하면서 제가 초점을 맞추는 게, 친구들이 왔을 때 내가 좀 더 편했으면 좋겠어요. 그리고 불이 자동으로 켜져서 분위기가 좋았으면 좋겠어요. 그래서 친구가 내게 "화장실 불 어디 있어?"라고 묻지 않아도 내가 친구에게 그냥 "들어가"라고만 해도 되고, 친구가 화장실에 들어가면 알아서 노래가 나오고요. 같이 밥 먹을 때 노래도 흘러나오게 하는, 그런 것이죠(강○○).

집안의 주거 상태는 상당히 중요합니다. 미세먼지뿐만이 아니라, 적정 이산화탄소, 화학물질을 포함하는 공기의 질이 잘 유지되어야 건강한 실내 생활이 가능해집니다. 덥지도 않고, 춥지도 않게 온도를 잘 유지하는 것 또한 중요한 웰빙의 요소라고 생각합니다(권○○).

사람들의 가치관, 소득수준, 라이프 스타일, 인구구조 등이 변하면서 스마트홈에 대한 사람들의 기대도 달라지고 있다. 특히 타인과의 연결을 지향하고, 실시간으로 정보를 교환·소비하는 사람이 늘면서 스마트홈에서는 콘텐츠 중심의 라이프 스타일을 지원하는 것이 중요해졌다. 고령 인구가 늘어나고, 삶의 질에 대한 관심이 커지면서 스마트홈이 사람들의 물리적·심리적 건강을 돌봐 주기를 기대한다. 예전에는 사람들이 미세먼지, 실내 공기 상태 등에 대해서 크게 관심을 갖지 않았다. 스마트홈 이전에는 미세먼지, 이산화탄소 농도 등을 측정할 수도 없었고 눈에 보이지도 않았다. 그러나 스마트홈에서는 다양한 장치들이 미세먼지 수치, 습도, 온도, 실내 공기 상태를 실시간으로 측정하여 사람들에게 알려준다. 그리하여 사람들은 측정된 실내 공기 상태를 통해 겨울의 밀폐된 아파트나 사무실에서 환기가 제때 되지 않으면 두통을 유발한다는 것을 알 수 있게 되었다. 사람들은 그러한 정보를 통해 건강한 라이프 스타일을 추구할 할 수 있게 되었다. 이에 따라 스마트홈에서도 다양한 신호를 감지해 대응할 수 있는 각종 센서 및 시스템의 역할이 커지고 있다.

구성원의 생활 패턴을 통해 학습하고 현재의 행동을 보고 다음 무엇을 할지 예측하고 미리 해주는 등의 편리함이 증대될 것으로 보고 있습니다(박○○).

가정생활에서 각종 기기 조작의 기본은 그 기기의 스위치까지 내 몸이 이동해서 스위치를 조작하는 것입니다. 그런데 몸을 움직이는 것 자체가 불편함을 야기하는 활동이지요. 인공지능이 가정에 도입되면 이런 개인의 움직임이 없어집니다. 패턴 학습을 통한 자동제어는 궁극이고, 음성 명령을 통한 제어, 트리거를 통한 장치들의 연쇄 제어 등 다양한 기기 조작이 몸을 스위치까지 가지고 가지 않아도 되게 만들지요(권○○).

행복과 웰빙의 바탕은 건강이라고 생각해요. 생활의 주 무대가 되는 회사나 가정에서 최적의 온·습도는 물론 공기의 질까지 자동으로 인공지능이 관리해 준다면 기후변화와 미세먼지 등으로 건강을 위협받는 현재의 상황에서 건강관리에 매우 큰 도움이 될 것입니다(정○○).

이 연구를 위해 수행된 인터뷰에서 참여자들은 스마트홈에 의해 변화될 미래의 가정 모습에 대해 긍정적인 기대감을 갖고 있었고, 보다 나은 삶을 스마트홈이 제공할 것이라는 확신을 보여 주었다. 이들이 그리는 집의 내부와 외부, 그리고 집에서 주거하는 개인의 일상의 미래상을 스케치해 보자.

미래 풍경 1: 집 내부[3]

침실에서는 아침 알람이 기상 시간을 알려주고, 아침 시간에 가장 먼저 해야 할 일을 상기시켜 주는 인공 합성 음성으로 하루가 시작된다. 알람은 가정과 사무실에 있는 다른 가전제품에서 사용되는 집안사람들의 스케줄을 통합해서 시간과 일정을 알려준다. 만약 악천후로 인해 아이들의 등교 시간이 늦춰지게 되면, 알람은 평소보다 늦게 울리고, 다른 침실의 알람시계는 가족들의 예정된 일정에 따라 울린다.

욕실 위의 거울에는 아침 뉴스 헤드라인이 표시된다. 약이 들어 있는 서랍장은 생체 인식을 통해 가족 구성원들을 식별하여 의약품에 대한 접근을 허용한다. 욕실 저울은 누가 밟았는지를 인식하고, 몸무게와 체지방의 비율을 기록한다. 건강관리 앱은 측정된 건강정

3_Frost, Thomas, F., "The Everyday Life of A House in Cyberspace", presented on Information Technology in the Home in ISO, pp. 3-4를 참고.

보를 스마트폰, 컴퓨터, 클라우드 저장소 등에 보내어 개인들이 언제나 자신들의 건강상태를 확인할 수 있도록 저장하고 관리한다. 또한 화장실은 화학 시료 채취로 가족들의 전반적인 건강을 모니터링하고 가족 건강관리 앱에 정보를 전달한다.

주방의 냉장고 패드에는 가족 일정, 최신 뉴스, 교통 상황, 날씨 등이 표시되며, 구매할 식료품 목록은 웹 식료품점으로 전송된다. 전송된 이 쇼핑 목록의 물품이 식료품점의 물품과 차이가 나는 경우에는 구매 가능한 물품으로 수정된다. 커피메이커는 가족 일정을 확인하고 적절한 시간에 커피를 우리기 시작하고, 생일인 가족에게 친근한 '생일' 인사를 한다. 집에 아무도 없을 때, 커피메이커는 가족의 일정을 확인하고 커피를 끓이지 않는다. 전자레인지와 오븐은 음식 재료의 정보를 읽어 내고, 조리법을 확인하고, 지시에 따라 요리한다. 식기세척기는 새로운 종류의 세제를 감지하고 소프트웨어를 원격으로 업그레이드하여 세척 시간과 방법을 조정한다. 인터넷에 연결된 다른 기기와 마찬가지로 원격으로 수리되고, 오작동이 발생하면 서비스 요원이 파견될 수 있도록 제조사에 자동으로 연락한다.

세탁실에서는 세탁기와 건조기가 옷의 상태를 모니터링해서 주기적으로 빨래와 건조를 위한 적절한 환경을 조정한다. 다른 스마트 가전제품과 마찬가지로 세탁기와 건조기도 서로를 인식하고, 정보를 교환한다. 건조기는 정보를 총괄하는 센터에 옷이 말랐다는 메시지를 표시한다. 또한 이 기기는 에너지 사용량을 모니터링하고 에너지의 효율성을 높일 수 있는 방법을 알려준다.

많은 장치들은 켜자마자 바로 컴퓨터를 사용할 수 있는 기능이 작동해 가정용 컴퓨터를 시동시키는 데 드는 시간 지연 없이도 전송과 수신을 할 수 있다. 사용자 인터페이스는 '현관등 켜기'와 같은 음성 활성화를 포함한다. 이런 인터페이스는 가족을 위한 공간, 통신 센터, 인터액티브 TV의 온라인 쇼핑, 이메일 메시지 송수신, 인터넷을 통한 전화 통화, 재택근무, 청구서 지불, 직장 동료·가족·친구들과 화상회의를 개최하는 데 사용된다. 병원의 진료실에서는 병원 진료 예약 상황을 진료를 받을 고객들에게 공지한다. 인터넷과 가정용 컴퓨터를 통해 쉽게 구할 수 있는 콘텐츠가 많아 언제든지 전자책을 읽으면서 휴식을 취할 수 있다. 비디오, 오디오, 영화는 온디맨드On-Demand 방식으로 다운로드 받을 수 있고 인터넷으로 연결된 게임을 즐긴다. 온디맨드 방식은 컴퓨터나 스마트폰을 통해 소비자가 원하는 음악, 영화, 텔레비전 프로그램을 즉시 볼 수 있도록 하는 서비스이다. 특히 모바일 기술과 디바이스 공급의 대중화로 온디맨드의 대상을 개인 소비자와 개인 공급자로까지 확대하게 되었다.

집안 내부 전체는 보안·조명·온도 제어, 에너지 활용, 엔터테인먼트, 통신과 같은 하위 시스템의 관리와 제어가 가능하도록 가정의 전체 전자 시스템에 통합된다. 가족들이 집에 들어오고 나가는 시간에 맞춰 조명은 자동으로 켜지고 꺼진다. 또한 창문도 가족들의 실내 거주 여부, 개인의 취향, 실내 공기 상태 등에 따라 자동으로 열리고 닫힌다. 에어컨 및 난방은 통제되고 보안은 모니터링된다.

미래 풍경 2: 집 외부[4]

집 밖에서는 진입로에 내장된 센서가 차량이 다가오면 통신 센터에 알려준다. 집이 비어 있으면, 집에 물건을 배달하는 트럭이 도착했음을 포착한 현관 디지털 카메라의 비디오 화면이 가족 구성원들에게 전달된다. 택배가 도착하면 집안의 컴퓨터는 알아서 경보 시스템을 끄고 문을 연다. 택배의 배송 상황을 관찰할 수 있도록 불을 켜고 거실에 있는 디지털 카메라가 작동한다.

가족 구성원이 집에 도착했을 때 어두우면 동작 센서나 열쇠고리의 리모컨을 이용해 집안 어느 방에나 불을 켤 수 있다. 침입자가 집에 무단으로 들어오려고 하는 경우, 보안 시스템이 경찰에 알리는 동안에 디지털 카메라는 컴퓨터에 저장될 수 있도록 사진을 찍는다. 그 사진은 스마트폰을 통해 전송될 수 있다. 또한 외부 환경 감시 시스템은 비가 내릴 경우에는 정원의 살수장치를 켤 필요가 없다고 판단하여 작동시키지 않는다.

4_Frost, Thomas, F., "The Everyday Life of A House in Cyberspace", presented on Information Technology in the Home in ISO, p. 4를 참고.

미래 풍경 3: 거주자의 일상[5]

　사람들이 사이버 공간을 더욱 많이 이용하고 기술의 진보에 적응해 감에 따라, 사람의 몸에 착용될 수 있는 컴퓨터, 웨어러블 디바이스 등 발전을 거듭하고 있다. 컴퓨터는 손목시계, 안경, 벨트, 헤드 기기와 같은 사람들이 착용하는 물품에 내장될 것이다. 지능적인 인공지능 개인 비서personal assistants들이 문제를 해결하고 질문에 대한 대답을 빠르게 제공하기 위해 사람 곁에 항상 가까이 있게 된다. 웨어러블 컴퓨터는 또한 콜레스테롤, 혈당, 혈압 수치와 같은 의학 정보를 감지하는 데도 사용된다. 이런 기기는 지속적으로 인간의 활동을 파악하여 해당 의료진에게 모니터링 결과를 보고한다.

　스케줄러, 스마트카드, 휴대폰과 같은 개인 비서들이 증가하여, 업무의 효율성과 삶의 편리성을 향상시킬 것이다. 개인 비서는 개인 정보에 대한 즉각적인 접근, 가정과 사무실과의 통신, 재정 처리, 그리고 사람들의 시간의 효과적인 사용을 위해 많은 업무들을 처리하게 된다. 어린이들을 위한 개인 비서는 개인 식별 정보와 위치를 식별할 수 있는 기능을 갖춘 전자 신분증의 역할을 하게 된다. 노인들의 개인 비서는 어린이의 경우와 유사한 모니터링 능력, 신속한 의료정보 접근, 유사시 도움말 기능 등을 갖추게 된다. 학생들은 일상적으로 매우 얇고, 가볍고, 강력한 노트북 같은 컴퓨터를 사

5_Frost, Thomas, F., "The Everyday Life of A House in Cyberspace", presented on Information Technology in the Home in ISO, pp. 4-5를 참고.

용하는데, 이 컴퓨터는 음성 지시에 반응하고, 펜으로 쓰인 노트를 디지털 형식으로 변환하는 디지털 서기의 역할을 한다. 이런 모든 유형의 개인용 웨어러블 컴퓨팅 장치는 가정 및 기타 정보 센터와 네트워크로 연결된다.

또 거주자의 일상을 생각할 때, 가족의 애완동물을 잊을 수 없다. 위치 확인 기능뿐만 아니라 식별 정보가 포함된 태그가 애완동물의 행방을 추적한다. 이 전자 태그는 정해진 시간에 애완동물에게 먹이를 주기 위한 주방 기기와 연결된다. 그리고 애완동물이 자유롭게 출입할 수 있는 메커니즘을 제공한다.

가정의 일상사에 미치는 인공지능의 영향에 대한 기대와 우려

위에서 스케치한 미래 가정의 일상에서 인간은 과거에 생각지도 못했던 삶의 편익을 누릴 수 있다. 인터뷰 참여자들 역시 인공지능에 기반을 둔 스마트홈의 미래를 긍정적으로 바라보고 있었다. 스마트홈을 통해서 사람들이 환경에 매우 민감해지고, 이는 건강과 가정생활에 커다란 변화를 가져올 것이라고 생각하고 있었다. 20대 후반으로 대학원 석사과정에서 공부를 하고 있는 한 청년은 스마트홈을 통해 삶의 질을 향상시킬 수 있는 분야가 실내 환경이라고 주장한다. 사람들이 미세먼지·습도·이산화탄소 등의 농도를 손쉽게 수치로 인식할 수 있게 됨에 따라 창문을 열고 닫는 등에 신경을 쓰고, 제습기·공기청정기 등을 구입해 자동화하는 것으로 생각했다. 또한 스마트홈은 가정에서 가사노동과 육아의 어려움을 해결하고 가족 간의 친밀감을 확대할 것으로 전망했다.

인공지능이 가사와 육아에 많은 도움을 줄 것으로 생각합니다. 특히 가사노동에서는 거의 완전히 해방되지 않을까 생각해요(정○○).

더 많은 시간을 가족끼리 보낼 수 있고 즐거운 소비를 조장할 것이라 생각합니다. 쾌적한 환경에서 집에서 보내는 시간이 더욱 즐거울 것입니다(손○○).

이미 1부에서 언급했듯이 인공지능이 일상적인 생활에도 긍정적인 역할을 한다는 입장은 인공지능이 생산성, 효율성, 편의성을 추구하여 인간의 일을 대체하고 전반적인 삶의 질을 향상시킨다는 관점과 깊은 관련이 있다. 이런 낙관론은 인공지능과 일상생활을 연결시킬 때, 그 세부적인 내용을 갖추게 된다. 일상적인 행동 방식에 미치는 인공지능의 긍정적인 영향이 포착되는 것이다. 예컨대 인터뷰 참여자들은 인간들의 습관과 반복적인 행동을 인공지능이 대신하는 것이 오히려 인간에게 긍정적일 수 있다고 생각했다. 인공지능이 분명한 수치를 알려주고 경고를 함으로써 인간들이 그간 생각하지 못했던 건강, 환경, 생활의 정리 정돈 등에 대한 인식을 높인다고 보았다. 또한 집안의 다양한 센서와 기계가 인간의 감각을 확장시키고 인간의 감각으로 체험할 수 없는 것을 경험하게 한다고 인식했다. 그리하여 미래에는 집안에서 기계를 통해 새로운 경험을 하게 하는 수단이 더욱 발전하게 되고 인간과 기계가 공생하는 측면이 더욱 확대될 것이다.

불을 켜고 들어가서 불을 끄고 나온다던가 하는 사소한 것들은 자동화가 이루어져 신경을 쓰지 않게 되었습니다. 그런데 잊어버리기 쉬운 것들을 자동화를 통해 알려줌으로써, 공기의 질, 안전 상태 등을 조명 또는 음성으로 알려줌으로써, 오히려 이제 좀 더 경각심을 가지게 되었습니다(장○○).

집에 있는 전등 스위치를 누를 필요가 없다 보니, 화장실에 들어갈 때도 아무것도 안하고 들어가다 보니 본가에 가게 되면 전등 스위치를 누르는 것을 까먹을 때가 있습니다. 그러다 보니 만약에 손을 쓰는 기기가 생기면 이것을 어떻게 하면 편리하게 자동화할 수 있을까 생각해보는 습관도 생겼습니다(박○○).

그러나 인터뷰 참여자들이 이런 낙관적인 기대만을 표출했던 것은 아니다. 이들은 인공지능이 가정생활에 깊숙이 침투할수록 인간관계의 단절과 같은 다양한 위험이 초래될 수 있다는 우려를 보이기도 했다. 대면 접촉이 줄어들고 가족 간의 대화가 단절되고 소외가 심화되는 역기능도 존재한다. 기계가 알아서 모든 것을 처리하니까 친밀한 상호작용이 줄어들게 된다. 그러면서 심리적 거리감이 생기고 문제가 발생했을 때 가족에게 의지하기보다는 기계에 의존하는 습관이 만들어진다. 결국 가족 간에 허심탄회하게 이야기를 하고 서로 소통하고 문제를 대처하는 공유의 장이 협소해질 것이다.

가족 간의 대화가 단절되고 가족 간의 정, 사랑보다는 딱딱하고 절제된 분위기로 변화하지는 않을까, 부모가 자식에게 직접 지식 등을 가르쳐주고 인성을 교육하기보다는 컴퓨터, 인터넷의 발달로 자녀 스스로가 찾아 배울 수 있는 시대가 왔고, 좀 더 나아가 인공지능이 자녀의 전반적인 교육과 인성에 영향을 주는 것이 일반화되고, 부모 역시 인공지능을 통해서 자녀의 상태를 확인하거나 일정, 이벤트 등을 체크하기 시작한다면, 저녁 식사 자리에서 직접 마주하며 오늘 하루 있었던 일을 얘기하며 하루를 마무리하기보다 모두가 한자리에 모여 있지 않아도 인공지능을 통해 가족 간의 상태를 체크하는 것이 더 효율적이고 편리하다고 느끼는 세상이 오지 않을까 하는 생각도 듭니다(장○○).

인간의 생활을 도와주는 도구인 인공지능이 장차 인간됨에 어떤 영향을 미칠지에 대한 인터뷰 참가자들의 의견은 분분했다. 이 주제에 관한 인터뷰 참여자들의 관점은 불확실성으로 요약될 수 있다.

잉여 인간들이 많이 생겨나고 무엇을 해야 할지 허무함을 느끼는 사람들이 늘어날 것 같습니다. 인공지능의 생각에 의해 인간의 결정이 조정당할 수 있다고 봅니다(손○○).

아직까지 인간 같은 기술을 직접 접해 보지 못해서 어떤 영향을 끼칠지 생각하기 쉽지는 않은 것 같습니다. 그런데 인간 같은 인공지능이 나오는 영화를 돌이켜보면, 정말 인간 같은 인공지능이 나온다면 인간과 인공지능의 정체성이 많이 흔들릴 것 같다는 생각도 듭니다(박○○).

정체성에 영향을 미친다고 생각하지는 않습니다. 인공지능은 알고리즘의 본질상, 인간의 인식을 절대 뛰어넘을 수 없습니다. 인간을 보조하는 수단으로 상당히 유용하게 사용될 수는 있겠지요. 하지만 인간의 정체성을 위협할 정도로까지 발전할 수는 없다고 생각합니다(권○○).

이들은 인공지능이 인간의 정체성에 미치는 영향에 대해 깊이 고민하지는 않은 것 같다. 이들이 느끼는 불확실성은 기실 인간 정체성에 미치는 인공지능의 영향에 대한 전문가들의 논쟁 및 사회적 담론과 그 맥을 같이 한다. 인공지능이 인간 정체성에 긍정적·능동적 영향을 미친다는 입장에서 보면, 인공지능은 인간의 자기 결정권을 강화시킬 수 있다. 왜냐하면 인공지능이 제공하는 데이터와 정보는 그것을 이용하는 인간이 정치적·사회적 활동에 적극적으로 참여할 수 있는 기회를 증진시키기 때문이다. 반면 인공지능이 인간 정체성에 부정적인 영향을 끼친다는 입장에서는, 인공지능에 대한 의존이 인간의 지적 퇴락을 야기하고 자율적인 판단 능력을 상실케 하여 궁극적으로 인간의 존엄성을 훼손한다고 본다. 요컨대 인터뷰 참여자들에게서 표출되는 불확실성은 인공지능의 발전 가능성 및 인간에 대한 영향이 아직 결정되지 않은 상태를 반영하고 있다. 그리고 이들이 느끼는 기대와 우려는, 다시 인공지능이 일상에서 어떻게 도입·활용될지를 결정하는 출발점을 형성할 것이다.

4. 스마트홈은 어떻게 발전되어야 할까?

우리는 지금까지 인공지능 기술의 발전이 가정의 일상사에는 어떤 변화를 일으켰는지, 그 변화 속에 있는 사람들은 이를 어떻게 인식하고 있는지를 살펴보았다. 우리의 분석은 스마트홈이 기술적 가능성과 한계, 발전 가능성 및 방향에 대한 기대와 우려, 관련 사업의 경제적 이익 추구와 사용자의 필요가 교차·상충하고 있는 영역임을 알려준다. 스마트홈은 아직 그 가능성이 모두 드러나지 않았고, 사람들의 기대에는 우려가 함께 섞여 있으며, 자본은 그 불확실성에 투자하고 있다. 그리고 가정의 일상사에 인공지능이 어떻게, 어느 정도로 도입되어야 할지를 생각할 때 흔히 간과되는 측면이 바로 이런 인공지능의 현재이다. 인공지능이 가져올 수 있는 부작용을 도외시하는 장밋빛 낙관론은 물론 인공지능의 발전 가능성이나 활용에 따른 편익을 부정하는 비관론이 오히려 이미 정해진 미래 시나리오인 양 받아들여지면서, 현재 무엇을 개선해 나가야 할지에 대한 고민을 가로막는 것이다. 우리에게 필요한 것은 '스마트홈은 어떻게 발전할까'에 대한 상상과 함께 '스마트홈은 어떻게 발전되어야 할까, 그리고 그것을 위해 우리는 무엇을 준비해야 할까'라는 고민이다. 아래에서 스마트홈의 바람직한 발전을 위해 필요한 기술적인 호환성 확보, 경제 주체들의 협업 체제, 보안과 안전성 강화, 주거 형태 변화를 고려한 서비스 개발을 논하면서 이 장을 마무리하겠다.

기술적인 호환성

현재 다양한 종류의 스마트 기기 및 사물 인터넷 기기들이 폭발적으로 양산되고 있고, 기존 가전제품들도 급속하게 스마트 기기화되어 가고 있다. 그러나 스마트홈 기기의 호환성을 보장하는 표준 규격은 존재하지 않는다. 사물 인터넷 기기들 간의 호환성을 보장하기 위한 공통 표준도 아직 존재하지 않아, 스마트 기기 제조사마다 상이한 프로토콜 및 메시지 포맷을 사용하고 있는 실정이다. 서로 다른 기업에서 내놓은 스마트홈 제품은 하나의 네트워크에 연결되지 않는다. 따라서 아직까지는 개인이 스마트홈을 실현하고 싶다면 한 개씩 원하는 각기 다른 회사의 제품을 사면 안 되고, 한 회사의 제품군을 한꺼번에 구입해서 설치해야 한다.

이 문제의 해결을 위한 첫걸음은 이미 시작되었고, 그것은 1부에서 설명했던 것처럼 오픈소스 문화가 장기적으로 기업에게 이익이 될 수 있다는 인식과 맥을 같이 한다. 즉, 호환성 문제를 해결하기 위해서 2019년 12월 애플, 구글, 아마존, 삼성, 이케아IKEA,

NXP반도체NXP Semiconductors, 슈나이더 일렉트릭Schneider Electric, 시그니파이Signify(구 필립스조명), 실리콘 랩스Silicon Labs, 솜피Somfy 등 정보기술 관련 기업들이 각종 스마트홈 제품들을 연동시키기 위해 파트너십을 맺었다. 스마트홈 기기를 위한 개방형 통신 기준을 개발하여 스마트홈 제품에 로열티를 내지 않아도 통일된 통신 규격으로 제품 간의 호환성을 높이기 위한 것이다(정성호 2019). 통일된 기준이 생기면 사용자는 다양한 제품의 선택에 대한 부담이 줄고, 제조사는 제품에 상이한 연결 규격을 모두 지원하기 위해 비슷한 용도의 부품을 중복 탑재하지 않아도 된다. 표준 운영체제를 만들어 모든 소프트웨어의 호환이 가능해지면 스마트홈 서비스의 대중화가 앞당겨질 수 있다. 하지만 스마트홈을 둘러싼 경제 주체들이 모두 장기적인 이익을 위해 협력하고 있지는 않다.

관련 업체들의 근시안적이고 과도한 경쟁

스마트홈 사업은 정보 통신 산업, 건설사, 유통산업, 기타 산업이 서로 연계되어 있다. 정보 통신 회사는 자체 생산하는 가전제품이 없어서 개방형 플랫폼 체계로 접근하고, 자사의 통신 서비스를 판매하기 위해서 스마트홈 서비스를 활용한다. 그리하여 가전 회사와 제휴하여 다양한 가전제품이 해당 통신 서비스를 통해 정보를 유통하는 체계를 공급한다. 가전 회사가 제공하는 스마트 기기는 가전제품을 제어하거나 집안을 모니터링하는 기능 위주로 되어 있다. 월패드나 스마트폰을 이용해 텔레비전, 세탁기, 공기청정기, 로봇 청소기, 조명, 실내 온도 등을 제어한다. 가전 회사는 가전제품의 판매에 관심이 있기에 제품이 제공하는 서비스의 경쟁력 위주로 스마트홈 전략을 세운다. 건설 회사는 정보 통신 기업들과 제휴하여 스마트홈 기술을 확보하는 방향으로 가고 있다. 건설 회사는 스마트홈 마케팅을 통해 브랜드 명성을 쌓고 높은 가격에 주택을 매매하는 데 관심이 있다.

스마트홈을 둘러싼 정보 통신 회사, 건설사, 플랫폼사, 서비스사 등의 경쟁이 본격화되고 각기 다른 플랫폼을 개발하다 보니 실제 주택에서 생활하는 거주자의 필요와 요구와는 거리가 있는 제품 개발과 공급에 치중하게 되었다. 스마트홈 서비스가 주택을 사용하는 인간 중심의 서비스 제공에 실패하여 스마트홈 서비스 확산에 장애물로 작용하게 된 것이다. 스마트홈 서비스는 사용자 중심의 패러다임으로 바꾸고, 스마트홈 개발의 다양한 주체들이 공통적인 사업 모델을 공유할 수 있는 협업 체제가 마련되어야 한다. 다시 말하면, 스마트홈의 성공의 요인으로 첨단 제품·기술이 필요조건이라면 거주자의 수요를 충족시킬 수 있는 다양한 서비스는 충분조건이다.

개인 정보와 안전성

스마트홈 서비스에는 보안과 프라이버시 문제가 항상 등장해

왔다. 단적인 예로는 2019년 8~9월에 IP 카메라를 해킹해 총 168차례에 걸쳐 타인의 사생활을 훔쳐본 사건을 들 수 있다(박아론 2019). IP 카메라는 유무선 인터넷에 연결해 사용하는 카메라로서 다른 기기로의 실시간 송출이 가능하다. 해킹된 영상은 개인의 가장 사적인 영역에서 일어난 일들이 촬영된 것이었다.

스마트홈은 냉장고, 텔레비전, 로봇 청소기, 보일러, IP카메라, 무선 공유기 등이 모두 인터넷에 연결되어 있다. 그리고 인터넷에 연결된 집안의 모든 기기들은 해킹될 수도 있다. 사이버 해킹으로 누군가는 집안의 사생활을 훔쳐보는 것뿐만 아니라 악성 코드를 심어 인터넷에 연결된 기기를 마음대로 제어할 수도 있다. 집주인이 잠든 사이 집안의 스마트 기기를 조작하고, 텔레비전이나 냉장고에 악성 코드를 심어 스팸메일을 발송하게 할 수도 있다.

스마트홈 서비스는 불법 해킹에 대비하여 충분한 보안 시스템을 구비해야 한다. 안전한 스마트홈 서비스를 받기 위해서는 사용자 스스로 개인 정보의 내용, 활용 방식을 점검하여 정보 보안을 위한 노력을 해야 한다. 스마트홈 기기를 통해 편리함을 얻는 만큼 개인의 정보를 지키는 보안 의식이 필요한 것이다. 비밀번호가 허술한 IP 카메라, 유무선 공유기, 개인용 저장장치의 비밀번호를 수시로 변경하고 재설정해야 한다. 스마트홈 기기의 소프트웨어를 꾸준히 업데이트해서 새로운 해킹 수법에 시기적절하게 대응할 수 있어야 한다(오철우 2019). 스마트홈은 보안과 안전성의 문제를 공급자와 사용자 모두의 문제로 만들고 있다. 한편 보안과 안전성이 스마트홈이 갖춰야 할 전부는 아니다.

1인 가구를 위한 스마트홈 서비스

국내 1인 가구 관련 스마트홈 서비스는 대부분 보안·안전 분야로 집중되어 있다. 헬스케어, 엔터테인먼트, 푸드테크 등 다방면으로 서비스를 확대할 필요가 있다. 1인 가구의 급증이라는 가구 형태의 변화는 정부 정책 방향, 시장 동향 및 소비 형태 등 사회적 변화를 야기할 뿐만 아니라, 새로운 서비스 수요도 창출하고 있다. 1인 가구의 급증은 라이프 스타일의 변화를 의미하며, 그동안 체감되지 못했던 일상의 필요와 요구가 중요한 삶의 문제로 대두될 수 있음을 함축한다.

1인 가구 증가에 따라 소비 패턴이 변화하고 있으며, 관련 업계에서도 이를 대비하기 위해 다양한 서비스를 출시하면서 '솔로 이코노미 시장'이 성장하는 추세이다. 스마트홈 서비스도 1인 가구의 소비·생활 트렌드를 면밀하게 분석하고, 기술보다는 사람 중심의 관점에서 다양한 서비스를 발전시켜야 한다. 해외 스마트홈 서비스의 경우, 사람의 노동시간을 줄이고 편안함과 즐거움을 제공하기 위해 실질적으로 필요하고 창의적인 다양한 서비스를 지속적으로 출시하고 있다. 국내 스마트홈 서비스도 사람 중심의 생활 밀착형 서비스를 지속 개발하여, 노동 없는 가정, 방해 없는 가정, 안전에 대한 걱정이 없는 가정과 같은 삼무가정三無家庭이라는 가치를 실현할 수 있도록 서비스를 다양화해야 한다.

4장

인공지능과 업무 방식의 미래

1. 기술과 업무 방식

기술은 일하는 방식에 근본적 변화를 가져온다. 증기기관, 전기 및 내연기관의 발명은 인간이 일하는 방식, 일하는 장소와 주거 공간의 관계, 도시의 구조 등에 큰 변화를 가져왔다. 해상운송과 항공기 운송의 발달은 글로벌 가치 사슬의 확대를 가져왔으며, 업무 수행 방식에도 근본적 변화를 가져왔다. 그런데 인공지능은 과거 과학기술에 의한 혁신과는 다른 방식으로 일하는 방식, 도시의 구조 등에 변화를 가져올 것으로 판단된다.

제1차 산업혁명과 제2차 산업혁명의 촉매 기술은 범용 기술인 증기기관과 전기였다(Soldatos J, Gusmeroli S, Maló P, et al. 2016). 증기기관과 전기는 인간이 사용할 수 있는 에너지를 강화하고 확대한다. 에너지원의 종류와 에너지를 사용할 수 있는 장소에 대한 제약은 일하는 방식과 도시 구조 등에 결정적인 영향을 미친다. 내연기관, 자동차 및 항공기도 범용 기술에 해당하는데(Lipsey, Carlaw, Bekhar 2005), 이는 인간이 주로 사용하는 에너지원과 인간의 이동 기술에 근본적인 영향을 미친다.

그런데 인공지능은 인간이 사용할 수 있는 힘에 대한 것이 아니라, 인간의 지적 활동, 그중에서도 인지노동을 대체하거나 증강할 수 있는 기술이다. 인지Cognition란 옥스퍼드 Lexico 사전에 따르면, "사고, 경험 및 감각으로 지식과 이해를 얻는 정신적 활동과 과정"이다. 또 인지노동이란 인간의 사고, 경험 및 감각을 이용한 지적 노동이라고 정의될 수 있다. 인지노동에는 운전, 콜센터 직원의 응답 등도 포함된다.

지식노동이란 지식을 기반으로 하는 노동으로, 비반복적인 문제 해결과 융합적·확산적 사고 역량을 요한다(Reinhardt, Schmidt, Sloep, Drachsler 2011). 이에 반해 인지노동은 반복적이며, 융합적·확산적 사고 역량을 요구하지 않는다. 그런 면에서 인지노동과 지식노동을 구분할 수는 있으나, 이런 구분이 명료하지는 않다. 예를 들어, X-Ray와 MRI 판독을 지식노동 혹은 인지노동의 어느 쪽으로 분류해야 하는지는 논란의 여지가 있다. 이들 판독은 반복적인 측면에서 보면 인지노동이라 할 수 있지만 이를 판독하기 위해서는 고도의 전문 지식을 요구하기 때문에 지식노동으로 분류할 수도 있기 때문이다.

지식노동을 "지식과 콘텐츠를 만드는 노동"으로 정의하면, 인지노동과 지식노동을 명료하게 나눌 수 있다. 이런 정의는 인공지능이 대체할 수 있는 인간 노동의 유형을 식별할 수 있다는 관점에서 실익이 있다. 다만 인공지능 기술이 발달함에 따라 지식노동의 전부 또는 일부를 인공지능이 대체할 수도 있다. 현재도 증강 지능으로서 인공지능은 인간의 지적 창조 활동을 강화하고 그 효율성을 높일 수 있다. 하지만 인간의 지적 창조를 완전히 대체하는 것은 당분간 어려울 것이다.

정리하자면, 인공지능은 인간의 인지노동을 대체할 것이며, 모든 산업에서 일하는 방식에 변화를 가져올 것이다. 해당 분야의 특수 인공지능의 성숙도에 따라서, 혹은 해당 분야의 인공지능 도입 수준에 따라서 그 변화의 속도는 다를 것이다.

여기서 이런 일하는 방식에서의 변화로 인해 기술실업이 광범위하게 일어날 것이라고 주장하려는 것은 아니다. 1부에서 이미 말했던 것처럼, 인공지능에 의해 야기될 수 있는 기술실업의 시기, 속도, 범위에 대해서는 전문가들 사이에서도 의견이 각기 다르다. 최근의 실업률 증가를 볼 때, 인공지능이 대체한 일자리보다 더 많은 일자리가 만들어질 것이라는 주장은 설득력이 있다고 판단하기 어렵다. 기계학습은 육체적 활동이 없는 인지노동을, 스마트 로봇은 육체적 활동을 수반하는 인지노동의 다수를 대체할 것이라는 경고가 실현될지도 모른다.[1] 반면 디지털라이제이션Digitalization[2]의 속도가 예상보다 빠르지 않으며, 일자리를 줄이기보다는 경제적 불평등

을 심화시킬 것이라는 주장도 있으며(Arntz, Gregory, Zierahn 2016/
10/31), 인류 사회가 어떻게든 새로운 변화에 적응할 것이라는 주
장도 있다(슈밥 2016).

　오히려 중요한 것은, 인공지능에 의한 기술실업 여부에는 불확
실성이 존재하지만, 일하는 방식에 근본적인 변화를 일으킬 것임에
는 틀림없다는 점이다. "미래는 이미 와 있다. 단지 널리 퍼져 있지
않을 뿐"[3]이거나 혹은 조만간 "준비되지 않은 미래가 성큼 다가"
(TBS 2020)올 수도 있다.

　이 장에서는 인공지능으로 인한 각 산업별 업무 방식의 변화를
살펴보고, 해당 산업에 종사하는 분의 육성으로 미래가 얼마나 퍼
져 있는지 더듬어 조망하겠다.

1_프레이·오스본은 2013년에 기계학습과 이동 스마트 로봇에 의해 미국의 일자리 47퍼센
트가 멀지 않은 미래에 사라질 위험이 있다고 분석했다(Frey & Osborne 2013).

2_디지털라이제이션이란 업무 프로세스에 4차 산업혁명 촉매 기술에 해당하는 인공지능,
사물 인터넷, 빅데이터 등의 기술을 융합하여 새로운 가치를 만드는 것을 의미한다(윤
기영·김숙경·박가람 2019).

3_SF 작가이자 에세이 작가인 윌리엄 깁슨(William Gibson)의 글이다.

2. 인공지능과 업무 방식의 현황
: 스마트 업무의 개발 현황

인공지능은 편의점 계산부터 회사 이사진의 의사 결정 지원까지, 단순한 운전부터 지적 창작까지 응용 분야가 확장될 수 있을 것으로 보인다. 그러나 인공지능을 개발하기 위한 데이터를 확보하는 것이 쉽지 않다. 특히 인공지능 개발은 양질의 데이터를 전제로 하는데 그런 양질의 데이터를 충분히 확보하는 것은 더욱 어렵다. 이로 인해 인공지능은 아직 기술적으로 충분히 성숙하지 못한 경우가 많아, 비즈니스와 접목되는 경우는 생각보다 드문 것이 현실이다 (The Economist Technology Quarterly 2020).

적은 양의 데이터로 인공지능을 학습하게 하려는 시도가 늘고는 있다. 예를 들어, 화상인식의 경우, 하나의 사진을 다양하게 변형해 학습을 시키면 필요한 데이터양을 줄일 수 있다. 그러나 이는 근본적 대안은 아니며 다만 인공지능의 통계적 예측의 정확도를 개선할 수 있는 접근이다. 이미 학습된 인공지능 모델을 이용해 응용 인공지능을 학습시키는 경우 따로 데이터가 필요하지 않을 수도 있다. 그런데 이는 이미 기존 인공지능 모델을 전제로 하며, 적은 데이터로 기존 인공지능 모델을 응용하는 것에도 한계가 존재한다.

앞으로 인공지능의 응용 분야는 지속적으로 그리고 급격하게 확대될 것이다. 그러나 현재 시점에서 인공지능이 접목된 비즈니스 영역은 많지 않다. 대표적인 산업에서의 인공지능 활용 상황에 대한 현장의 목소리를 전달하기 위해 인터뷰를 진행했다. 인터뷰는 업무에서 인공지능에 대한 활용 여부와 분야, 인공지능에 대한 의존도, 인공지능을 도입하는 경우의 문제 혹은 예상되는 문제, 업무에 인공지능 도입으로 인한 변화 등에 대한 질의로 구성하여 진행했다. 아울러 현장의 목소리만으로는 대표성이 부족할 수 있어, 해당 분야에 대한 전문가의 견해 등도 같이 담아서, 업무에서 인공지능을 활용하는 현황을 입체적으로 진단했다.

디지털 전환이 필요한 의료산업
: 인공지능 도입에 보수적인 한국 병원

의료 산업medical industry과 보건 산업healthcare industry에서 인공지능을 활용하려는 시도와 접근은 매우 풍부하다. 1부에서도 기술한 것처럼, IBM의 인공지능 왓슨은 제약, 정밀 의료 및 암 진단 등의 기능을 구현했다. 우리나라 길병원 등이 왓슨을 도입하기도 했다. 그러나 왓슨의 진단 정확성에 대한 비판이 일어나면서 시장에서 철수하고 있는 상황이다(강승만 2019). 대부분의 병원은 왓슨에 대해 비판적 시각을 유지하고 있으며, 왓슨을 도입하는 데 대해 보수적인 태도를 유지하고 있다.

K 대학병원 주임 간호사와 대학병원 내의 인공지능 도입과 관련한 역할을 담당하고 있는 병원 관계자도 이와 다르지 않았다. K 대학병원 주임 간호사와의 목소리를 먼저 듣겠다.

병원에서 인공지능에 대한 관심은 높은 편이에요. 길병원 등에서 인공지능을 도입하면서 매출이 늘어난 것으로 알고 있어요. 그런데 병원에서 정작 인공지능을 도입하는 것에 대해서는 상당히 조심스러운 것 같아요. 아무래도 입증이 덜 된 것도 있고, 외국의 사례가 우리나라에 그대로 적용되기는 어렵잖아요. 그러다 보니 의사 선생님들이 좀 더 인공지능 도입 상황을 지켜보려는 것 같아요(박○○).

일부 병원이 적극적으로 인공지능을 도입한 사례도 있으나, 인공지능이 널리 퍼지지는 않은 것으로 보인다. 이런 보수적 태도는 IBM의 왓슨이 시장에서 철수함에 따라 타당한 것으로 입증된 것처럼도 보인다. 그러나 우리나라의 원격 진료가 금지됨에 따라 의료 기기 관련 산업이 성장하지 못하고, 디지털 의료 경쟁력도 높지 않다는 점도 의료 분야에 인공지능의 보급이 저조한 한 가지 요인임을 감안해야 한다.

미국의 FDA는 인공지능 진단 소프트웨어를 계속해서 승인하고 있다. 디지털 기술의 발달과 생명공학의 발달에 따라, 의료의 패러다임은 사후 치료에서 사전 예방에 집중하는 정밀 의료로 전환하고 있다. 정밀 의료란 "유전체, 임상 정보, 생활환경 및 습관 정보 등을 토대로 보다 정밀하게 환자 각 개인을 분류하고 이를 고려해 최적의 맞춤형 의료(예방, 진단, 치료)를 제공하는 차세대 의료 패러다임"을 의미한다(K-Master).

정밀 의료에는 유전자 분석을 위한 인공지능과 의료 수요자의 생활 습관을 실시간으로 분석하는 인공지능이 필요하다. 즉, 정밀 의료는 인공지능을 전제로 한다. 이런 점을 고려하면 의료 분야에서 인공지능의 적극적인 도입이 이루어질 요인은 충분하다. 코로나 19 진단에도 인공지능을 활용하려는 다양한 시도가 존재한다. 가슴 CT 사진을 인공지능으로 분석해 코로나19 감염을 확인하려는 시도(Li, Qin, Xu, et al. 2020)와 X-ray 사진을 인공지능으로 분석해 코로나 감염을 확인하려는 접근도 있다(Cranfield University 2020).

인체의 복잡성과 의료 관련 지식의 급격한 증가, 인류 기대 수명의 증가와 의료의 사회적 비용 증가 및 의료 산업의 비중 증가 등에 대한 대응을 위해 인공지능은 탁월한 기술적 대안이다. 인공지능으로 정보와 지식의 복잡성과 지식의 증가에 대응하고 의료 비용을 절감하며 의료 산업의 경쟁력을 높일 수 있기 때문이다.

하지만 우리나라 병원의 인공지능에 대한 인식과 고민은 이런 전망과는 사뭇 다르다. 주임 간호사의 육성을 계속 들어 보겠다.

병원에서는 다양한 IT 시스템을 사용하고 있어요. OCS[4], PACS[5], EMR[6] 등의 시스템 등을 사용해요. 그런데 이 IT 시스템이 통합적으로 들어온 것이 아니에요. 그러다 보니 시스템 간에 연계가 되지 않아요. 이 시스템에 있는 정보를 다른 시스템으로 이전하려면 화면을 보고 일일이 키보드로 입력해야 하는 경우도 있어요. 그러다 보니 환

4_Order Communication System, 처방 전달 시스템.

5_Picture Archiving and Communication System, 의료 영상 저장 전송 시스템.

6_Electronic Medical Record, 전자 의료 기록.

자를 보는 시간보다, 컴퓨터에 입력하는 시간이 더 걸리는 경우도 많아요. 인공지능이 아니라 이들 의료 시스템이 통합되는 것이 우선순위로 보여요(박○○).

우리나라 의료 관련 정보 시스템은 매우 다양하며 표준화되어 있지 않다. 다수의 의료 정보 시스템 구축 회사가 서로 경쟁하고 있기 때문이다. 각 회사는 자체 표준을 수립하여 운영하고 있는 상태다. 표준화되어 있지 않은 의료 시스템은 상호 운영성이 낮다. 상호 운영성이란 "하나의 시스템이 동일 또는 이異기종의 다른 시스템과 아무런 제약이 없이 서로 호환되어 사용할 수 있는 성질"을 뜻하는 소프트웨어 품질의 하나이다.

병원의 경우에도 의료 시스템을 통합하려는 의지가 높지 않은 것으로 판단된다. 우리나라 상급 병원 42개 가운데 전문적 IT 전담 조직을 설치한 병원은 10개 남짓에 불과하다. 더구나 전체 예산 중 IT 예산이 1퍼센트를 넘는 곳은 42개 대형 병원 가운데 10퍼센트도 되지 않는다(정용철 2019). 이런 상황에서 인공지능을 도입하는 것은 언감생심이다.

이에 반해 미국 등은 의료 시스템의 디지털라이제이션과 인공지능의 접목에 매우 적극적이다. 앞에서도 언급한 것처럼, 노령화로 인한 사회적 비용의 증가, 기대 수명 증가에 대한 범인류적 수요와 의료 산업의 비중 증가, 의료 지식의 복잡성에 대한 대응을 위해서는 인공지능을 이용한 의료 분야의 디지털라이제이션과 인공지능의 도입이 필요하다. 특히 복잡계인 인간의 신체에 대한 종합 진단을 위해서는 인공지능이 증강 지능으로 활용되어야 한다. 개별적인 진단 인공지능의 결합은 종합 진단의 체계로 이어질 것이다. 디지털 플랫폼 비즈니스 모델과 같이 의료 플랫폼에 병원과 의료 서비스 수요자와 다수의 인공지능 진단 서비스가 만나게 될 수 있다.

그렇다면 한국 사회는 강 건너 축제를 보듯 해야 할까? E 병원의 IT 전담 조직의 수장은 다음과 같이 말한다.

병원에서 디지털 기술을 적극적으로 도입하려는 시도도 있습니다. 우리 병원에서는 수술실에 제스처 센서를 설치하고 이를 컴퓨터 화면에 연동시켰어요. 의사가 수술하는 동안 키보드를 만지지 않고도 화면을 이동시킬 수 있도록 한 것이지요(황○○).

그는 우리나라 병원의 디지털라이제이션에 대한 노력과 시도를 계속해서 말했다.

S 병원의 경우 의료기기의 신호를 모두 디지털로 전환하여 표준화하는 프로젝트를 진행하고 있어요. 대부분의 의료기기는 진단 결과의 신호를 아날로그로 보내는 경우가 있고, 디지털 정보라 하더라도 표준화되어 있지 않은 경우가 많거든요. 이들 정보를 표준화하려면 해당 의료기기 제조사의 협력을 얻어야 해요. S 병원은 막대한 비용을 들여 이 작업을 진행하고 있는 것이지요. 다른 병원이 이런 작업을 독자적으로 하는 것은 비용 문제로 어려울 거에요(황○○).

일부나마 개별 병원이 적극적으로 인공지능의 도입과 개발을 준비하고 있다는 것은 다행이다. 참고로 여러 의료 정보를 디지털화할 수 있어야 인공지능을 학습시킬 수 있다. 이런 노력은 병원 차원에서만 진행되는 것은 아니다. 의료정보가 특정 병원의 경계 내에 머무르지 않도록 '개인 주도형 건강 데이터'Personal Health Record, PHR를 관리하고 유통할 수 있는 체계도 준비되고 있다. 한국의료정보원은 2020년 전반기에 'PHR 이용 활성화를 위한 BPR-ISP[7] 컨설팅' 사업을 착수했다.

코로나19 사태가 심각하게 진행되는 와중에도 전문의와 의대생은 정부의 의대 정원 증원에 반대하며 진료를 거부하고 국시 응시를 포기했다. 넓게 보면, 이는 의료 시스템에서 인공지능 등의 기술을 적극적으로 활용하는 디지털라이제이션의 추세와도 조화되지 않는다. 디지털라이제이션은 의료 인력의 전문 지식의 일부를 인공지능 기술로 대체하거나 연계시켜 효율성을 높이고자 하며, 이는 기존 의료 인력이 지닌 지식의 권위에 흠집을 낼 수 있다. 그런데 보건의료의 디지털라이제이션이 진행되는 상황에서, 일부 의사 집단은 의사 자격증을 가진 전문가의 수를 줄여서 기존 의사의 권위와 경제적 이익을 보장하겠다는 것이다. 과거의 전략으로 다가오는 미래의 변화에 대응하는 셈이다. 하지만 일부 의사집단이 과거의 전략에 매몰되는 경우, 역설적으로 보건의료의 디지털라이제이션

7_Business Process Reengineering은 업무 재설계, Information Strategy Planning은 정보전략계획을 의미한다. 업무 재설계와 정보전략계획 프로젝트를 통합하여 추진하는 경우가 많다.

이 더욱 빠르게 진행될 수도 있다. 부족한 의료 전문가를 해외의 의료 디지털 기술의 수입을 통해 보완하려는 시도가 이루어질 수 있는 것이다.

인공지능 의사는 특정한 경우에 사람 의사보다 오진율이 더 적을 수 있다. 특히 인공지능 의사는 비용 효율성이 있는 종합 진단을 가능하게 하여 사람 의사보다 뛰어날 수 있는 여지가 있다. 의료용 인공지능과 의사는 상호보완적이어야 하며, 이들 인공지능은 증강 인공지능이어야 한다. 그러나 아직 한국의 의료계는 이런 인식을 공유하고 있지 않아 보인다. 일부 병원과 정부에서는 디지털라이제이션의 추세를 적극적으로 수용하려 하지만, 인간 의사의 권위와 경제적 이익을 방어하려는 병원과 의사가 적지 않다. 이는 의료 분야에서 "준비되지 않은 미래가 성큼 다가 올" 가능성이 낮지 않은 것임을 시사한다. 의사, 의료 산업 그리고 한국 사회가 경착륙할 가능성이 크다.

적극적인 은행은 인공지능 활용 분야를 탐색

세계 최대 투자은행인 골드만삭스Goldman Sachs의 2015년 당시 최고 경영자인 로이드 블랭크페인Lloyd Blankfein은 "골드만삭스는 정보 기술 회사"라고 했다. 2015년 골드만삭스의 전체 직원은 3만 3천여 명이었는데, 그 가운데 9천여 명이 IT 관련 엔지니어와 프로그래머였다(류현정 2015). 골드만삭스는 여기서 멈추지 않았다.

2017년 기존의 트레이더 600여 명을 2명으로 줄였다. 트레이더 대신 컴퓨터 프로그램으로 알고리즘 매매를 함에 따라 많은 트레이더를 고용할 필요가 없어졌다. 알고리즘 매매는 일정한 규칙에 근거해 주식을 매매하는 것을 의미하며, 컴퓨터 프로그램으로 구현할 수 있다. 2020년 골드만삭스는 인공지능을 은행 업무에 적극적으로 도입하고 있다. 사기 거래 적발, 자산 관리 등에 인공지능을 접목하려 하고 있다. 이런 접근은 매우 자연스러운 것이다.

디지털 전환에 상당한 투자를 하고 있는 신한은행은 2020년 은행 내에 'AI 통합 센터'를 출범시켰다. 신한은행은 챗봇, 로보어드바이저리, 인공지능 음성봇, 인공지능 상담 서비스 및 설명 가능한 인공지능explainable AI[8] 등을 서비스하고 있거나 연구를 진행하고 있다(정선은 2020). 신한은행의 인공지능에 대한 의욕적 접근에 응원을 보내기는 하나 비판적인 접근도 해야 할 필요가 있다.

챗봇과 음성봇 및 상담 서비스는 자연어 처리의 성숙을 전제로 하는데, 우리말의 자연어 처리에는 아직 상당한 한계가 있다. 인공지능에 의한 자연어 처리를 인공지능의 언어지능이라고도 한다. 자연어란 사람의 일상생활에 사용하는 대화나 신문, 논문 및 소설 등

8_설명 가능한 인공지능이란 통계적 판단을 하는 인공지능이 왜 그런 판단을 했는지를 알 수 있게 하는 인공지능 알고리즘을 의미한다. 예를 들어, 구글의 인공지능이 흑인을 고릴라로 인식한 사건이 있었는데, 왜 그런 판단을 했는지 알 수 없었다. 그만큼 인공지능 학습이 어렵다는 의미. 군사용 및 의료용 인공지능의 경우 그 신뢰성을 높이기 위해 인공지능이 왜 그런 판단을 했는지 알 수 있어야 하며, 그런 기능을 추가한 것이 설명 가능한 인공지능이다. 설명 가능한 인공지능이 충분히 성숙하기 위해서는 2020년을 기준으로 가트너는 5년에서 10년이 걸릴 것으로 보았다.

의 글을 의미한다. 구글의 상품 주문을 위한 인공지능인 듀플렉스 Duplex는 주문과 예약을 사람을 대신하여 처리할 수 있다. 듀플렉스 가 인간과 전화로 응답하는 시연을 보면 인간보다 더 뛰어난 것처 럼 보인다. 하지만 주문의 규칙은 열려 있지 않고 닫혀져 있음을 명 심해야 한다. 주문의 규칙은 언제, 누가, 얼마나 혹은 몇 명이, 무엇 을, 어디에 대한 질문을 채우면 되는 것이다. 즉 그 이외의 질문과 응답을 듀플렉스에게 기대할 수 없다. 아직 인간과 인간의 대화와 같은 열린 대화를 인공지능에게 기대할 수 없다. 또한 그 주제가 조 금만 확장되어도 인공지능은 이를 감당할 수 없다. '진짜 사람처럼 말하는 인공지능'이라는 선전은 구글이 알파고를 통해 주가를 뻥튀 기 했던 영악함을 듀플렉스에서 다시 보여 준 것일 수 있다. 그런데 금융 서비스에 대한 질의와 상담에 대한 규칙은 주문보다 그 범위 가 넓다. 이는 그만큼 더 많은 데이터와 훈련이 필요하다는 의미다. 한글의 경우에도 현재와 같이 말뭉치가 충분하지 않은 상태에서 챗 봇과 상담 서비스를 인공지능으로 구현할 수는 있다. 그러나 그것 의 충분한 성숙을 위해서는 상당한 시간과 투자가 필요하다. 그렇 다고 인간 챗봇과 음성봇이 인간 노동자를 대체할 가능성이 없다고 주장하는 것은 아니다. 고객의 질의 가운데 대부분은 챗봇 등이 응 대하고, 나머지를 인간 콜센터 직원 등이 담당하게 하여 업무 부담 을 줄일 수도 있다.

그렇다면 자연어 처리가 아닌 로보어드바이저는 어떨까? 로보 어드바이저는 알고리즘 매매와 고객의 성향 분석이 결합된 것을 의 미한다. 로보어드바이저가 단순히 특정 규칙에 기반을 둔 분석을 넘어 실제 투자 환경을 적극적으로 분석할 수 있기 위해서는 다양한 변수를 통합적으로 분석할 수 있어야 한다.

이런 비판적인 시각은 K 은행의 지점장을 통해서도 드러난다.

현장에서 사용하고 있는 인공지능은 별로 없습니다. 지점과 같은 현장에서는 영업이 중요하기 때문에, 인공지능에 관심 쓸 일이 많지 않지요. 만약 은행에서 사용하는 인공지능에 대해 관심이 있다면 우리 은행의 IT 팀장을 소개해 줄 수는 있어요. 어떻든 나로서는 인공지능에 대한 관심도 크지 않으니, 어떻게 적용할 지도 알 수 없네요(홍○○).

지점장은 인공지능에 대해 보수적인 태도를 취했다. 이는 그가 업무와 인공지능을 접목시키는 부분을 찾지 못했고, 50대 중반의 나이로 X세대의 디지털 이주민[9]에 해당하여 디지털 역량digital skills을 키울 기회가 상대적으로 적었던 때문으로 보인다. 해당 은행이 2020년 일반 은행원을 신규 채용하는 데 'AI 역량 검사'와 'ICT 역량 지수 평가TOPCIT'를 요구하고 있다는 점을 유의해야 한다.

한편 K 은행의 지점장은 인공지능이 도입될 경우 나타날 은행

9_세대 구분은 다양한데, 디지털과 관련해서는 1965년에서 1979년까지의 세대를 X세대 혹은 디지털 이주민이라 하며, 1980년에서 1994년까지의 세대를 Y세대 혹은 디지털 유목민, 1995년에서 2009년까지의 세대를 Z세대 혹은 스마트폰 세대라 하며 디지털 원주민이라고 한다. 2010년 이후의 세대를 알파 세대라고 하는데 이들 세대는 가상현실 등의 기술에 익숙해질 것으로 기대된다. 디지털 기술에 대한 익숙함에 따라 가치관, 세계관, 소비 습관 등이 달라지는 데, 이는 경험의 차이와 정보 접근성의 차이로 인해 일어난다.

일자리의 변화에 대해서도 비관적인 답을 했다.

인공지능 이전에도 온라인 뱅킹과 모바일 뱅킹으로 지점이 축소되고 있었어요. 이로 인해 은행의 일자리가 지속적으로 줄어들고 있었지요. 인공지능에 대해서는 잘 알지 못하나, 인공지능이 신용 평가, 자산 관리, 마케팅 등에 활용되면 확실히 일자리에 위협이 될 거예요. 모바일 뱅킹으로 지점이 축소되면 지점장 자리가 줄어들겠지만, 인공지능의 도입은 일반 행원의 일자리를 줄어들게 하겠지요. 그래서 은행의 입장에서 인공지능을 도입하는 부분에 대해서는 조심스러워해야 할 부분도 있어요(홍○○).

인공지능이 일자리를 줄일 것이라는 두려움은 은행권에 널리 퍼져 있는 것으로 보인다. 이는 급격한 기술실업을 전망한 2013년의 프레이·오스본 논문 이후 유사한 연구가 다수 진행되어 기술실업에 대한 공포를 키운 것도 있으나, 그간 모바일 기술 등의 발달로 지점이 축소되었던 경험도 하나의 이유로 판단된다.

기술실업에 대한 즉자적인 공포에 떨기 이전에, 한편으로 인공지능의 세 번째 가을의 도래 위험과 인공지능을 이용한 비즈니스 모델 개발이 어렵다는 문제와, 다른 한편에서는 전 세계적으로 은행에서 인공지능을 도입하려는 다양한 시도가 교차하는 것을, 1부에서 설명했던 인공지능 트렌드 레이다의 창으로 차분하게 검토할 필요가 있다. 참고로 매킨지(Chui, et al 2018)는 인공지능 쓰임새use case를 수백 가지 제시했는데, 그중 은행과 관련해서는 마케팅과 영업, 리스크 관리, 인사관리, 금융 IT 등을 언급했다.

IT 업계의 인공지능 활용

그렇다면 IT 업계는 인공지능에 대해 적극적으로 고민하고 있을까? 이에 대해 답하기 전에 우선 인공지능 개발을 위해 필요한 역량을 짚어 보아야 한다.

인공지능 개발을 위해 필요한 지식은 인공지능과 관련된 수학 및 통계학 지식, 인공지능 알고리즘과 모델에 대한 지식과 경험, IT 알고리즘과 개발 역량 및 인공지능을 응용하는 해당 업무에 대한 전문 지식으로 나눌 수 있다. 인공지능과 관련해 필요한 수학 지식은 행렬, 미분, 유클리디안 거리, 확률 등이다. 신경망 알고리즘을 이해하기 위해서는 이들 지식이 전제되기 때문이다. 인공지능 알고리즘의 구성은 매우 다양하다. 여기서 모든 내용을 나열하는 것은 이 책의 목적과 독자의 의도에 부합하지 않는다. 예시로 일부만 나열하면 합성곱 신경망Convolutional neural network, CNN, 순환 신경망 Recurrent Neural Network, RNN, 트랜스포머Transformer, 적대적 생성 신경망GAN 등의 신경망 계층 구조가 있으며 이들 계층이 다양하게 결합되어 인공지능 모델을 구성하게 된다. 인공지능 관련 논문에서 제시된 기능을 갖는 인공지능을 구현하기 위해서는 다양한 인공지능 모델에 대한 경험과 지식이 필요하다. 학습의 대상이 되는 데이터의 취합, 표준화를 포함해 인공지능의 아키텍처 구조 등에 대해서 인공지능 관련 논문은 친절하게 설명하지 않기 때문이다. 인공지능의 구현은 컴퓨터 프로그램과 아키텍처에 대한 이해를 전제한다. 특히 빅데이터로 인공지능을 학습시키기 위해서는 하드웨어와 시스템 소프트웨어에 대한 이해도 필요하다. 또 인공지능과 비즈니스를 융합하기 위해서는 해당 비즈니스에 대한 이해 역시 반드시 필요하다. 의학 지식 없이 의료 관련 인공지능을 개발할 수 없으며, 언어에 대한 이해 없이 자연어 처리 인공지능을 개발할 수 없다.

이들 지식과 역량을 한 사람이 모두 갖춘 경우는 거의 없다. 따라서 인공지능 전문 역량, 소프트웨어 개발 역량과 인공지능 역량, 업무 역량과 인공지능 역량으로 나누어 이들 역량을 보유한 세 그룹의 전문가가 협업을 구성해야 한다.

인공지능의 개발에 인공지능을 이해하는 소프트웨어 개발자의 참여가 필요하나, 아직 우리나라 현실에서는 소프트웨어 개발자의 참여가 원활하지는 않은 것 같다. 이는 고객관계관리Customer Relation Management, CRM 컨설팅과 소프트웨어 개발을 담당하는 U 컨설팅의 담당 이사와의 2019년 인터뷰에서 확인할 수 있었다.

CRM 분야에선 아직 인공지능이 도입되고 있지 않아요. 고객에게서도 이런 요청이 없었습니다. 아마존이 고객 성향 분석을 통해 상품을 추천하는 것을 보면 인공지능과 CRM의 접목 가능성이 높다고 보이기는 한데, 그런 움직임도, 요구도 보이지 않아요. 이러다 보니 우리 회사에서도 인공지능을 적용하려고 하지 않고 있어요(이○○).

그는 IT 컨설팅과 개발 현장에서 인공지능이 적극적으로 활용되고 있지 않음을 고백한 것이다. 2019년 인공지능에 대한 관심이 현재보다 높지 않았을 것을 감안해야 하며, 인공지능 지식에 진입하기 위한 문턱이 2020년보다 다소 높았다는 것을 감안해야 한다. 어떻든 그가 인공지능에 대해 부정적 인식을 가지고 있는 것은 아니었다.

그렇다고 우리가 인공지능에 관심이 없는 것은 아니에요. 회사에서도 그렇고 개인적으로도 그렇고 인공지능에 대한 관심은 있어요. 다만 인공지능 개발 비용이 적정해지고, 성공 사례가 있을 때, 인공지능 개발에 착수하려고 해요(이○○).

기업의 입장에서 불확실성이 높은 인공지능 개발에 무턱대고 투자하는 것은 무리가 있다. 이는 인공지능뿐만 아니라 다른 기술도 마찬가지다. 인공지능에 대해 상당한 관심이 있더라도, 인공지능 개발에 따른 투자 환수가 보장되지 않는 경우 대다수의 기업은 이에 대한 투자를 주저할 수밖에 없게 된다.

CRM은 아니라 하더라도 RPA에 인공지능이 접목되는 경우 업무 효율성은 틀림없이 높일 수 있어요. 그런데 아직 인공지능을 접목한 RPA는 개발되지 않았어요(이○○).

로봇 프로세스 자동화Robotic Process Automation, RPA(이하 RPA)는

사무실 업무 가운데 컴퓨터로 처리할 수 있는 반복적인 업무를 자동화하는 소프트웨어 시스템을 의미한다. 인공지능과 같이 인간의 추론 능력을 흉내 내는 것은 아니며, 기계적인 단순 반복 사무실 업무를 자동화하는 것이다. RPA는 기업의 비용 효율성을 높이는 대안으로 고려되었다. 공장자동화가 제조 현장의 생산성을 제고하여 인건비를 절감했다면, RPA는 사무실의 업무 효율성을 제고하려는 것이다. 이런 기계적 사무 업무의 자동화에 인공지능이 결합될 경우 업무 효율성을 획기적으로 개선할 수 있다. 인공지능이 문서의 문자를 인식하고, 자연어 처리를 하여 일정한 패턴의 문서는 자동으로 처리하는 것을 상상해 볼 수 있다. 현재 RPA와 인공지능을 통합하려는 시도는 다양하게 나타나고 있다.

인공지능을 학습시키기 위해서는 데이터 확보 및 누적 전략이 있어야 한다. 이에 대해 컨설팅을 받는 기업이 어떻게 접근하는지 물어보았다.

기업의 부서에 따라 다르나, 많은 경우 빅데이터를 구축하고 쌓으려고 시도해요. 그런데 안타까운 것은 비즈니스적 수요 없이 데이터만 쌓고 있는 경우가 많다는 것이지요(이○○).

인공지능 학습을 위한 데이터 확보 전략을 수립하는 것은 쉽지 않다. 확보할 수 있는 데이터를 기준으로 인공지능을 학습시키는 것이 오히려 현명한 전략이라고 할 수 있다. 예를 들어, 자연어 처리 인공지능인 GPT-3를 개발한 OpenAI가 영문 위키피디아를 중

심으로 데이터를 확보하고 GPT-3를 훈련시켰던 것은 영악하면서
도 탁월한 접근이었다. 그러나 우리나라에서처럼 이에 대한 이해와
고민이 없이 데이터를 무조건 누적시키는 것은 다시 생각해보아야
할 대목이다.

제조업에서의 인공지능

제조업 현장에서 인공지능을 도입하려는 접근은 스마트팩토
리[10]와 독일의 인더스트리 4.0에서부터 적극적이었다. 스마트팩토
리와 인더스트리 4.0은 인공지능, 산업용 사물 인터넷 및 3D프린
팅 등을 요소 기술로 한다. 이들 요소 기술은 제품의 지능화를 구현
하고, 다품종 소량 생산도 가능하게 한다. 오송에 위치한 치과 재료
제조 기업의 기획 실장은 제조업에서의 인공지능 도입 분야로 우선
수요 예측 분야를 들었다.

수요 예측에 인공지능을 활용하려 하고 있어요. 다품종 소량 생산으
로 가면 기존의 전통적 수요 예측 기법의 정확도가 낮아지거든요. 다
품종 소량 생산 예측을 위해서는 다수의 변수를 사용해야 해요. 다수

10_스마트팩토리는 인공지능, 3D 프린팅, 산업용 사물 인터넷을 이용해 공장의 가치 사슬
을 단축시키고 부가가치를 높이며 추가 비용 없이 매스커스터마이제이션을 가능하게
하는 공장자동화 개념이다.

의 변수를 이용한 수요 예측을 하려면 신경망 알고리즘을 써야 하죠. 수요 예측의 정확도가 높아지면 재고관리에 상당한 장점이 있게 되요. 그만큼 회사의 이익률이 높아지게 됩니다(오○○).

인공지능을 이용한 수요 예측은 제조업에서의 대표적인 쓰임새에 해당한다. 그 외에 품질관리, 공급망 관리, 장애 예측 등이 포함되는데, 이는 무엇을 생산하며 주요 고객층이 누구냐에 따라 다르다. 인터뷰한 치과 재료 제조사의 제품은 유통기간이 있어서, 이를 넘어선 경우 모두 폐기해야 되며, 전 세계로 수출하고 있어 적절한 수요 예측이 시급했다. 다만 인공지능으로 수요 예측을 할 수 있을 것인지에 대해서는 아직 확신하지 못했다.

인공지능은 현재 개발 중인데, 성공 여부는 명확하지 않습니다. 일단 학습시킬 만한 데이터를 충분히 확보하기 어려울 수 있어요. 내부의 데이터로 학습을 시켜야 하는데, 아무래도 그 데이터양이 제한적이니까요. 그리고 얼마나 다양한 변수가 필요한지도 아직은 불명확해요. 성공한다면 업무 효율성을 높일 수 있겠지만, 현재로서는 수요 예측의 정확도를 높이는 것이 중요하고, 우리가 채택할 수 있는 기술적 대안으로 인공지능만 생각난다는 것이죠(오○○).

기획실장은 인공지능 도입이 조직 문화에도 긍정적인 변화를 가져올 것으로 기대했다.

해외 지점의 경우 조직이 작아서, 해당 시장의 특성에 따라 특정 업무를 전담하는 경향이 있어요. 이 때문에 부서 이기주의와 조직 내 정부 흐름의 단절을 표현하는 사일로Silo 현상이 심화되었어요. 문제는 요즘의 젊은 층도 그런 경향을 보이고 있어서, 당분간 개선될 가능성이 보이지 않는다는 것이지요. 인공지능이 도입되면 수요 예측을 위해 데이터와 정보가 원활하게 유통되고 집중되어야 하니 사일로 현상이 약화될 것으로 전망해요. 그리고 인공지능이 도입되면 직원 1인당 생산 가치가 늘어날 것으로 기대되고요. 이에 따라 직원에게 가는 보상도 늘릴 수 있겠지요. 다만 일부 일자리는 위험할 수도 있어요. 수주를 입력하거나 출납 관리하는 분들의 일자리가 위험할 것으로 봐요(오○○).

인공지능으로 인해 일자리가 줄어들 위험에 대해서는 구체적이지는 않은 것으로 확인되었다.

프로젝트가 전반적으로 성공한다는 전제에서, 특정한 일자리가 사라질 위험이 있다는 것이지요. 그러니까 아직은 추상적입니다(오○○).

제조업에서 인공지능 쓰임새는 풍부하다. 상품의 유지·보수, 수요 예측, 품질관리, 제조 설비 장애 예측, 제조 설비의 유지·보수, 디지털 트윈[11], 공급망 관리, 가격 관리, 로보틱 공장, 고객 관리 등

11_디지털 트윈은 상품, 건물, 사람의 상태를 사물 인터넷으로 실시간 측정하여 컴퓨팅 공간에서 그 상태를 진단할 수 있는 체계를 의미한다. 물리 공간과 디지털 공간에 정보가 쌍둥이처럼 존재하여 디지털 트윈이라고 하며 CPS(Cyber Physical System)라고도 한다.

다양하다(Wilson 2020; usm 2020). 인공지능을 전반적으로 적용할 경우 제조업 현장의 업무 방식에는 근본적인 변화가 일어날 것이다. 이미 공장자동화로 제조업 현장에서 현장 직원의 수가 상당히 줄었다. 인공지능은 공장 현장에서 사무직 직원을 줄이고, 공장자동화 현장을 모니터링하는 자동 제어룸의 역할을 변경하고 모니터링 체계를 바꿀 것이다. 인공지능을 탑재한 스마트 로봇이 공장의 곳곳에 배치되어 인간 노동자와 협업함으로써 인간 노동자의 업무 효율을 높이게 될 것이다. 그러나 그 속도는 그렇게 빠르지 않을 수 있다.

아디다스의 스피드팩토리Speedfactory는 극단적으로 자동화된 신발 제조 공장의 사례이다. 소비자가 거주하는 인근에 건설된 스피트팩토리가 인공지능, 스마트 로봇, 3D 프린팅을 이용해 수요자의 요구에 따른 온디맨드 제조를 한다는 구상이다. 주문이 들어오면 5시간 내에 사용자 맞춤형 운동화를 완성시킨다는 것을 목표로 2016년에 설립되었다(강준구 2016). 의욕적으로 첫 삽을 뜬지 3년 만에 스피드팩토리는 문을 닫고, 공장을 다시 동남아로 이전하게 되었다(곽노필 2019). 예상보다 다양한 운동화를 제조하지 못한다는 한계 등이 스피드팩토리가 철수한 이유로 짐작되고 있다. 즉, 신발의 볼과 길이 등에 대해서는 맞춤형 제작이 가능하나, 다양한 모델의 신발을 제조하는 것에는 사람 노동자보다는 비용 효율적이지 못한 것이 스피트팩토리를 철수하게 한 이유다. 디지털라이제이션의 속도가 예상보다 느리다는 것을 보여 주는 사례에 해당한다.

인공지능의 도입은 제조업 현장에서 상당한 변화를 야기할 것이나, 그 변화의 속도는 상당히 느릴 가능성이 크다. 오히려 제조업이 구독 경제subscription economy[12]와 결합함으로써 일하는 방식에 변화가 급격하게 올 가능성이 더 클 수도 있다.

증권사에서의 인공지능

핀테크FinTech[13]가 진행됨에 따라 증권사는 경쟁력을 높이기 위해 인공지능을 적극적으로 채택하려 하고 있다. 많은 증권사가 내부에서 인공지능을 학습하는 조직을 구성하거나, 독립적으로 인공지능 개발팀을 구성하고 있다. 이에 따라 인공지능 전문가가 입도선매로 채용되기도 했다. 증권사는 특히 인공지능을 이용한 투자 분석이나 알고리즘 매매에 큰 관심을 가질 수밖에 없는 상황이다. 앞에서 골드만삭스가 증권 트레이더 600명을 줄이고 IT 직원을 늘

12_구독 경제는 제품 판매가 아닌 서비스를 통해 반복적인 매출을 창출하는 비즈니스 모델을 지칭하며, 이때 고객은 구매자가 아니라 구독자가 된다. 신문이나 정수기를 월 일정 비용을 지불하고 구매하거나 사용하는 것을 사례로 들 수 있다. 디지털 전환이 진행되면서 넷플릭스 등이 적극적으로 구독 경제 모델을 채택하고 있다. 전 세계적으로 유휴 생산력이 늘어나면서, 제조업 기업도 구독 경제를 통해 안정적 매출을 올리려는 시도를 할 가능성이 늘었다. 예를 들어, 현대자동차는 구독 경제를 통해 가입자에게 무인 자동차 서비스를 필요에 따라 다양하게 제공할 수 있을 것이다.

13_핀테크는 Finance와 Technology가 결합된 단어로 디지털 기술 관점에서 혁신하는 금융 시스템과 비즈니스 모델 및 비즈니스 전략을 의미한다. 모바일 결제를 포함한 간이 결제나 모바일 은행, 인공지능을 이용한 금융 사기 거래 감지 등이 핀테크에 해당한다.

렸다고 한 것과 맥이 상통한다. 코스피 지수 등의 데이터는 공개되어 있으므로, 이를 학습시켜 주가지수를 예측하게 하거나 거래 상위 종목의 주가를 예측하게 하는 것을 생각해 볼 수 있다.

2019년 K 증권의 인공지능 부서에 배치된 인턴 직원과 인터뷰를 진행했다. 해당 인턴은 인공지능을 전공하지는 않았으나, 인공지능에 대한 전문적인 지식을 키운 경력을 지녔다.

> 지금 근무하고 있는 증권사에서는 아직 인공지능을 적용한 시스템은 없고요, 지금 시작하는 단계에요. 고객에게 투자 상품을 추천하는 시스템, 로보어드바이저, 시스템 트레이딩, RPA 등을 도입하려 하고 있어요. 그리고 인공지능 전담부서도 만들려고 하는 것 같아요(권○○).

2016년 알파고는 우리나라에 커다란 인공지능의 충격을 던졌다. 그러나 기업에서 인공지능을 반영하려는 움직임은 그렇게 빠르지 않았다. 해당 증권사의 경우 2019년 초반이 되어서야 구체적인 움직임을 보였는데, 대부분의 다른 증권사도 크게 다르지 않았다.

> 그런데 인공지능을 도입하려는 움직임에 대해 일부 직원은 반대하는 듯해요. 회사의 임원은 로보어드바이저를 도입하려 하는데, 영업부서의 직원이 반대하고 있어요. 회사에서 설득하려 하는데 쉽지 않은 것 같아요. 외국의 경우 인간 직원과 로보어드바이저리가 서로 협업하는 업무 형식을 선호하는 것과는 좀 다른 모습이에요. 그리고 인사부에서는 빅데이터를 선호하는 것 같지 않아요. 인공지능에 대해 회

사 내에서 싫어하는 사람이 많아요. 사내 커뮤니티에서 보면 인공지능에 대한 글에 비추천 수가 많아요. 다시 말씀드리지만 인사부에서 특히 싫어하는 듯해요(권○○).

인공지능이 일자리를 줄일 것이라는 전망이 회사 내에서 인공지능 도입에 대한 상당한 저항을 야기하고 있음을 알 수 있다. 우리나라 증권사의 경우 홈트레이딩시스템Home Trading System, HTS과 모바일트레이딩시스템Mobile Trading System, MTS이 발달하고 그 수수료가 하락함에 따라, 지점이 축소되고 있는 상황이었다. 이는 증권사 직원들에게 일자리 상실의 두려움을 가중시켰다. 다시 강조하지만 프레이·오스본의 연구와 그 이후 우리나라에서 수행된 유사 연구, 클라우스 슈밥의 4차 산업혁명에 대한 전망은 일자리 상실에 대한 두려움을 크게 했다. 이는 다른 기업도 다르지 않겠으나, 증권사 직원과 노동조합이 인공지능 도입을 반대하고 저항하는 요인이 되었다는 점을 간과해서는 안 된다.

인터뷰에 참여했던 인턴 직원은 최종 채용 과정에서 탈락했다. 인공지능 관련 학위를 가지고 있지 않았다는 것이 탈락 원인이었을 것 같다고 그 인턴은 조심스럽게 해석했다. S 보험사 IT 담당 팀장에게 인공지능 전문가에 대해 문의하니, 관련 학위를 필수 채용 조건으로 하지는 않으나, 대부분 관련 학위를 가진 전문가를 채용하고 있다고 한다. 직원의 채용 과정에서 의사 결정권을 가진 임원의 디지털 유창성digital fluency이 상대적으로 낮아, 인공지능에 대한 개념과 가능성 및 한계를 이해하지 못한 것이 이유라고 생각한다. 디지털 유창성은 인공지능 등 4차 산업혁명과 디지털 전환의 촉매 기술의 개념, 적용 분야, 기술적 한계, 기술 성숙 현황 등을 이해하고, 이를 바탕으로 디지털 비즈니스 모델 및 디지털 전략을 개발할 수 있는 역량을 의미한다(윤기영 2020). 디지털 유창성이 부족한 경우 관련 인력을 채용할 때 필요한 인적 역량의 판단에 왜곡이 있을 수 있다.

인턴 직원과의 인터뷰가 있는 날로부터 1년이 넘어서 같은 증권사의 IT 담당 차장과 전화 인터뷰를 진행했다.

회사에 데이터 분석 조직과 디지털 혁신 조직을 두고 있습니다. 이 조직은 현업 비즈니스를 전공한 직원과 IT를 전공한 직원이 모두 배치되어 있어요. 회사에서 체계적으로 접근하려 하는 것이지요. 인공지능을 그렇게 실제 업무에 적용하지는 못하고 있어요. 개념 증명 Proof of Concept, PoC(이하 PoC)[14] 정도만 진행하고 있어요. 저는 회사 내 정보 보안 업무를 담당하고 있는데, 인공지능을 이용한 보안도 인공지능 PoC를 실행해 봤는데, 그 결과는 실망스러웠어요. 사람이 하는 것이 보다 효과적이기도 하고 비용 효율적이었거든요(서○○).

1년이 지나 해당 증권사는 인공지능과 관련한 성숙도를 상당히 높였음을 알 수 있다. 인공지능 성숙도가 높아지니, 인공지능과 관련한 다양한 PoC를 수행했고, 그 기술적 한계도 상당히 이해한 것

14_개념 증명은 신기술을 사용하기 전에 이를 검증하기 위해 사용해 보는 것을 의미한다.

으로 알 수 있다.

그렇지만 전반적으로 볼 때, 증권사의 경우 인공지능으로 인한 업무의 변화가 구체적으로 나타나지는 않는다. 다만 RPA 도입에 따라 반복적인 사무 업무는 자동화되었다. 하지만 RPA가 본격적으로 인공지능을 접목한 것은 아니므로, 인공지능에 의한 업무 방식의 변화로 보기는 어렵다.

3. 미래의 업무 방식: 스마트 업무의 미래

산업별, 직종별 인공지능의 도입에 따라 업무 방식에 큰 변화가 올 것은 틀림없다. 다만 인공지능 등의 기술을 업무에 반영한 디지털라이제이션의 속도는 예상보다 느리며 상당히 장기에 걸쳐 진행될 것이다(Ross 2018). 급격한 기술실업을 전망했던 옥스퍼드의 프레이도 디지털라이제이션의 속도가 빠르지 않음에 따라, 기술실업의 속도가 느려질 것으로 그의 생각을 조정했다. 디지털라이제이션의 속도가 느린 이유로는 우선 현재 수준의 신경망 알고리즘의 인공지능에 한계가 있다는 점을 들 수 있다. 디지털라이제이션의 촉매 기술이 충분히 성숙하지 못한 점 이외에 현재의 조직 문화와 법률 제도 등도 이유가 된다.

따라서 일부 직군에 종사하는 사람들과 인터뷰를 진행한 결과, 업무에 인공지능을 접목하는 사례가 많지 않음을 확인했다. 인공지능의 비전 인식은 속도와 성능 면에서 인간을 추월해서, 의료 분야 등에서 활용의 여지도 많고 응용 인공지능도 많이 개발되었다. 그러나 언어지능과 음성 지능 등의 성숙도는 아직 낮아서 인간보다 아직은 우월하지 않다. 이로 인해 인공지능을 비즈니스와 업무 방식에 접목하는 사례도 한계가 있는 상황이다.

다만 산업별 인공지능 쓰임새는 다양하게 제시되고 있다. 관련 기술의 발달에 따라 점진적으로 인공지능으로 인한 업무 방식에 큰 변화가 있을 것으로 보인다. 업무 방식의 변화를 간략히 스케치해 보자.

단순 반복적인 업무는 많이 줄어들 것이다. 전표 처리와 단순 이메일 응답 등은 인공지능으로 무장한 RPA를 통해 처리될 것이다. 인공지능 기술이 발달함에 따라 처리할 수 있는 복잡도도 늘어날 것이며, 이에 따라 RPA가 처리하는 업무가 확대될 것이다.

음성인식과 자연어 처리 기술이 발달함에 따라, 음성 서비스의 성숙도도 늘어날 것이다. GPT-3 이후의 GPT-4 등 기술의 발달은 보다 복잡한 대화를 가능하게 할 것이다. 구글의 주문 인공지능인 듀플렉스와 같이 인공지능과 인간을 구분하는 것이 사실상 어렵게 될 것이다. 인공지능이 응답하기 어려운 질문에는 인간 응답자가 소비자를 응대하게 될 것이다.

임원이 의사 결정을 함에 있어서 증강 지능의 지원을 받게 될 것이다. 투자 등에 대한 의사 결정을 내리기 전에 인공지능의 예측 모델을 확인해서 인간 임원은 보다 종합적인 판단을 하게 될 것이다.

문제는 이런 변화의 속도이며, 변화를 수용하는 조직의 디지털 성숙도이다. 산업별·분야별 인공지능 쓰임새의 성숙도를 지속적으로 모니터링하여 해당 분야에 적절한 형태로, 부작용은 줄여 가면서 수용할 수 있도록 해야 한다. 인공지능이 업무의 현장에 충분하고 적절하게 수용되기 위해서는 아직 가야 할 길이 멀다.

4. 인공지능을 이용한 업무를 위해 무엇을 준비해야 할까?

인터뷰를 통해 알아본 업무 현장의 분위기는, 대개 인공지능 도입에 대해 희망과 불안, 불확실성 속에서 관망하고 있음을 알 수 있다. 그럼에도 불구하고 인공지능의 활용은 지속적으로 증가할 것으로 전망된다. 다만 인공지능의 편향과 탄소 발자국[15] 및 알고리즘의 한계가 지적되고 있다는 점에 유의해야 한다(The Economist Technology Quarterly 2020; Hao 2020). 따라서 인공지능을 이용한 업무를 도입·활용하기 위해서는, 인공지능의 개념과 한계 및 가능성 그리고 미래를 이해하고 인공지능 개발 및 활용 전략을 수립해야 한다. 이를 위해 무엇을 준비해야 할지를 검토하면서 이 장을 마무리하고자 한다.

15_탄소 발자국이란 이산화탄소 배출량을 의미한다. 인공지능의 학습을 위해서는 막대한 량의 전기를 사용해야 하며, 전기를 사용하는 만큼 탄소 발자국은 깊어진다.

디지털 유창성

전략과 정책 결정권자 및 기획자는 디지털 유창성을 키워야 한다. 디지털과 관련한 역량은 디지털 문해력digital literacy, 디지털 경쟁력digital competency, 디지털 역량digital skills, 디지털 유창성digital fluency으로 나눌 수 있다(윤기영 2020). 이들 개념의 구분은 명료하지 않고 중첩되는 부분이 없지 않다. 그럼에도 이를 정의하는 시도가 필요한데, 디지털 전환으로 어떤 역량이 어떤 직책에 필요한지를 규정할 수 있는 잣대가 되기 때문이다.

먼저 디지털 문해력은 인터넷을 이용해 정보와 지식을 비판적으로 검색할 수 있는 능력을 의미한다. 여기에 더해 멀티미디어를 만들고, 활용할 수 있는 역량을 의미하기도 한다. 다만 디지털 경쟁력이 멀티미디어 활용 및 이용 능력에 중점을 두고 있어 디지털 문해력과 디지털 경쟁력의 개념이 중첩된 부분이 있다. 스프레드시트와 워드 등을 활용할 수 있는 능력도 여기에 포함된다. 디지털 역량은 개발 역량을 의미한다. 디지털 유창성은 디지털 기술을 이용해 새로운 가치를 만들 수 있는 역량으로 정의될 수 있는데(Briggs & Makice 2011; 김정민 2018), 이를 디지털 전환의 개념과 연계시키면, 디지털 비즈니스 모델과 디지털 전략을 수립할 수 있는 역량으로 정의될 수 있다(윤기영 2020). 즉, 인공지능을 포함한 디지털 범용 기술의 개념, 가능성과 한계, 쓰임새 및 미래 발전 추세 등에 대한 지식과 지적 유연성을 가지고 디지털 비즈니스 모델과 디지털 전략을 수립할 수 있는 능력을 디지털 유창성이라고 할 수 있다. 이 개념을 디지털 범용 기술 전체로 확장하는 이유는, 이들 디지털 범용 기술은 단독으로 발전하는 것이 아니라 다른 디지털 범용 기술과 결합하고 연계되며 융합하여 응용 분야를 확대하기 때문이다.

반복해서 강조하지만, 특히 기업의 전략·정책 결정권자 및 기획 자는 인공지능과 관련된 디지털 유창성을 높이기 위해서 인공지능에 대한 개념의 이해, 인공지능의 가능성과 한계에 대한 명료한 지식, 인공지능의 다양한 쓰임새에 대한 지식, 인공지능 발전 전망에 대한 지식과 지식 유연성을 가져야 한다. 개념과 한계를 이해함으로써 인 공지능에 대한 막연한 기대나 환상의 함정에 빠져들지 않을 수 있다.

디지털 전환에 대한 이해

모든 업무 담당자들은 디지털 전환의 전체 과정에 대한 이해를 높여야 한다. 디지털 전환에 대한 정의는 다양하다. 사용자 경험, 프로세스, 디지털 비즈니스 모델, 디지털 전략, 조직 구조 변화 및 정치·경제·사회의 변화까지 모두 디지털 전환의 스펙트럼 안에 포 함된다(윤기영, 김숙경, 박가람 2019). 인공지능의 개발 및 이용과 관 련해서 디지털 전환을 전반적으로 포괄하고 관통할 수 있는 시각을 가져야 한다. 디지털 전환을 포함하여 인공지능의 개발과 적용에는 적지 않은 시간이 걸릴 수 있다. 또한 인공지능 개발은 일회성으로 완료되는 것이 아니다. 그것은 정치·경제·사회 및 관련 법규의 변 화와 인공지능 기술의 사용자 및 소비자의 요구와 필요의 변화를 포함하는 제반 맥락의 변화에 맞추어 진행되어야 하는 상시적인 베타 테스트beta test 활동이다(Rogers 2016). 상시적 베타 테스트 활동은 변화가 진행되고 있는 맥락의 방향성을 이해하는 것이 필요하다. 그리고 그 방향성을 이해하기 위해서는 디지털 전환을 관통하는 시각을 가져야 한다.

전공의 다양성이 보장된 팀을 구성하라

인공지능 개발을 위해서는 통계와 인공지능 전문가, IT 기반의 프로그래머 및 인공지능 전문가, 해당 업무 전문가가 팀을 이뤄야 한다. 이 세 가지 분야의 전문성을 한 사람이 모두 가지는 것이 불가능한 것은 아니나 그런 전문가를 찾은 다음에야 개발에 나서겠다는 것은 어리석은 일이다. 따라서 이들 전문가가 모일 수 있는 다학제적multi discipline, 학제간적inter discipline 팀을 구성해야 한다. 인공지능 전문가만으로 팀을 구성하는 것은 배를 산으로 가게 할 위험이 있다. 기상 예측 전문가 없이 인공지능 전문가만으로 기상 예측 전용 인공지능을 개발하는 것이 타당하지 않다는 점은 직관적으로 이해할 수 있을 것이다. 전문가의 전언으로는 기상 예측 전문가가 인공지능을 학습하여 접근하는 것이 더 적절할 것이라고 한다. 이는 기상 예측 전문가가 통계와 수학에 대한 높은 이해를 가지고 있기 때문이다. 어쨌든 이는 해당 업무 전문가가 더욱 중요함을 상징적으로 보여 준다. 따라서 인공지능 개발 조직에 업무 전문가 등이 포함된 다양한 전문가가 모일 수 있도록 해야 한다. 순혈주의나 조직 이기주의가 인공지능 개발팀의 목표 지향성을 혼탁하게 만들지 않도록 유의해야 한다.

인공지능에 대한 트렌드 레이다를 작성하고 주기적으로 보완하라

인공지능 기술이 고정되어 있지 않는 것을 이해하지 못하는 사람은 거의 없다. 그러나 인공지능 기술의 발전 추세를 이해하기 위해 트렌드 레이다를 독자적으로 개발하고 유지하는 조직은 많지 않다. 현재의 추세인 트렌드에 대응하는 것이 적응 전략이며, 태풍의 길목에 서는 전략이 혁신 전략이고, 다가오는 미래에 대비해 변화의 씨앗을 심는 전략이 형성 전략이다(윤기영·배일한·이상지 외 2018). 인공지능과 관련하여 적응, 혁신, 형성 전략은 동시에 진행해야 한다(*Mckinsey Quarterly* 2009; Anthony, Gilbert & Mark 2017; Blank 2019). 인공지능의 발전 추세를 이해할 수 있게 하는 트렌드 레이다를 이용해 선행적으로 비즈니스 모델과 전략을 개발함으로써 "태풍의 길목"에 앞서서 비상할 수 있는 준비를 할 수 있다.[16] 이런 트렌드 레이다는 해당 조직의 목적과 비즈니스 등과 연계해서 작성해야 하고, 주기적으로 업데이트해야 한다.

16_샤오미의 레이쥔 회장은 "태풍의 길목에 서면 돼지도 날 수 있다"고 했다.

5장

인공지능과 배움의 미래

1. 인공지능시대의 정보와 지식

전통 교육에 불어 닥친 변화의 물결

인공지능이 인간에게 가하는 가장 심대한 변화는 넓은 의미에서의 교육, 즉 배움 자체의 의미와 방법을 바꿔 나가고 있다는 점에서 찾을 수 있다. 먼저 우리에게 익숙한 배움의 의미부터 다시 생각해보자.

인간에게 배움이란 가르치는 사람과 배우는 사람 사이의 다양한 의사소통을 통해 얻어지는 상호작용의 결과물이다. 교사와 학생이 직접 마주보고 대화하며 배우는 것은 이제까지 가장 보편적인 학습 방식이었다. 인간은 태어나 자라면서 부모를 통해 언어, 생활 방식, 태도, 상호작용의 방법을 배운다. 가족을 벗어나 학교생활을 하면서 타인과 관계를 맺고 '사회적 자아'를 배우게 된다. 사회적인 '나'에 대한 관심은 배움의 주체로서 자신에 대한 정체성, 타인의 존재와 타인에 대한 배려를 배우는 가장 중요한 요인이다. 타인과 '관계 맺기'는 또래 집단과 생활하며 인간 사이의 상호작용을 배우는 가장 기초적인 사회화 과정이다.

전통적으로 학교는 성인기에 필요한 최소한의 지식과 사회생활의 원칙을 가르치는 중요한 기능을 담당해 왔다. 가정을 떠나 학교라는 공간에 모인 학생은 선생님과 만나 배우고, 친구들과 놀면서 같이 배우고 성장하게 된다. 학생과 교사, 또래 집단 사이의 '관계성'을 배우는 것이 학교 교육의 핵심이다. 대화, 상호 협동, 놀이를 통해 배운 감정 교류 방법, 공감의 기술 등의 대면적 관계 형성은 사회생활을 위한 기초적 자산이 된다.

하지만 인공지능이나 기계를 통한 학습 방식의 도입은 교사와 학생, 학생과 학생 간의 관계 맺기 과정에 변화를 초래한다. 배움터가 되어 온 학교라는 공간에도 변화가 일어난다. 이제까지 인간이 태어나 독립적인 성인으로 활동하려면 대략 20년 정도의 절대적 시간이 필요했다. 지식 습득과 관계 맺기의 방법을 익히는 것이 대면 사회생활의 필수적이 요소였기 때문이다. 그러나 이제는 교수자와 학생이 직접 대면하지 않고, 배움과 가르침을 나누는 것이 흔한 일상이 되었다. 성인기에 필요한 기본 지식이 인공지능 알고리즘에 의해 대체된다면, 학교라는 배움의 공간은 어떠한 의미가 있을까? 전통 교육의 상징인 학교는 인공지능시대에도 반드시 필요한 것인가? 비대면 교육의 확산으로 전통적 교육 기능을 담당하던 학교 존재의 위기는 심각하게 대두되고 있다.

특히 2020년 이후 코로나19 바이러스로 인해 비대면 교육이 전면 확대되었다. 코로나 바이러스로 비대면 생활이 장기화되면서 학교의 변화는 불가피해졌다. 비대면 접촉을 강제하는 코로나 상황은 전통적인 학교뿐만 아니라 사교육 시장도 변화시키고 있다. 인공지능형 비대면 교육 시스템은 학교와 일상의 배움터 모두에서 우리 삶을 더욱 빠르고 다양한 방식으로 변화시키고 있다. 향후 실시간 비대면 접촉이 장기화된다면, 이제까지 대면 관계를 통해 배우고 가르쳐 왔던 교사와 학생의 관계도 변할 것이다. 배움의 영역에서 인공지능의 역할은 더욱 확대될 것이다. 학교라는 물리적 공간은 각자의 학습기기에 가상으로 존재하게 되고, 학생과 교사의 관계도 인공지능을 매개로 한 전면 비대면 관계로 변화할 수 있다.

더욱 큰 변화는 학교에서 배우는 교육 내용과 지식의 개념이 바뀌고 있다는 점이다. 1부에서 설명한 것처럼 인공지능이 초래한 지식반감기의 단축으로 말미암아 더 이상 성년기 이전의 학교 교육만으로 사회생활을 영위하기에 충분한 지식을 습득할 수 없게 되었다. 인공지능은 인간의 성장주기에 따른 전통적인 배움의 과정 자체를 동요시키고 있는 것이다. 지식의 전달, 감정적 교류, 관계성의 확인 등 전통적 교육의 과정과 이를 구성하고 있는 중요 요소는 이제 시대에 맞게 변화해야 할 때가 된 것 같다. 이런 점들을 중심으로 이 장에서는 인공지능 기술의 발전과 지식의 흐름, 지식 구조의 변화가 미래 우리 삶에 어떤 영향을 줄 것인지를 살펴볼 것이다.

인공지능의 도입과 지식정보

미국의 경우, 인공지능이 지능적 에이전트intelligent agent로서 발전한 것은 1995년 이후이다. 인공지능은 인간과 얼마나 유사한 생각의 구조를 가지고 행동하는지에 따라 구분한다. 초기의 인공지능에서 발전해 인간과 매우 유사한 형태의 사고 구조를 가진 인공지능은 합리적 에이전트rational agent[1]라 부른다(러셀·노빅 2016). 여기서 합리적이라 함은 기계의 행동 양식, 사고의 절차와 논리성이 인간과 얼마나 유사한가 하는 점에 달려 있다. 현재 수준에서 일정 정도 인간과 유사한 기계가 있다면, 우리는 그것을 합리적 에이전트라 이해한다.

그런데 인공지능의 합리성을 논하기 이전에 '진정한 인간의 합리성은 무엇인가'라는 철학적 고민도 다시 상기해 볼 필요가 있다. 유사 이래로 인간의 합리성에 대한 철학적, 과학적 연구는 지속되어 오고 있지만, 그에 대한 명쾌한 답변은 아직 얻지 못하고 있다.

1_여기서 기계적 합리성은 인간의 합리성과 이성적 측면을 의미하기보다, 기계적 알고리즘에 의해 생각하고 행동하는 논리적 행위자의 기계적 특성을 강조한 것이다.

인공지능과 인간의 관계를 정립하기도 전에, 인공지능은 이미 우리 생활 속에 가까이 와 있는 것이다.

사실상, 인공지능 기술이 우리 인간에게 무엇인가, 어떻게 진보할 것인가의 전망은 인공지능 기술이 얼마나 발전할 것인가 하는 기술적 논의와 상당히 다를 수 있다. 그럼에도 불구하고 인공지능 기술이 우리의 미래 삶에 어떤 영향을 미칠 것인지 전망해 보는 것은 중요하다. 이 작업은 인문·사회과학적 시각에 기초한 융합적 접근을 통해 가능할 것이다. 인공지능은 인류의 과학기술 발전의 축적으로 만들어진 결과물인 동시에 인류의 시각에서 평가받고, 우리 삶에 자리매김해야 할 미래 발명품이기 때문이다.

구체적으로 인공지능형 기계를 어떻게 활용할 것인지, 어느 영역까지 인간의 역할을 대신하게 할지는 기술적 검토와 더불어 사회과학적, 공동체적 관점의 판단이 기초가 되어야 한다. 이제까지 인간의 지식 축적과 발전은 인간에 대한 인간 스스로의 관점, 그리고 그것을 통해 투영되는 과학기술의 발전, 지식정보의 형성, 지식의 정의, 그리고 지식정보의 실제적 모습에 대한 우리들의 합의에 근거해 가능했기 때문이다. 따라서 인공지능 기술 도입과 함께 우리의 삶이 어떻게 변화할 것인지 예측하기 위해서는 융합적 시각의 접근이 매우 중요하다. 먼저 지식의 의미가 어떻게 변화해 왔는지 그 흐름을 이해하고, 향후 인공지능과 지식 변화를 기술적, 사회적 관점에서 종합적으로 조망해 보고자 한다.

인터넷이 일반에 보급되기 이전에는 '정보'information의 독점이 사실상 가능했다. 일반인들은 정보원information source에 접근할 수 있는 권한이 제한적이었고, 일부 계층(정치권력층 또는 고학력 지식층)은 정보를 거의 독점적으로 사용할 수 있었다. 결과적으로 소수에게만 공개되는 정보를 통해 얻을 수 있는 가치 있는 '지식'knowledge은 일부 계층의 전유물이 되어 왔다. 정보와 지식의 독점은 정보 접근 권한과 새로운 지식생산에 대한 배타적 권리로 이어졌으며, 지식 권력 집단의 독점적 지위를 지속적으로 보장해 주는 역할을 했다.

반면 인터넷을 통한 정보화 시대에는 그와 같은 지식의 독점과 배타적 권리가 더 이상 유효하지 않게 되었다. 지식정보 접근성이 일반에 확대됨에 따라 새로운 지식정보의 공유 패러다임이 형성되었다. 민간의 지식정보뿐만 아니라 공공 기관의 정보도 법률에 의해 공개되고, 정치권력이 독점해 온 정보에 대한 공개도 국민의 권리로 중요하게 다루어지게 되었다. 이것이 바로 1부에서 설명했던 오픈소스 문화의 바탕이다.

인공지능 기술이 확산되어 누구나 쉽게 인공지능형 디바이스를 활용할 수 있다면, 공개된 정보와 지식 파급의 범위와 속도는 광범하고 더욱 빨라진다. 그리고 인공지능 알고리즘에 의해 개인화된 데이터는 새로운 지식 생산과 정책 마련을 위한 중요한 지식정보의 기초 단위가 된다. 인공지능시대의 지식은 사회 계층 간 위계적이던 지식전달을 더욱 수평적이고 개방적으로 변화시킨다. 기존의 지식 생성과 공유 및 재생산 과정이 일률적이고 단선적이었다면, 인터넷과 인공지능 기술을 통한 지식정보의 이동 과정은 매우 역동적이고 유동적인 모습을 나타낸다.

지식정보는 개인, 집단, 사회, 국가 간 이동을 거칠 때마다 그 사회에 맞는 형태로 변화하고 그 속성도 달라질 수 있다. 개인 데이터는 특정 사회의 문화에 따라 덧입혀지고, 인공지능 알고리즘에 의해 개인화된 지식정보로 재탄생한다. 개인적 특성과 사회제도에 따라 공유되는 지식의 내용도 달라진다. 지식의 양과 형태는 개인적 특성, 개인이 속한 집단의 특성에 따라 다양한 형태로 변화하게 된다. 인공지능시대의 지식은 비정형화된 대량의 데이터 집합이다. 따라서 그것을 해석하는 다양한 담론과 사회적 가치가 혼재된 상황이라면, 그것으로부터 정의된 지식정보는 주어진 현상을 서로 다르게 이해하는 상충적 특성을 나타낼 수 있다. 지식의 상대성과 불확실성uncertainty은 인공지능이 지배하는 미래에도 지식정보의 변하지 않는 특성이다.

한국의 경우 2000년대 정보사회로 급변하면서 정보 검색 능력이 중시되었다. 국민 누구나 인터넷망을 자유롭게 사용하게 되면서 '지식정보사회'라는 용어가 일반화되었다. 이 시기는 인터넷망을 통해 누구나 쉽게 정보에 접근할 수 있는 개방성이 급격히 확대되는 단계였다. 내가 찾고자 하는 지식에 쉽고 빠르게 접근할 수 있고, 검색된 지식을 내 디바이스에 소유(저장)할 수 있는 '정보의 민주화' 시대라고 할 수 있다.

한국에서 '지식정보사회' 패러다임의 변화는 정보의 개방, 접근성의 강화를 주된 내용으로 한다. 2000년대 중반 이후 지식정보 공유는 쌍방형interactive 소통 방식을 특징으로 한다. 이른바 SNS라 불리는 다양한 소셜 미디어의 등장으로 자신이 가진 개인 데이터를 플랫폼에 공유하고 감정과 경험을 교류하는 형태의 지능형 미디어가 나타났다.

이 시기를 지나 현재는 데이터 학습에 적합한 인공지능 기술이 도입되어 적용되는 단계라 할 수 있다. 온라인 쇼핑, 주식 구매 등 경제활동, 페이스북, 트위터, 인스타그램 등의 사회·여가 활동을 위해 사용자들은 자신의 개인 정보를 기꺼이 공유하고 있다. 인공지능형 지식정보 서비스는 개인화된 데이터를 이용해 누구나 지식을 생산하는 단계로 진입하고 있다. 개인화된 데이터는 인공지능시대의 지식정보로 인공지능형 플랫폼의 기본 단위이자 핵심 요소가 되었다. 이제는 내가 생산한 정보와 데이터가 나의 네트워크를 통해 공유되고, 공유된 개인의 데이터를 같이 공감하며 즐기는 세상이다. 여기에는 지식의 독점도 없고, 폐쇄적 공간 내에서의 정보 독점도 더 이상 가능하지 않다. 이것의 의미는 무엇인지 그리고 이것으로 인해 변화된 미래의 모습은 무엇일지 살펴보자.

인공지능시대 '지식'의 의미와 변화 단계

국어사전을 보면, '지식'知識이란 '어떤 대상에 대하여 배우거나 실천을 통해 알게 된 명확한 인식이나 이해'를 의미한다. 철학적 의미에서 지식은 '어떤 인식에 의하여 얻어진 성과, 또는 사물에 대한 단편적인 사실적·경험적 인식'을 말하며, '객관적 타당성을 요구할 수 있는 판단의 체계'를 말한다. 공학적 의미로는 '기술 지식이나 정보'를 뜻한다. 대상에 대한 인식이 인간 경험 그 자체에 의한 것이든, 인간을 대신하는 기계에 의한 것이든 우리의 지식은 내가 느끼고 깨닫게 되는 무언가의 모습 그 자체이다. 따라서 지식의 정의와 특성은 시대에 따라 변화할 수 있고, 공학적 발전에 의해 산출되는 다양한 결과물로부터 얻어지는 인식의 결과일 수도 있다.

인공지능의 도입 단계에서 '지식'의 의미는 과거의 지식과 현재의 지식이 혼재된 상태라 할 수 있다. 시대에 따라 지식이 무엇인지, 어떻게 생성되고 다음 세대에 전달·공유될지는 미래의 사회 변화에 따라 결정될 것이다. 인공지능시대의 지식은 현재 우리가 이해하는 기존 '지식'에 대한 관점과 이해 방식, 활용 체계의 변화를 모두 포함하는 복합적 개념이 될 것이며, 매우 유동적이며 비정형화된 형태로 존재할 것이라 예상할 수 있다. 인공지능 기술이 보편화된 시대의 지식은 데이터 알고리즘에 의해 정의되는 융합적 특성을 가질 것이 분명해 보인다.

1장에서 논한 것처럼, 인공지능이 가지는 편리성과 신속한 데이터 처리의 장점들이 우리 생활 깊숙이 파고들고 있다. 인공지능의 신속성과 편의성은 다양한 지식서비스 영역으로 확장되고 누구나 쉽게 지식정보에 접근할 수 있는 보편성의 특징을 나타낸다. 시간과 장소에 구애받지 않고 지식정보에 접근할 수 있기 때문에 일부 계층이 지식을 독점하는 상황은 어느 정도 극복될 수 있다. 인공지능을 이용한 지식서비스가 본격화되면 비로소 '지식 독점 시대'가 지나고 '지식 공유 시대'가 도래할 수 있다. 지식의 개방과 이로 인해 넘쳐 나는 데이터의 홍수는 우리에게 이미 낯설지 않다. 다양한 출판물, 전문가뿐만 아니라 일반인의 유튜브 강의, 인터넷 정보

포털·소셜 네트워크 서비스를 통해 공유되는 지식은 실로 방대하다. 이제는 '원하는 정보나 지식을 얻을 수 있는가'의 문제가 아니라, '내가 접근할 수 있는 지식은 무엇인가', 그리고 '그 정보는 어떤 경로를 통해 얻어진 것인가'에 관심을 가져야 하는 시대가 되었다.

인공지능시대에는 소위 고학력 지식층이라는 지식 권력층이 독점하던 지식이 얼마나 편협한 것이었는지 혹은 왜곡된 지식이었는지 드러나고 그것이 신랄하게 비판받는 상황도 벌어질 수 있다. 기성 교육제도의 틀에서 기존 지식이 얼마나 왜곡되고 제한적이었고, 심지어 불필요한 것이었는지도 드러날 수 있다. 기존 교육제도 속에서 학습되어 전승된 기존 지식의 양이 얼마나 많은지, 얼마나 오랜 기간 주류 지식이었는지, 논리적 구조가 얼마나 체계적이고 탄탄한지 더 이상 중요하지 않을 수 있다. 대량의 데이터 처리가 가능하고 알고리즘 형태로 구조화되는 인공지능형 지식사회에서는 기존 지식 체계가 갑자기 무너지는 대변혁도 상상해 볼 수 있다. 새로운 인공지능형 지식 구조가 구 지식 체계를 대체하는 것이다. 하지만 인공지능 기반의 새로운 지식 구조가 일반화되지 못한 상황에서는 지식이 무엇인지 개념화할 수 없는 불확정의 상황이 당분간 지속될 수 있고, 개인에 따라 자의적으로 해석하는 주관적 특성도 나타날 수 있다. 하지만 이런 불안정성은 인공지능형 지식이 사회 제도와 구조의 변화와 더불어 안정화된다면 예상보다 쉽게 극복될 수 있다.

〈그림 5-1〉을 보면, 인공지능 발전의 3단계 흐름을 볼 수 있다. 1단계는 인공지능의 도입 단계이다. 첨단 기술의 도입으로 인해 편

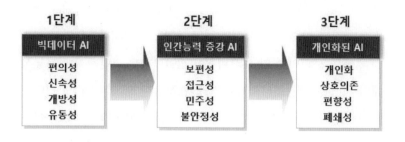

그림 5-1. 인공지능 발전 단계와 지식 체계 변화 특징

의성이 높아지고 데이터의 개방성이 이전에 비해 높다. 2단계는 인공지능 기술이 보편화되는 단계이다. 첨단 기술에 대한 접근성이 높아지고, 인간에게 필요한 기능이 더욱 강화된다. 2단계의 인공지능형 지식정보란 '누구나 생산할 수 있는' 지식으로 이것이 새로운 지식 체계의 기본 데이터 단위가 된다. 지식의 보편성과 개방성은 인공지능 기술이 보편화되는 2단계의 중요 특성이다. 이 단계에서 일반 사용자들도 인공지능을 활용하여 전문 지식을 접할 수 있고, 그 지식을 활용해 나에게 맞은 새로운 알고리즘을 생성하고, 확장된 네트워크를 통해 자유롭게 소통하게 된다. 지식의 보편성과 개방성, 접근성의 확대는 소위 '데이터 민주주의' 시대, 인공지능형 지식사회의 대표적인 특성이다.

지식을 공유하는 플랫폼의 확장과 지식의 '개인화'personalization는 3단계 인공지능시대의 특징이다. '개인화'는 기존 지식으로부터 자유로운 논리와 상상, 창의성의 발현 등과 같은 자유로움으로 이어진다. 이런 자유로움을 바탕으로, 개인이 처한 각자의 생활환경과 기존에 알고 있던 지식의 조건에 따른 새로운 객관화의 과정은 새로운 형태의 개인화된 지식을 만들어 낸다(백 2010, 212). 내 디바이스에 저장된 기존 지식과 나의 개인 데이터가 상호작용하면서 새로운 경제와 사회의 운영 메커니즘이 만들어진다. 3단계 인공지능시대의 지식은 '개인화된 데이터'의 상호작용과 지식 재생산의 상대적인 '객관성'을 주요 특징으로 한다. 이것이 이전 디지털 시대, 인공지능 초기 단계와 구분되는 가장 두드러진 특징 가운데 하나이다.

인공지능시대 지식 체계와 구조의 변화는 '개방과 폐쇄', '보편과 특수' 등의 상충적 특성을 동시에 가진다. 인공지능시대 데이터의 개방성, 보편성, 민주성이 오히려 폐쇄적인 편향성을 가중시킬 수도 있다. 1부에서 설명한 것처럼, 개인화된 데이터와 딥러닝을 통해 학습된 데이터 알고리즘과 결과들은 매우 논리적이고 일관적 규칙에 따라 얻어진 결과물이지만, 동시에 매우 주관적인 데이터의 집적이기도 하다. 인공지능은 개인 데이터가 합산된 알고리즘 결과물을 기초 데이터로 활용한다. 그러나 안타깝게도 인간은 사회적 동물이다. 사회적 동물인 인간은 때때로 홀로 생각하고 행동할 때와 다른 집단행동 특성을 나타낸다. 인간 행동 동기의 단순한 물리적 합산으로 집단적 특성을 설명하기 어렵다. 사회적 상호작용은 논리만으로 설명하기 어려운 인간의 고유한 특징이기 때문이다. 홀로 존재하는 인간과 달리 집단 내의 인간은 감정적으로 왜곡되기도 하고, 타인의 시각에 동화되어 평소와 다른 행동을 하기도 한다. 인공지능형 지식사회의 편향성은 사회적 부산물인 데이터를 기초로 불완전한 인간의 편협하고 편향된 사고 구조의 본래적 모순이 그대로 반영된 것이기도 하다.

표면적으로 인공지능의 사고 패턴이 새롭게 보일지라도 근본적으로 기존 데이터를 통한 사회적 부산물에서 출발한 알고리즘일 가능성이 크다. 인공지능시대의 개인화된 지식 체계와 구조는 창의성과 자율적 사고의 폭을 확장할 수도 있지만, 다른 한편으로 알고리즘화된 편향적 지식이 될 수도 있는 것이다. 그렇다면 인공지능형 지식사회의 미래는 부정적일 수밖에 없는가?

인공지능과 함께 변해 가는 미래 지식은 그것을 활용하는 사용자의 환경 및 사회·정치 변화의 흐름과 연계되어 결정된다. 외부 환경과 부단히 상호작용하는 개방적 특징이 편향된 지식의 한계를 극복하는 장점으로 작용할 수도 있다. 인간을 둘러싼 환경의 변화와 인간의 적응력은 인공지능형 미래 사회의 편협성을 보완할 수 있는 역할을 한다. 21세기 이후 심각해진 기후 변화, 2020년 이후 전 세계로 퍼지고 있는 코로나19 바이러스 팬데믹 상황은 인간이 통제하기 어려운 외부 환경적 위협의 좋은 예이다. 인간은 본능적으로 생존을 위해 부단히 노력해 왔고 환경 변화에 대응하기 위해 공동의 노력을 다해 왔다. 우리의 삶을 편리하게 해준 과학기술의 진보가 오히려 우리 삶을 망가트린 핵전쟁의 역사도 지나왔다. 미래 인공지능의 확산은 인간 존재의 불완전성을 그대로 보여 주는 중대한 인류 생존의 위협이 될 수 있지만, 우리 인간은 공동의 노력으로 적응하고 새로운 역사를 또 만들 것이다. 역사가 말해 주는 것처럼, 우리를 위협하고 있는 지구 환경 변화, 바이러스의 위기는 오히려 인간과 자연, 인간과 인간의 상호 의존성을 높이는 중대한 계기가 될 것이다.

개인화와 편협성, 그리고 외부 환경 적응성, 개방적 특성은 인공지능형 지식사회가 가진 양면성이다. 일견 모순되어 보이는 두 가지 측면이 인공지능형 지식사회의 위험을 관리하고, 궁극적으로 인류의 생존과 진보를 위한 긍정적 기제로 작용할 수 있다. 우리가 거쳐 온 인류의 역사는 불완전한 인간이 어떻게 과학적 진보를 통해 집단지성의 힘을 발휘하였는지 말해 준다.

이 과정에서 기존 지식의 독점과 기존 지식 패러다임의 고정적 특성은 해체될 것이다. 분명한 것은 현재 우리가 지식 체계의 거대한 변환 한가운데 서 있고, 그 변환의 방향은 우리가 어떤 방향으로 생각하고, 적응할 것인지, 어떻게 기술적 진보를 향해 노력할 것인가에 달려 있다는 점이다.

연역에서 귀납으로: 축적된 데이터로부터 얻어지는 지식

대량의 데이터를 처리할 수 있는 기술의 발전은 새로운 지식 생산과 축적에 엄청난 기여를 했다. 기존의 지식 구조는 주로 연역적 방법에 의해 이루어졌다. 연역적 축적 방식에 의한 과거 지식 구조는 방대한 특수 사례에 대한 범주화·알고리즘화로 바뀌고 있다. 대량 데이터 처리는 철저히 귀납적인 방식의 지식 구조로의 변화를 의미한다. 개별 데이터들의 직접 수집과 검증이 어려웠던 과거와 달리, 개별화된 대량 데이터 처리와 분석이 가능해졌고, 그 속도도 엄청나게 빨라졌다. 이런 인공지능 기술 발전을 바탕으로 경험에 의거해 추론하는 귀납적 지식 생산 방법이 일반화된다면, 지식 축적의 속도가 빨라지고 환류의 주기가 매우 짧아지게 된다. 기술 변혁 및 정보의 구조 변화도 매우 빠른 흐름을 나타낸다. 연역과 귀납, 그리고 다시 기존 지식을 통해 개별 사실을 유추하는 순환적 지식의 환류는 매우 단순화되고, 방대한 데이터를 계층화해 분류하는 지식의 재구조화 작업도 더욱 간단해진다. 대량 데이터 생산, 관리, 그리고 새로운 지식의 축적과 공유의 과정 및 그 특징을 요약해 보면 다음과 같다.

첫째, 연역적 방법으로 기존 지식을 통해 가설을 도출하고 일반화의 과정에 이르는 지식의 환류 과정이 단순화되고 짧아진다.

둘째, 대량 데이터 처리가 기존 방식에 비해 놀랄 만큼 빠른 속도로 이루어진다. 귀납적 지식 구축의 시간과 노력이 대폭 단축되어 순수 귀납적 지식 생산도 가능해진다.

셋째, 인공지능의 딥러닝 기술이 보편화될 때, 구체적 특수 사실에서 일반적 지식을 추론하는 귀납적 방식의 지식 생산은 매우 빨라질 수 있다. 그러나 불완전한 방식의 데이터 처리 문제가 초기에 해결되지 못한다면, 치명적인 오류에 이를 수도 있다. 이것은 알고리즘의 폐쇄성으로 인한 문제이다. 폐쇄적 학습은 '인지'-'행동' 유형의 심각한 오류를 반복하는 문제로 나타날 수 있다.

넷째, 인공지능의 기능이 얼마나 증강될 수 있는지에 따라 데이터 기반 지식 생산 체계의 효과성이 결정된다. 증강 기술과 개별화된 데이터의 질과 양, 알고리즘의 개방성 여부로 미래 지식의 생산, 공유, 변화, 재생산의 주기 예측이 가능하다.

기계가 언제쯤 인간 수준의 지능을 획득할 것인가의 문제, 곧 일반 인공지능의 실현 여부는 1부에서 논한 것처럼 가까운 장래의 일은 아닐 것이다. 그러나 일반 인공지능 구현이라는 목표 설정은 지식정보 체계의 변화에 상당한 영향을 미친다. 인간처럼 생각하고 행동하는 기계를 만들기 위해, 그것의 장애가 되는 기존의 지식 체계를 비판적으로 바라보고, 컴퓨터 과학뿐만 아니라 언어학, 심리학, 의학, 철학 등을 포함한 공학적 기술과 인문·사회과학 분야의 지식이 총망라되는 지식의 융합이 가동되기 때문이다. 하지만 이 점에서도 여전히 중요한 것은 현재이다. 미래의 비전은 우리를 이끌지만, 우리의 현재를 결정하지도 않고, 그래서도 안 된다.

2. 인공지능이 변화시키고 있는 '배움'의 절차와 의미

앞서, 가정의 일상과 다양한 업무 분야의 인공지능 도입과 활용 그리고 사용자들의 인식을 살펴보았다. 이처럼, 우리 생활에서 인공지능이 도입되거나 활용되고 있는 영역은 너무나 광범하다. 이 절에서는 교육과 학술 분야에 초점을 맞추어 인공지능시대의 배움과 지식이 어떤 의미로 변화하고 있으며, 우리 삶에 어떤 영향을 줄 수 있는지 살펴볼 것이다.

기존 교육은 누가 주어진 정보를 잘 이해하고 기억하는가와 관련된 '정보 가독성'readability을 기초 소양으로 전제한다. 읽고 이해한 지식정보는 또 다른 지식을 이해하는 기반이 된다. 그 지식정보를 이해한 — 궁극적으로 습득하여 자신의 두뇌에 소유한 — 사람은 그에 맞는 권한을 가지게 된다. 상위 교육기관에 진학하고 고학력자가 되면, 다시 또 다른 지식정보의 '가독성'이 높아질 뿐만 아니라 기성 '지식 권력'에 접근할 수 있는 권한도 확대된다. 이런 기존 지식의 생태계 속에서, 전통 교육제도는 지속적으로 살아남았다. 지식의 제도적 전승을 전제하고 있는 전통 교육은 앞으로 얼마나 지속될 수 있을까? 아래 전문가의 답변처럼 이에 대한 필자의 생각도 사실 조건적이다. 배움이 단순한 지식 습득이 아닌 창의적인 내용으로 바뀌고, 학생들의 가치 판단력과 상상력을 키울 수 있어야 한다.

미래 교육의 핵심은 교육 내용의 변화에 있어요. 지금까지 우리가 전통적으로 해왔던 근대식 대중 교육의 아이템이 바뀌어야 한다는 것입니다. 대중 교육은 이제 도구적인 지식을 많이 없애고 소위 가치판단과 상상력에 관련된 부분을 강화시켜야 해요. 이를테면, 끝없이 인공지능에게 '너 이런 거 생각해 봤어?', '이런 건 과거 데이터 속에서 어떤 게 가능하니?'라는 그런 질문을 던질 수 있는 능력을 학습하는 것이 필요해요(류○○).

변화된 배움의 의미와 내용이 교육에 반영되지 않는다면, 학교라는 제도는 지속되기 어려울 것이다. 또한, 인공지능은 육체노동이 아니라 인지노동을 대체하고, 정보와 지식의 체계를 변화시키기 때문에, 인공지능에 의한 배움의 변화가 통상의 학교 교육 현장에 국한되지 않는다는 점을 이해하는 것이 중요하다. 어떤 의미에서, 인공지능시대란 문자 그대로 평생 공부하는 인간이 되어야 하는 시대이기도 하다. 아래에서는 우선 미래 지식 체계의 전망을 제시한 후에 현재 진행되는 변화를 살펴보겠다.

청소년의 미래 인식과 교육의 방향

인공지능시대의 배움이 어떤 의미인지 전문가와 일반인을 대상으로 인터뷰를 진행했다. 인공지능과 교육에 대한 전문가의 인식과 청소년의 인식은 다른 듯 비슷했다. 아래 대화는 중학교 3학년 학생과의 인터뷰 내용이다.

Q. 인공지능을 아예 몰랐을 때, 그때 생활하고 인공지능을 공부하고 좀 알게 되었을 때, 달라진 게 있을까요?

A. 전 인공지능을 알게 된 후 계속 인공지능을 공부해 왔어요.

Q. 몇 살 때부터였어요?

A. 초등학교 때부터였어요.

Q. 어릴 때부터?

A. 그때는 프로그래밍부터. C랑 C++이랑 자바랑 포트란을 할 줄 알아요.

Q. 그럼 달라진 게 아니라 어릴 때부터 쭉 해왔기 때문에 생활 그 자체네.

A. 인공지능이 생활에 자연스럽게 녹아들어서 같이 왔죠. 저는 그거 때문인지 몰라도 인공지능이 당연히 거쳐야 할 단계라고 생각을 하는데요. 아무리 인공지능이 위험하다고 해도 결국은 한번쯤은 지나가 봐야 할 길이 아닐까요?(이○○)

인공지능 기술의 도입과 학습 방식의 변화에 대한 일반인들의 시각은 세대에 따라 비교적 명확히 구분된다. 위 인터뷰 대화처럼 대체로 젊은 세대는 기성세대에 비해 새로운 기술에 대해 저항이 적고 개방적인 인식을 가지고 있다. 젊은 세대는 새로운 기술을 어릴 때부터 실생활에서 접해 왔고, 다양한 분야에 접목해 생활의 일부로 활용하는 편이다. 기성세대는 새로운 기술에 대한 두려움과 적응의 어려움이 있을 수 있기 때문에 쉽게 받아들이기 어려운 측면도 있다. 어릴 때부터 스마트폰을 가지고 활용한 경험이 있고, 아이패드, 노트북 등 전자기기에 익숙한 청소년들에게 인공지능형 디바이스는 오히려 반가운 존재인 것 같다. 학교 환경이 인공지능형 기술로 보완된다면 그들의 창의성과 새로움에 대한 열정은 긍정적인 방향으로 이어질 것이라 기대할 수 있다.

그런데 무엇보다 중요한 것은, 인공지능형 디바이스의 도입만으로 현재 한국 교육이 가진 획일성, 암기 위주의 교육과 서열화된 입시의 문제를 극복하기는 어렵다는 점이다. 물론, 인공지능 기술의 도입에 따라 학교에서의 학습 방식은 대폭 변화할 수밖에 없다. 장기적으로는 인간의 배움 자체가 달라질 수밖에 없다는 점도 쉽게 예상할 수 있다. 인공지능 기술이 필연적으로 전통적인 교육 방식과 교육의 패러다임을 변화시킨다는 입장에서 보면, 강제적이든 자발적이든 교육 방식과 제도의 변화는 불가피해 보인다.

전략, 소통, 사회를 배운다

인공지능시대의 배움은 분명 예전의 교육 방식과는 다르다. 배움의 내용이 되는 사회적 가치, 중요한 지식의 정의도 달라진다. 그렇다면 인공지능시대에 달라진 교육의 패러다임은 무엇일까? 다음의 인터뷰는 인간의 교육, 인간과 인간의 관계, 인간과 기계에 대한 관계를 정립하는 교육철학과 인간 관계성 설정에 대한 전문가의 의견이다.

산업사회에서 인간이 노동을 통해서 했던 생산이라는 것을 기계가 대체해 나가고 있고 그것으로 인해 인간의 속성도 바뀌게 됩니다. 인공지능이 일상화되어 가고 있는 현재 어린아이들이 어떤 인간으로 성장할 것인가의 문제는 매우 중요합니다. 아이가 문명의 기기인 인공지능을 인터렉티브하게 만나기 시작했는데, 기기와 인간의 관계를 어떻게 정립해야 하는지에 대한 문제의식은 애초에 없는 상태에요.

그냥 도구로 인식하고 있죠. 인간은 여전히 그 머릿속에서 이 도구는 나의 필요에 의해서 사용되고 버릴 수도 있고 나한테 맞출 수도 있다고 생각하죠. 현재에도 우리는 스마트폰의 노예가 되어 버렸잖아요. 결국은 다른 주체로서 인공지능을 포함한 기기들과 어떻게 관계를 맺으면서 공존할지 고민하는 과정이 핵심이 되어야 한다는 거죠(류○○).

인공지능시대의 배움은 이전과 다를 수밖에 없고, 또 달라야 한다. 교육 전문가와의 인터뷰 내용을 바탕으로, 미래 인재 교육을 위한 새로운 관점과 중요 요소를 정리해 보면 다음과 같다.

첫째, 인공지능시대의 배움에서는 문제 해결의 전략이 중심을 이룬다. 전통적인 학교와 그곳에서의 학습은 기존 지식을 '누가 완벽하게 기억하는가'에 집중되어 왔다. 학습자의 두뇌가 저장고가 되고, 개인 차원의 이해understanding와 기억memory에 의존하는 방식이다. 인터넷 시대의 학습에서는 기존 지식이 어디에 위치하고 있는지 파악하고 그것을 빠르게 찾아 적용하는 '검색' 능력이 강조되었다. 인공지능시대의 새로운 학습 패러다임은 '주어진 문제를 서로 협력하여 효과적으로 해결하는 전략 학습'이다. 인공지능을 활용한 학습에서 가장 중요한 요소는 주어진 지식을 잘 조직화하는 전략을 바탕으로 데이터를 활용하고 이를 통해 문제를 해결하는 능력이다.

둘째, 인공지능시대 배움의 강조점은 흔히 생각하는 것과 달리 소통과 관계성 중심이어야 한다. 학령기에는 단순한 지식의 이해,

암기식 수업보다 상호작용과 협업을 통해 배우는 학습 방식이 더 효과적이다. 이 과정을 통해 배우는 사회적 유대감social solidarity과 소통 경험은 매우 중요한 학습 요소일 뿐만 아니라 지적 자산이 된다. 수리, 언어, 사회, 과학 영역의 기존 교과 학습은 비대면 학습을 통해 대부분 가능하다. 그러나 미래 세대의 교육에서 인간으로서의 소통, 공동의 사회적 가치에 대한 토론과 협동의 전략을 놓쳐서는 안 된다. 지식정보 체계의 변화에 대한 논의에서 흔히 간과되는 것은, 개인이 속해 있는 공동체, 지역사회를 중심으로 한 연대감, '같이 살아가는 가치'에 대한 정의와 합의가 새로운 지식의 창출과 관련된다는 점이다. 인간이 배워야 할 학습의 범위는 이전보다 축소될 수 있지만, '과정 중심'의 알고리즘 학습, 인간과 인간 그리고 인간과 기계의 네트워크 구축이 중요한 학습 내용이 될 것이다. 배움의 내용은 정치, 경제, 사회, 문화 등 우리가 살아가는 모든 영역에서의 관계성 정립에 관련된 것이어야 한다. 그 관계성이 바로 나의 삶, 우리의 삶, 세계의 삶에서 소통과 협동 전략의 바탕을 이루기 때문이다.

셋째, 인공지능시대의 배움은 무엇이 지식인지를 규정하는 사회 변화에 대한 이해를 포괄해야 한다. 전통적 교육 방식을 통해 독점된 지식은 근대화를 거치면서 확립된 '학교교육'과 '시민교육'을 통해 대중에게 보급되었고, 폐쇄적이었던 지식 체계는 점차 다수가 같은 지식을 배우고 공유하는 시스템으로 변해 갔다. 지식 전달 체계의 변화는 무엇이 지식인지, 누가 그것을 배울 수 있는지에 대한 사회적 변화와 연동한다. 이 점에서 정보화와 지식 혁명, 인공지능형 교육 방식의 도입 역시 교육 불평등과 지식 권력 독점의 폐해를 막는 역할을 할 수 있다. 또한 인공지능을 기반으로 한 배움의 변화는 단순히 교육의 질과 방식을 변화시키는 것이 아니라 이 시대의 지식이 무엇인지를 새롭게 정의해 주는 효과도 있다. 그리고 계속 단축되는 지식반감기는 배움의 초점을 구체적인 정보가 아니라 지식 자체의 변화와 이를 추동하는 사회의 변화로 눈을 돌리게 한다. 요컨대 인공지능형 교육 패러다임은 우리가 배워야 할 지식이 인문학적 상상력의 범위로 확장된다는 것을 의미한다.

미래 인재에게 필요한 능력은? 자율적 사고력

인공지능시대에는 스스로 생각하고 판단하는 자율적 사고력이 매우 중요해진다. 그리고 방대한 정보 가운데에서 필요한 정보를 스스로 선택하고 좋은 정보를 비판적으로 평가하는 능력도 필요하다. 교과서에 나오는 지식을 누가 더 잘 이해하는지, 기억하는지는 상대적으로 덜 중요해진다. 방대한 정보들을 스스로 찾아, 분석하고, 분류하여, 상황에 맞게 재구성하는 '자율적 사고력'은 기계와 구분되는 지적 능력 가운데 하나이다.

교육 분야에서 인공지능 기술의 적용이 대폭 확대되고 확산될수록, 인간만의 자율적 사고 능력이 교육의 핵심 담론으로 다시 부각될 수 있다. 단순한 지식의 이해와 암기의 부담은 덜어졌지만, 인간 고유의 이성적 판단은 과학기술이 발달할수록 더욱 강조된다.

자율적 사고 능력은 정보 판별 능력, 비판적 사고력, 창의성의 세 가지 측면으로 나누어 볼 수 있다. 각 측면은 인공지능 기술이 학습 방식에 적용된 미래 인재 교육의 핵심적인 특성이 된다. 각각의 특성을 살펴보면 다음과 같다.

정보 판별 능력: 인공지능 기술을 활용한 학습에서 정보 판별 능력은 더욱 중요시된다. 여기서의 정보란 교과서나 기존 지식을 통해 얻어지는 2차 정보, 다양한 모바일, 인터넷 네트워크상에서 공유되는 원자료raw data 1차 정보를 모두 포함한다. 인공지능이 분석한 데이터는 이미 누군가가 만든 원칙에 따라 가공된 정보이다. 인공지능의 처리는 기성 이론과 규칙, 데이터의 빈도에 따라 정의된다. 다양한 형태의 정보를 스스로 판별하여 자신만의 지식정보로 만드는 능력은 기계가 대신할 수 없는, 해서는 안 되는 영역이다. 인간에 의해 자율적으로 정의된 정보는 인간이 설계한 인공지능 학습의 기준점이 된다. 이를 통해 생성된 알고리즘은 미래형 학습의 새로운 정보 체계가 된다.

비판적 사고력: 어진 데이터를 객관적으로 평가하고 비판적으로 바라보는 능력이다. 비판 능력은 구축된 데이터 알고리즘의 문제, 논리성의 구조적 결함을 개선할 때 필요한 능력이다. 인공지능이 분석해 준 정보의 질을 판별할 수 있는 분석적 능력도 미래 인재가 가져야 할 필수 소양이다.

창의성: 미래 세대의 교육은 철저히 과정 중심이어야 한다. 대량의 1

차 자료 정보는 인공지능이 수집하여 저장하게 되고, 그것의 분류와 산술적 분석은 결과 값이며, 결과의 산출은 인공지능의 몫이다. 인공지능시대에도 대량의 1차 데이터를 수집하고 분류하며, 알고리즘의 원칙을 만드는 일은 인간의 영역으로 남는다. 이 과정에서 어떤 사안을 우선하여 처리할 것인가, 데이터의 빈도가 낮은 경우 중요 사안으로 처리해야 할 영역은 무엇인지 정의해야 한다. 데이터 정의와 분석에는 창의적 요소가 필요하며, 이는 창의적 순위 매김creative ordering과 데이터 위계 설정data hierarchy setting, 관계성data connectivity 설정 능력으로 구체화된다.

정보 판별 능력, 비판적 사고력, 창의성 교육은 어떤 방식으로 이루어질 수 있을까? 상급 학교에 진학하여 높은 수준의 교육을 받고, 많은 지식을 학습하고자 하는 교육열은 한국인의 상징이다. 이름 있는 대학의 학위를 받아 고학력자가 되어 안정적 직업을 가지는 것이 20세기 교육의 최대 목적지였던 것 같다. 하지만 인공지능 기술로 대표되는 미래 사회의 변화는 새로운 교육 패러다임과 교육제도, 교육 문화의 변화를 필연적으로 수반한다. '중등 교육, 대학 교육으로 이어지는 지식 습득의 경로는 이제 사라질 것인가'라는 질문을 진지하게 고려해야 할 시기가 도래한 것이다. 데이터의 개방성과 지식정보를 능동적으로 활용하는 교육은 미래 세대에게 새로운 교육 방법을 제시해 줄 것이다.

'일'의 변화에 따른 교육 내용의 변화

인공지능형 미래 교육의 방향은 기계의 영역과 인간의 고유 영역을 구분하는 것에서 출발한다. 반복 학습, 단순한 지식과 기술의 습득은 기계의 영역에 속한다. 인공지능으로 인해 인간이 그간 수행해 왔던 단순 반복, 암기 활동으로부터 상당 부분 해방될 수 있다는 점이 미래 교육 변화의 핵심이다. 일^{task}[2]을 수행하기 위해 전체 공정을 설계하는 단계, 인공지능 관리 단계, 그리고 단위 업무별 인공지능과의 효율적 협업 단계로 구분할 수 있다. 각 단계별 교육의 내용과 목적을 어떻게 설정할 것인가에 따라 그 내용과 과정이 결정된다. 팀 활동과 협업, 소통 능력을 매우 중요하게 다루고 있는 최근 교육과정 변화의 흐름과 맥을 같이 한다.

과거 인터넷이 상용화되면서, 기기 활용 능력을 가진 인재를 양성하는 것이 중요시되었다. 소프트웨어 사용 능력, 이메일 작성 능력, 실시간 소통을 통해 업무를 수행하는 능력이 강조되었다. 이제 주어진 업무만 잘 하는 '기계식 노동자'는 인공지능에 의해 대체될 것이다. 단순한 업무를 반복하는 직업은 인간이 수행하는 직업군에 속하지 않을 가능성이 높다. 더구나 현격히 짧아진 지식반감기는

2_태스크(task)란 우리말로 작업 공정, 단위 업무에 해당한다. 이제까지 인공지능과 관련된 일의 변화는 일자리 체계와 미래 직업 전망에 초점이 맞추어져 왔다. 방대한 데이터와 인공지능 기술이 일반화되는 인공지능 적응기에는 인간의 전체 일 공정(task) 가운데 어떤 부분을 인간만이 수행할 수 있는지, 또는 기계가 수행하는 것이 보다 효율적인지에 대한 구체적인 논의, 그리고 그에 따른 교육 내용의 사회적 합의가 더욱 중요해진다.

'평생직장'의 관념을 낡은 것으로 만들어 버렸다. 효과적으로 업무를 처리하는 프로세스 설계 능력, 팀원 간 소통과 업무 협업의 모델링이 미래 인간이 담당할 핵심 업무 능력이다. 그러므로 인공지능이 대체할 수 있는 부분을 제외한, 인간의 고유한 업무 영역이 배움의 핵심이 된다. 이런 배움은 성인기전 청소년기 학습을 통해 수행되어 졸업과 동시에 완료되는 것이 아니라, 직업을 유지하는 기간 동안 계속적으로 업데이트 된다. 인공지능시대의 배움은 '평생 학습'의 일상화이다. '평생 학습'은 문자 그대로 살아가는 내내 이어져야 할 것이다.

따라서 대학 교육도 이에 맞게 재편되어야 한다. 과정 중심, 현장 중심의 교과를 바탕으로 전공의 경계가 허물어져야 한다. 다양한 전공을 통합으로 이수하는 학제 운영이 필요하다. 복수 전공 이수가 필수적인 졸업 요건이 될 수 있다. 사회과학 계열, 자연과학 계열, 인문 계열, 공학 계열 등 기존 학문 분류에 따라 구분되어 온 학제도 훨씬 더 유연하게 변화해야 할 것이다.

더욱 어려운 과제는 제도의 개선보다 교육의 내용을 어떻게 변화시킬 것인가에 있다. 대면 교육, 이론 중심의 기존 교육 방식이 어떤 형태로든 변화해야 할 것이라는 점에는 이견이 없어 보인다. 인공지능시대의 교육 방향은 과정 중심 교육으로의 변신이다. 주어진 문제 해결을 위해 다양한 해법을 고민하고, 데이터를 활용하는 능력은 결과 중심의 교육만으로 얻어지지 않는다. 교과 중심, 전공 과목 중심의 교육은 이미 지난 시대의 사고방식이다.

특히 중·고등학교의 교과 간 벽 허물기, 인공지능시대에 맞는 대학 입시 제도의 개편이 시급하다. 과정 중심의 교육으로 개편하기 위해서는 교육 방법과 교육 콘텐츠에 대한 실제적 개편이 선행되어야 한다. 기초 지식 습득을 위해 인공지능 기술을 적극 도입하고, 첨단 교수법을 이용해 통합적으로 교과를 운영하는 한편, 교과 과정별 학습 단위 세분화의 구체적 기준을 마련해야 한다. 이에 맞는 평가와 입시 제도의 전환이 맞물려 작동해야 함은 물론이다. 과정 중심의 학습은 교과서의 이해와 암기 학습으로는 수행되기 어렵다. 과정의 학습을 위해 공학적 기법과 인문 사회학적 사고의 훈련이 가능하도록 교육과정 개발에 관심을 가져야 할 때이다.

그렇다면 현재 우리의 교육은 어디에 위치에 있을까? 배움, 교육 체계, 일자리 환경의 변화를 토대로 인공지능 도입기에 있는 우리 교육의 현재 모습을 객관적으로 관찰해 보자.

비대면 시대의 원격 수업과 인공지능

2020년 초 코로나 바이러스로 대부분의 학교가 문을 닫았고, 비대면 원격 수업이 흔한 일상이 되었다. 전통적인 배움의 영역에서 일고 있는 변화는 엄청난 것처럼 보인다. 그러나 변화의 실체를 보면 자못 실망스럽다. 교육계가 혁신적으로 변화하지 않으면 미래 사회에 대비할 수 없다는 위기의 공감대는 형성되고 있다. 그러나 거기까지다. 더욱 안타까운 것은 이런 인식도 교육의 주체인 학생과 학교의 자발적인 선택의 결과는 아니었다는 점이다. 교육계의 변화는 코로나 바이러스의 전 세계적 확산이라는 외부 환경의 변화에 따른 불가피한 현상이다. 대면 소통이 불가능해짐에 따라 학교 수업이 온라인상으로 옮겨진 것이다. 정해진 기존 담당 교과별 학습 내용을 교사가 강의하는 방식이다. 학습 내용은 변하지 않은 채, 비대면의 원격 학습 방식을 적용한 것이다.

한국은 1990년대 말부터 인터넷이 도입되어 2000년대 무렵 원격 교육의 필요성이 강조되기도 했다. 코로나19가 일상화시킨 비대면 수업은 학교라는 아날로그 제도와 인터넷을 통한 다양한 학습 도구를 접목한 '하이브리드형hybrid 원격 교육'이라고 할 수 있다. 외부 효과에 의한 변화지만, 코로나19와 유사한 사태가 장기화·일상화될 수 있다는 우려가 겹치면서 불가피한 변화를 긍정적인 변화로 바꾸기 위한 노력이 다각적으로 시도되고 있다.

비대면 방식 교육의 장점은 많은 학생들이 동시에 접속하여 교과 동영상을 시청할 수 있다는 것이다. 비대면 방식의 사교육도 각광을 받았다. 그러나 일대다(1 : N)의 일방적 지식 전달 방식이 전통적 교육 방식의 물리적 변형일 뿐이라는 비판과 원격 수업의 효과성에 대한 논란은 여전히 남아 있다. 기존의 학교 시스템이 화상 교육 프로그램을 통한 가상의 학교로 이동한 것뿐이다. 학년별 학제, 20명~30명 학생으로 이루어진 학급, 과목별 교사의 강의와 학생의 수동적 청취, 이것은 물리적 학교 공간을 화상 공간에 이동시킨 과거 교육 그대로다. 구한말의 양반이 양복만 입은 격이다. 겉모습만 바뀌었다고 개화된 것이 아닌 것처럼, 첨단 원격 소프트웨어를 통해 교육한다고 해서 이것이 바로 미래형 교육이라 착각해서는 안

된다.

학교 공간을 전제한 원격 교육이 지닌 가장 큰 문제는 획일화된 교육 내용을 학습 수준이 다른 학생들에게 대량으로 공급한다는 점이다. 주로 교사의 동영상을 보고, 문제를 푸는 연습을 하는 '인터넷 강의(인강)'의 형태라 볼 수 있다. 기존 지식을 이해하고 문제를 푸는 연습, 즉 입시용 강의에 최적화되어 있다. 원리를 배우고 원리를 만드는 창의적 미래 인재에게 적합한 학습 방식인지 의문이 드는 대목이다.

이제는 학생들의 수준과 관심사를 기초 데이터로 설정하고 이를 교과 내용과 연계하여 가르치는 인공지능형 학습 도구가 필요하다. 학습자의 능력과 학습 패턴을 고려한 인공지능 기술은 쌍방향 의사소통과 개인별 학습에 효과적이다. 인공지능이 처리할 수 있는 데이터의 양이 늘어나고 딥러닝 방식의 교육 도구들이 다양하게 개발되어 적용된다면 학습 영역의 과제들은 과거보다 훨씬 쉽게 해결될 수 있다.

인공지능의 교육적 효과성

아래 대화는 필자가 인터뷰한 중학교 3학년 학생과의 대화 가운데 일부이다. 인터넷 강의를 듣는 학생의 공부 패턴을 분석해서 학습 진도, 문제 풀기 등 학습활동을 도와주는 인공지능형 인터넷 강의 경험을 이야기한 것이다.

인터넷 강의 들을 때 보니까 제 공부 성향을 알아서 인공지능이 분석한 결과가 학습 사이트에 다 써져 있더라고요. 제가 어떤 영상을 어디까지 봤고 그 다음에 어떤 영상을 주로 클릭했고 이런 걸 분석해서 제 학습에 맞는 부분을 알아서 넣어 주고 그 다음에 강의를 추천해 주더라고요. 그런 식으로 제가 어느 부분이 점수가 부족하고 어느 부분을 보충해야 한다고 추천해 주더라고요. 나도 모르고 학교 선생님도 모르는데 인강 사이트 컴퓨터가 나를 더 잘 알더라고요. 학습 스타일이 어떻다고. 근데 읽다 보면 납득이 됩니다. 읽어 보니까, 하하 (이○○).

최근 교육 분야의 인공지능 연구가 학습자 중심의 교육과정 변화의 흐름과 함께 활성화되고 있다. 1990년대에는 교사 역할을 컴퓨터가 보조하는 형태의 '컴퓨터 활용 수업'teaching with computer에 관심이 높았다. 2010년 이후 학습자의 개별적인 요구에 부응하는 인공지능형 맞춤 학습 소프트웨어가 등장하기 시작했다. 이 무렵, 뜻있는 교사들은 학습자 간의 연계 학습 기능, 개인별 특성에 맞는 맞춤형 교육 설계에 관심을 가지기 시작했다. 첨단 기기를 이용한 교수법에 관심을 가진 교사들은 학습자 중심의 교수 설계 소프트웨어에 관심을 가지고 시범 수업을 시작했고, 교육의 효과성에 대한 연구도 속속 시도되었다.

이에 따라 교육 활동의 관리 측면에서 인공지능은 활용도가 매우 높아졌다. 사용자의 수준에 따라 어떤 콘텐츠가 제공되어야 하는지 결정하고, 효과성을 평가하는 기능면에서 탁월하기 때문이다.

교육 내용을 학습자가 얼마나 효과적으로 받아들일 수 있는지 진단하고 평가하는 기능이 활용되고 있다. 특히 문제 해결형Problem Based Learning, PBL 학습 방식을 적용할 때 인공지능의 도움을 받는 것은 매우 효과적이다. 학생이 문제 해결을 위해 가상의 로봇 튜터tutor와 대화하고 해법을 주고받는 실시간 피드백 교육 활동이다.

제가 활용하는 교육 프로그램이 있는데, 몰랐던 걸 다시 점검하고 비슷한 유형을 추천해서 문제를 만들어 주고 테스트를 볼 수 있게 해줘요. 엄청 많은 문제가 널렸단 말이에요. 수도 없는 문제집과 수도 없는 책이 다 들어가 있는 인공지능이라 그걸 통해서 다른 문제를 추천해 주고 복습도 할 수 있게 해주고 학생들 성향에 맞춰서 부족한 부분을 알 수 있게 해 줘요. 이런 기능은 정말 시험 공부할 때 도움이 되요(이○○).

위의 대화는 인터뷰에 참여한 중학교 학생이 인공지능형 교육 프로그램이 학교 시험에 얼마나 도움이 되었는지 이야기한 것이다. 현재 한국의 교육 환경에서 인공지능 기술이 효과적으로 활용되고 있는 분야를 잘 지적한 것 같다. 아직까지 인공지능 기술은 문제 풀이형 학습에 유용하다. 학습 목표치에 이르기 위해 단계를 설정하고 효과적으로 그 목표를 달성할 수 있는 방법과 길을 안내하는 것이다. 다음으로는 인공지능형 도구 학습이 보다 효과적으로 적용될 수 있는 분야를 제시한다. 입시 중심의 문제 풀이 학습을 넘어, 자율적 사고력을 높일 수 있는 교육 분야의 적용을 보여 준다.

학습 보조 도구 인공지능

인공지능 기술을 도입했을 때 가장 효과성이 높은 분야는 맞춤형 기초 교육, 수리·과학 영역의 가상 시뮬레이션, 챗봇형 언어 교육 분야 등이다. 이 분야에서 인공지능은 학습 도구로서 교사를 도와주는 기능을 수행한다. 초기 인공지능의 기능을 활용하여 맞춤형 학습 서비스를 제공하고 학습자의 특성에 맞게 도움을 주는 튜터 로봇인 셈이다. 주로 초등학교 저학년 정도의 수준에서 일정한 법칙(수학 공식, 언어 문법)이 있는 교과에 활용되고 있다(박종향·신나민 2017). 교육행정 지원 영역에서도 도입되고 있는데, 미래형 교육 지원 시스템의 확장된 모습이라 할 수 있다.

각 영역의 특징을 구체적으로 살펴보면 다음과 같다.

첫째, 맞춤형 기초 교육은 지능형 학습 지원 시스템을 통해 이루어진다. 지능형 튜터를 통해 개인별 학습을 진행한다. 동영상 강의를 통해 기초 개념을 설명하고 이것을 이해했는지 점검한다. 지능형 튜터는 단계별 조언, 퀴즈 풀이 등의 피드백을 제공하고, 다시 설명하는 역할을 한다. 저학년용 교과 학습에 활용할 수 있고, 현재 학교 교육에 바로 활용할 수 있다.

둘째, 수리 과정에서 계산을 도와주고, 기본적인 수학과 과학 원리를 이해하는 도식, 표, 상호 반응에 따른 교육interactive instruction 을 제공한다. 자연과학의 원리를 적용하여, 학생 데이터를 연동하고 자율적 실험과 팀 활동에 이용하는 시뮬레이션 수행형 튜터이다.

셋째, 챗봇을 이용한 개별 언어 교육 방식이다. 교육 현장에서 주로 외국어 교육에 활용되고 있다. 디지털 교과서를 기기에 탑재하여 컴퓨터 보조 수업에 활용되고 있다. 인공지능이 원문을 읽어주고, 학생이 따라 읽으면 발음을 교정해 준다. 인공지능과 외국어로 자유 대화를 진행할 수도 있다. 개인별 개별 학습에 도움을 줄 수는 있지만, 실제 교사의 도움 없이 이 방식으로 처음부터 혼자 학습하기에는 어려움이 있다는 단점이 있다. 인터넷 포털 서비스에 탑재된 외국어 번역 서비스도 이에 해당한다. 외국어 교육은 인공지능형 교육의 최대 수혜 분야이다.

번역에 적용되는 인공지능 기술은 언어 교육의 좋은 예이다. 언어에 적용되는 문법은 주어진 데이터와 규칙에 따라 구성되고, 수많은 상황과 단어의 조합에 따라 상황에 맞는 번역이 가능하다. 문법에 맞아야 할 뿐만 아니라, 실제 상황에 적합한 언어의 선택, 관례적 표현을 이해하는 '상황 인지'의 데이터와 세밀한 알고리즘이 적용될 때 자연스러운 번역이 가능하다. 언어가 사용되는 구체적 상황에 따라 적절한 단어를 선택하는 것은 매우 어려운 작업이다. 수많은 예문을 이용해 예시 대화를 만들고, 언어의 사용에 대한 방대한 데이터의 조합이 필요하다. 실제로 말하는 사람의 직업, 연령, 학력, 성별, 지역 등에 따라 미묘한 어투의 차이가 있기 때문에, 자연스러운 번역을 하려면 상당히 세밀한 문장 조합 데이터가 축적되어야 한다. 초기 인공지능 기술이 접목된 번역 솔루션의 기술은 그리 만족스럽지 못했지만, 현재 상당한 수준으로 개선된 것으로 보인다.[3] 의사소통의 상황과 개인적 특성에 따라 언어적 특성을 고려

표 5-1. 인공지능을 활용한 교육 사례

구분	내용	비고
맞춤형 기초 학습 시스템	학교 진도와 학습 성향, 학습 수준에 맞는 학습 콘텐츠 추천, 학습 종료 후 성취도와 성적 분석, 개인별 맞춤 학습	학교 교육에 활용 가능
수리, 과학 시뮬레이션	수리 계산, 과학 원리 그래픽 재현, 학생 데이터로 표 출력	수리·과학 교육에 특화
챗봇을 활용한 언어 교육 (외국어 번역)	인공지능 번역 서비스, 외국어 발음 교정	인터넷 포털 서비스 탑재
유아용 놀이 학습	로봇 기술과 스마트폰을 이용한 유아교육, 문자-음성 변환 시스템을 이용한 책 읽어 주기 기능	감성 놀이, 관계 지향형 교육

하는 '인지'cognition 통합 기술을 필요로 하는데, 소위 '공감 기술'이라고 할 수 있는 최첨단의 영역으로 '감정적 표현', '특징 표현 학습'의 전문 기술이 접목되었다. 향후 인공지능이 언어 데이터를 종합적으로 처리하여 개인 특성과 상황에 맞는 번역이 가능해진다면, 학교에서의 외국어 교육이 불필요해질 수도 있다.

〈그림 5-2〉의 학습 시스템은 수리·과학 분야, 그리고 컴퓨터 프로그래밍 학습을 도와주는 대화형 교육 프로그램의 예이다. 미국 콜로라도 대학의 교육 프로그램을 적용하여 과학 실험 시뮬레이션이 가능하도록 한국 사이트로 구성한 것이다. 학생 스스로 데이터를 입력하여 수리적 계산을 해 보고, 과학 원리를 그래픽으로 재현해 보는 과정은 교육적 효과가 매우 크다. 요즘과 같이 대면 학습이

3_이와 관련된 기계번역에 대해서는 이 책 2장을 참고하라.

그림 5-2. 미국 콜로라도 대학 과학 시뮬레이션 학습 시스템

어려운 시기에 비대면 과학 교과에 적용할 수 있다. 모의실험, 가상현실 기법을 적용한 모의 현장학습도 가능하다.

인공지능 로봇을 이용한 교육은 놀이식 교육에 적합하다. 중학생 이상을 대상으로 하는 교과 교육과 달리, 초등학생 층을 대상으로 놀이와 프로그래밍 코딩을 접목한 방식도 최근 다양하게 시도되고 있다. 유아, 청소년 대상 교육과정에 도입되고 있는 인공지능 기술은 놀이식 로봇, 외국어 교육, 과학, 수리 분야 등 다양하다. 개인의 상황에 따라 연령별, 수준별, 관심 분야별로 다양하게 활용한다면, 비대면 시대 학교교육을 보충하고, 개별 맞춤형 교육의 효율성을 높일 수 있다.

그림 5-3. SK텔레콤 인공지능 로봇 알버트

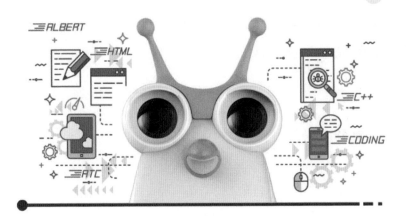

마지막으로, 교육 행정, 교육 인적자원, 학사 관리 업무를 위한 교육 관리 분야에 주목할 필요가 있다. 향후 교육 관리형 인공지능 기술을 통해 학생의 적성과 생활 관리, 입시 등 학생 관리 전반에 활용할 수 있다면 기대 이상의 효과를 거둘 수 있다. 교육부의 교육행정시스템NEIS에 인공지능 기술을 접목한다면 학생들의 특성과 관심에 따른 공교육 서비스 제공이 가능하게 된다. 뿐만 아니라, 개인별 학업 성취도 데이터에 근거하여 개인별 맞춤형 생활지도와 진학지도를 병행한다면, 질 높은 공교육 행정 서비스가 가능하다. 비대면 교육 시기에 학생과 교사의 관계 형성과 학생 지도 피드백에 적극 활용할 수 있다.

다음으로는 대학을 중심으로 한 대학 교육과 학술 분야, 일반 지식서비스의 동향과 전망에 대해 알아본다. 교육의 효과성과 별개의 문제로, 대학 입시라는 큰 장벽은 한국 교육이 안고 있는 비극적 현실이다. 인공지능시대의 대학 교육과 연구, 그리고 지식서비스의 영역은 변화할 수 있을 것인가? 이번에는 대학 교육과 학술 연구의 변화 가능성을 살펴보자.

학계의 변화

국가 경쟁력은 궁극적으로 대학을 중심으로 한 고등교육의 질이 얼마나 높은가에 따라 결정된다. 초중고 12년의 교육을 넘어, 대학 교육을 통해 얻어지는 전문 지식의 내용과 질은 국가 경쟁력을 결정하게 된다. 특히, 대학 교육의 질은 대학원 과정으로 이어지는 연구 수준의 질로 연결된다. 인공지능시대의 대학 교육과 학술 분야의 변화는 이미 가속화되고 있으며, 일자리 체계의 변화에 의해 영향 받고 있다.

먼저 학계의 인공지능 기술 확산에 따른 변화, 대학 교육의 변화, 그리고 학술 연구용 지식서비스의 변화를 살펴보자. 대학의 연구자들은 창의적인 연구를 진행하기 위해 기존 이론과 연구 결과물, 1차 자료 등 기존 지식 산출물에 자유롭게 접근할 수 있어야 한다. 개방적인 연구 환경은 창의적인 연구의 필수 조건이 된다. 학술 연구 결과물이 얼마나 개방적으로 공개되어 있는지에 따라 미래 지식 생산에 중대한 영향을 준다. 인공지능 기술 도입기에 있는 한국의 학술 연구 데이터의 개방성은 비교적 높은 편이다.

예를 들어, 국내외 학자들의 연구 결과물을 한곳에 모아 일반에 제공하는 교육 학술 데이터 아카이브data archive를 살펴보자.[4] 학술 데이터 아카이브는 일반 사용자에게 생소한 분야이지만, 1990년대 말 한국에 도입되어 현재는 사용자 맞춤형 데이터 서비스로 발전하고 있다. 연구자들은 논문과 데이터를 자유롭게 열람하고 연구에 활용할 수 있는 인공지능형 학술 아카이브를 통해 해외 학술 연구 결과물을 실시간으로 검색할 수 있다. 또한, 연구를 위해 관련 학술 정보를 검색해 국내외 주류 연구 동향을 알 수 있고, 자신의 연구와 관계된 연구 자원이 어디에 많은지 알 수 있다. 실시간으로 연구 생태계에 접근해 다양한 연구자들과 연결될 수 있다.

한국의 경우 국가 주도의 학술 정보화 활성화 정책이 추진되어 오고 있다. 1990년대 후반 인터넷 보급이 확산되면서, 국가의 지식 정보 활용 지원 정책에 의해 대학 도서관을 중심으로 학술 서비스의 첨단화가 본격화되었다. 교육부에서 운영하는 한국교육학술정보원KERIS의 학술연구정보서비스RISS가 대표적이다. 논문 검색과 단행본 검색 뿐만 아니라, 학문 분야별 검색 및 연구자 네트워크 분석, 관계망 분석 기능이 제공된다. 하지만 인공지능형 학술 서비스가 본격 도입되고 있지는 않다. 지식 분야별, 연구자별 맞춤형 서비스를 적용한 인공지능 서비스 도입이 시급한 영역이다.

4_'아카이브'란 우리말로 기록보관소이다. 일반적으로 '데이터 아카이브'란 각종 데이터를 보관해두는 데이터베이스(database)를 말한다. 교육용 또는 학술 연구용으로 생산된 논문, 조사 데이터, 통계 자료, 강의 동영상 등을 저장하여, 필요한 사용자에게 제공하는 전자 도서관 개념이다.

대학 자체의 교육·학술 지식서비스, 민간 학술 분야도 첨단 기술의 도입은 더딘 편이다. 첨단 학술 정보 서비스의 예로 국내외 사회과학 학술분야의 원자료raw data를 제공하는 데이터 아카이브가 있다. 한국의 경우, 1997년에 설립된 한국사회과학데이터센터KSDC, 2006년에 설립된 한국사회과학자료원Kossda을 예로 들 수 있다. 현재는 조사자료 중심의 서비스, 실시간 분석 시스템Online Analytic Processing System을 이용한 분석 서비스를 제공하고 있다. 서구 이론의 시각에서 생산된 원자료 데이터, 메타 정보가 주로 제공된다. 한국 사회의 변화에 맞는 데이터 정의와 인공지능 기술 개발과 적용이 시급하다.

다음은 사회과학 분야 대학 부설 연구소 연구원과의 인터뷰 내용이다.

우리 사회 분위기가 아무래도 학술 쪽은 인공지능 도입도 늦고, 지금 적용이 되기는 좀 힘든 측면이 있습니다. 인공지능이 도입될 마지막 분야가 아닐까 싶어요. 인공지능 기술 자체 솔루션을 이용한다기보다는 연구 정보 빅데이터를 이용해서 교육 학술 정책과 사회 변화를 예측하는 정도로 속도가 늦은 것 같아요. 기존 아카이브가 서베이 데이터라든지 이런 일차원적이고 한시적 용도로 활용되는 자료, 즉 자료 가공에 노동력이 많이 들어가는 자료에 대한 수요가 있기 때문에 유지되고는 있어요. 하지만, 현재 빅데이터 자료도 같이 활용되는 과도기가 당분간 있지 않을까 생각합니다. 이런 과정을 거쳐 그동안 알지 못했던 다른 방식, 연구 방법들을 통해 얻어진 결과, 즉 분석 파인

딩이 축적되면 인공지능 기술에 의한 지식서비스 수요가 늘어날 것 같습니다(이○○).

이처럼 대학을 중심으로 한 교육 학술 서비스 분야의 인공지능 기술 적응성은 매우 취약하다. 이에 비해 미국, 유럽을 중심으로 한 대학 교육 및 학술 서비스의 첨단 기술은 엄청난 속도로 발전하고 있다. 특히, 사회과학 분야의 첨단 이론 흡수 속도는 매우 더디다. 최근 국가정책은 이공 계열, 과학기술 분야를 중심으로 지능형 학술 정보 서비스 도입과 확산에 관심을 가지기 시작했다. 국가적 관심과 투자는 이공 계열, 연구자가 보다 자유롭게 자료에 접근할 수 있는 개방성, 그리고 지능형 인프라 구축에 집중되어 있다. 학술 정보화 정책이 인공지능 기반 정책으로 확대된다면, 학문 분야별 필요 데이터 자원, 연구자 양성과 사회적 수요의 예측이 가능해질 것이다. 현재까지 일부 공학 계열을 제외하고 인문, 사회과학 계열, 예술 계열 등 전반적인 교육 학술 지식서비스 확충에 대한 관심과 예산 투자는 매우 부족하다.

학술 분야의 인공지능 기술의 도입, 첨단 기술의 적용에는 국가적 차원의 초기 투자가 매우 중요하다. 대학과 민간 연구소의 지식 관리 체계가 매우 낙후된 실정에서 혁신적인 투자와 기술 도입을 우선하는 정책이 필요할 것 같다. 주류 지식의 흐름을 국내 연구자들에게 실시간 공유하고 창의적 지식을 생산하는 학술 생태계의 회복을 위해 이는 반드시 필요한 부분이라 하겠다.

3. 배움과 관련된 미래 이슈

산업혁명의 역사와 비교해 볼까요. 그때도 사실 충격이었을 거예요. 그때 인식론 자체가 바뀌어 버릴 정도로 충격이었듯이, 인터넷의 등장도 사실 지식정보사회에선 상당히 큰 충격이잖아요. 쉽게 말해 종이로 된 브리태니커 백과사전이 없어졌으니까요. 정말 지식 권력의 변환이거든요. 그 이전까지만 해도 도서관에서 찾던 자료를 컴퓨터를 가지고 구글 검색을 해요. 인공지능 로봇, 이런 걸 너무 거창하게 생각해서 정말 한100년 이후에나 나올까 말까 하는 기술들을 지금 벌써 걱정해요. 터미네이터 같은 거 말이죠. 인공지능과 관련된 여러 가지 기술 개발 속도와 사회 변화가 같이 가는 게 아닌데 지금 사람들은 다 그냥 터미네이터처럼 인간 살상 로봇도 나오고 전쟁 로봇도 나오고 이런 게 개발된 것처럼 생각하는 거예요(송○○).

배움과 관련된 인공지능의 순기능과 역기능

한국은 인공지능 도입의 초기 단계라 할 수 있다. 기술 적용 초기 단계에는 대량 데이터 처리와 신속한 자료 제공, 실시간 반응과 태스크 처리 기능이 인공지능 기술이 가진 큰 장점으로 인식되었다. 많은 자료를 빠르고 쉽게 찾을 수 있고, 심지어 나의 관심 분야를 미리 알고 그것에 적합한 자료를 제시해 준다니 얼마나 환상적인가? 공부를 하거나 논문을 쓸 때의 효율성은 엄청나게 높아질 수 있다. 하지만 정보와 지식에 관련해서 인공지능은 이렇게 순기능만 있는 것일까?

1999년 인터넷 도입 초기, 저소득층은 인터넷을 이용하기 어려웠다. 값비싼 컴퓨터 구입과 통신망 이용에 제약이 있었기 때문이다. 당시 정보통신부에서 저소득층에 개인 컴퓨터를 보급해 주었고, 국가적 차원에서 정보 불평등의 해결에 많은 관심을 가졌다. 그럼에도 정보화가 가속화될수록 가난한 계층의 지식정보 소외digital divide의 문제는 심각했다. 첨단 기술을 이용하기 위해서는 일단 개인용 컴퓨터와 전산망이 필요했다. 그러나 그 당시 개인용 컴퓨터는 매우 값비싼 기계였고, 더욱이 인터넷 통신망은 지금처럼 보편화되지 못했다. 정부는 첨단 기술을 공공재로 보아 그 비용을 국가의 정보복지 예산으로 충당하고자 했다. 컴퓨터의 보급, 전산망의 확충, 학교와 대학 도서관의 정보화 사업을 국가의 우선 정책 과제로 삼았다. 교육 학술 분야에서 첨단 기술의 보급은 '누구나 평등하게 지식정보에 접근하는 보편적 가치의 실현'이라는 국정 과제로 실행되었다. 정보복지 개념은 김대중 정부가 내세운 혁신적인 정치 철학이었다. 이후에도 이 개념은 한국의 중요 국가정책으로 실현되었고, 사회·정치 변화를 추동하는 중요 요인이 된다.[5]

5_한국전산원(현 한국정보화진흥원 전신) 1999년 국가정보화백서 참조. 한국의 지식정보화 정책은 1995년 정보화촉진기본법이 제정되면서, 국가적 차원의 정책으로 활성화되었다고 볼 수 있다. 1998년 취임한 김대중 대통령은 이전 정부의 전산화(digitalization) 개념을 '지식정보' 개념으로 확장하고, 사회적 불평등을 지식정보의 불평등으로 해석하여 정보복지 개념을 최초로 정책화했다.

인공지능 기술을 포함한 모든 첨단 기술은 공공재의 특성을 가
진다. 첨단 기술의 국가 독점, 국가 주도형 보급 정책은 사실 한계
가 있다. 첨단 기술의 도입 초기에는 공공재적 시각에 의해 기술이
보급되지만, 일정한 시간이 지나면 그것이 국가 차원에서 지속되기
어렵다. 자본의 논리에 의해 첨단 기술은 민간에 이양되고, 기술과
통신망의 보급은 상업화의 길로 들어서게 된다. 공공재인 첨단 기
술의 보급은 자본주의 논리에 따라 부의 편중과 사회적 불평등의
문제로 귀결되는 경향이 있다.

첨단 기술에 대한 접근 불평등과 정보 격차는 인공지능시대에
도 마찬가지로 적용된다. 특히 인공지능 기술은 최첨단 기술로 도
입 초기부터 대부분 민간에 의해 주도되고 있다. 이런 이유로 인공
지능형 첨단 기기와 인공지능형 배움은 공공재임에도 일부 계층의
전유물이 되기 쉽다. 현실적으로 노인이나 저소득층에게 인공지능
은 먼 나라 이야기이다. 세대 격차, 빈부 격차는 정보 격차로 중첩
되어 사회 불평등, 경제적 부의 편중 문제로 증폭될 수 있다.

초기 단계의 인공지능형 로봇이 제공하는 정보의 신뢰성 문제
도 제기될 수 있다. 대량 데이터의 처리를 기초로 한 인공지능의 초
기 서비스는 실상 제한된 일부 데이터의 입력과 처리에 의해 이루
어진다. 데이터 처리 알고리즘은 제한된 데이터를 기초로 생성되었
기 때문에 그 결과를 전적으로 신뢰할 수는 없다. 그것이 믿을 만한
지 확인하려면 인간이 다시 검증해야 하는데, 대량 데이터라는 출
발점, 알고리즘을 둘러싼 경제적 이득, 검증하는 인간의 지식 및 가
치관 차이 등이 장애물로 등장한다. 적어도 초기 단계에서 인공지

능의 처음과 끝은 인간으로 돌아온다.

인공지능 알고리즘에 의해 산출된 지식정보를 객관적인 정보 산출로 보기 어려운 경우도 많다. 핸드폰에 내장된 인공지능 도우미는 내 정보를 토대로 답변을 제시한다. 특정한 네트워크에 집중된 데이터, 그리고 그에 따른 정보 산출을 일반 사용자가 식별하기 어렵다. 초기 단계에서 잘못 입력된 데이터를 바로잡기도 매우 어렵다. 제한된 데이터 환경에서 학습된 알고리즘의 결과는 왜곡된 정보를 무차별로 생산하는 부작용을 낳을 수 있다. 이 점에서 인공지능에 의한 왜곡된 정보의 생산은 특유의 일반성, 진실과 오류의 경계가 희미해진 탈진실의 영역을 구축할 수도 있게 된다. 오류를 확인하는 것보다 더욱 빠르게 편향되고 개인화된 데이터를 객관적인 데이터인 것처럼, 무수히 많은 지점에서 대량으로 산출할 경우, 하나의 오류가 다른 오류의 근거가 되어 꼬리에 꼬리를 물고 오류가 양산되는 사태가 발생할 수 있는 것이다. 이 경우 의도적인 거짓된 정보 생산의 책임보다 거짓된 정보가 사회 전반에 유통되는 문제는 심각하다. 거짓 정보의 유통 책임은 모두에게로 돌아간다. 더욱 나쁜 경우, 기존 사회 가치와 일정한 갈등이 있을 경우, 정보와 지식 소통이 왜곡될 수 있고, 의도적으로 은폐될 수 있다.

인공지능에 의한 탈진실의 유포 문제는 의도적인 거짓 정보 생산의 책임에 국한되지 않는다. 오히려 거짓 정보가 사회 전반에 유통되는 문제가 더욱 심각하다. 거짓 정보의 유통 책임은 모두에게로 돌아가며, 진실과 거짓을 판별하는 사회적으로 합의된 기준 자체가 위협을 받는다.

인간만이 가능한 영역이 있을까?

우리가 스마트폰을 처음 만났을 때 완전 쇼킹했거든요. 갑자기 인터 넷 검색을 걸어 다니면서 막 할 수 있고, 어디 다른 나라에 가도 지도 가 다 나오고, 지금 우린 스마트폰을 다 쓰고 있어요. 걸어 다니면서 전화하는 걸 상상도 못 했잖아요. 그런 첨단 기계를 이제 누구나 가 질 수 있는데, 만약 인공지능이 보편화된다면 커버하지 못하는 영역 이 있을까요? 한계가 없지 않겠어요? 그럼 정말 우리 인간은 무엇이 냐 라는 문제가 드러나겠죠. …… 그게 결국 인문학적인 가치, 교육 이 인문, 철학 쪽에 초점을 맞춰 줘야 한다는 거죠. 그런데 인공지능 과 인문학적 가치가 공존하는 그런 교육이 가능할까요?(송○○)

미국에서는 프로야구, 아주 낮은 리그에서 인공지능 심판을 넣는대 요. 그래서 볼, 스트라이크를 판단하게 한대요. 인간이 만든 게임 속 경기 규칙 속에 인공지능을 집어넣는 것이죠. 그런데 완전히 새로운 게임을 만드는 것을 상상해 보세요. 만약 야구 게임이 지금 없었는데 인공지능이 앉아서, '야, 너희들 이런 게임 한번 상상해 봤냐?' 그래 서 구장 하나 만들어 주고 '1,2,3루가 있고 그래서 이렇게 점수가 나 면 이기는 거야'라고 하는 거에요. 상상해 보세요. 인공지능이 과연 독자적으로 게임과 규칙을 만들 수 있을까요. 그것마저 가능할 수 있 을까요? 인공지능과 인간의 고유한 영역의 차이가 이 지점 아닐까 요?(류○○)

앞서 논했던 것처럼, 일반 인공지능이 인간의 전통적인 학습 영역을 위협하는 시대가 도래할 것이라는 주장은 더 이상 낯설지 않다(카플란 2016; 유타카 2015). 먼 미래일지라도 만약 일반 인공지능이 실현된다면 전통 지식을 이해하고 반복적으로 학습하는 교육 방식은 필요 없게 될까? 불확실한 미래의 상황을 상정한 것이라 하더라도, '기계인 인공지능과 다른 인간의 고유한 능력은 존재하는 것일까'라는 질문은 현재에도 논의할 가치가 충분히 있다. 이 질문은 근본적으로 인공지능에 대한 것이 아니라 인간 본질에 대한 질문이기 때문이다. 게다가 단순한 데이터의 입출력 프로그램을 적용한 인공지능 기술조차 전통적인 교육제도에 큰 위협이 될 수 있다는 전망도 상당히 설득력이 있다.

〈그림 5-4〉는 인간처럼 생각하고 행동하는 일반 인공지능을 강한 인공지능, 데이터 처리와 계산 기능 구현 단계에 있는 인공지능을 약한 인공지능이라 구분한 것이다. '인간처럼' 생각하고 행동하는 기계의 합리성은 논리적 사고와 계산하는 능력, 그리고 인간과 유사한 의사 결정을 하는 인지적 능력으로 구분된다. 즉, 합리적 사고라는 것은 인간과 기계를 구분하는 특성은 아니다. 그렇다면 인간의 고유한 특성은 무엇일까?

인류 역사상 가장 오래된 학문은 철학이다. 인간들이 생각하고 느끼는 것들을 기억하고 그것으로부터 새로운 현상을 해석하고 추론하여 새로운 지식을 창출하는 것은 오랫동안 철학의 영역이었다. 이 분야를 인공지능으로 대체할 수 있을까? 추론의 기본은 논리이다. 논리적 추론의 대표적 학문은 수학이다. 학교에서 배우는 계산

그림 5-4. 일반 인공지능과 약한 인공지능의 사고 유형 차이

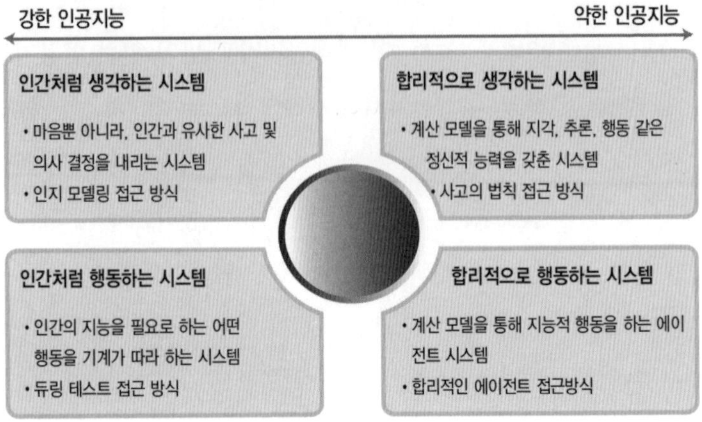

강한 인공지능 → 약한 인공지능

인간처럼 생각하는 시스템
- 마음뿐 아니라, 인간과 유사한 사고 및 의사 결정을 내리는 시스템
- 인지 모델링 접근 방식

합리적으로 생각하는 시스템
- 계산 모델을 통해 지각, 추론, 행동 같은 정신적 능력을 갖춘 시스템
- 사고의 법칙 접근 방식

인간처럼 행동하는 시스템
- 인간의 지능을 필요로 하는 어떤 행동을 기계가 따라 하는 시스템
- 듀링 테스트 접근 방식

합리적으로 행동하는 시스템
- 계산 모델을 통해 지능적 행동을 하는 에이전트 시스템
- 합리적인 에이전트 접근방식

출처: 백승익 외(2016) 재인용

과 산수의 원리, 수학적 공식의 이해와 전개는 가장 기본적인 추론의 기초가 된다. 인공지능이 처리하는 대량 데이터는 기본적으로 수학 공식과 통계적 논리에 의존한다. 수학 영역의 지식은 인공지능이 가장 잘 처리할 수 있는 분야라고 할 수 있다. 인간이 어떻게 생각하고, 정보를 인지하고, 두뇌에 저장하는지를 연구하는 '인지 심리학'은 인공지능의 딥러닝 기술과 관련이 된다. 입력 데이터를 분석하고, 주어진 명령에 정확하게 답변하여 솔루션을 도출할 수 있는 것은 '인간은 어떻게 생각하고 행동하는가'의 문제로 좁혀진다(러셀·노빅 2016).

철학, 수학, 인지 심리학 등의 학문 영역에서 가정했던 인간의 지적 능력은 인간 고유의 특성인가? 혹자는 인공지능을 효과적으

로 교육에 활용하는 방안을 찾고자 한다면, 인간의 지적 능력에 대한 철학적 고민이 선행되어야 한다고 주장한다. 인공지능형 교육의 기술적 구현 가능성을 고민하기 앞서, 다음의 몇 가지 질문을 던져 보자. '인간에게 배움이란 어떤 의미인가?' 그리고 '계산, 탐색, 추론, 상상 등 인간이 수행할 수 있는 지적인 능력 가운데 인간의 고유한 특징이 있는가? 있다면 그것은 무엇인가?'

최근 인공지능과 사회 변화에 관심을 가지는 사회과학자들이 늘어나고 있다. 이는 미래의 인공지능 기술이 우리의 미래를 어떻게 변화시킬 것인가라는 진부한 문제를 넘어선다. 이것은 인간의 고유한 이성과 인간 이성에 대한 상대적 관점, 그리고 이것에 대한 현재적 이해와 해석에 관한 새로운 질문이다. 인간만이 깊이 있게 사고하고 비판하며, 추론할 수 있다고 보는 인간 이성의 고유성을 강조하는 전통 철학에 대한 도전이다.

인공지능시대에 '무엇을, 어떻게 배워야 할 것인가'의 질문은 결국 '인간은 어떻게 생각하는가?'라는 전통적인 철학의 문제로 다시 환원된다. 인간만이 스스로 생각하고 이성적으로 생각할 수 있다는 교육의 관점은 인공지능 패러다임 속에서 다시 논의되어야 할 것이다. 인공지능형 인간 이성의 철학적 관점은 기계와 인간을 모두 공존하는 존재로 인식하고, 인간 스스로를 또 다른 객체로 인식하는 상대주의적 시각에서 출발한다. 인공지능시대의 인간은 이성을 가진 유일한 존재가 아니며, 불완전한 존재로서 기계와 소통하는 미립자라 할 수 있다. 미립자란 부분을 구성하는 일부분particle을 의미한다. 아무리 뛰어난 인간일지라도 홀로 존재할 수 없으며, 인간과 기계는 서로 협업하는 공존의 관계를 이루는 것이다. 이러한 전제를 인정하는 것은 인간에게 새로운 도전이 된다. 인공지능의 확산은 인간 중심의 과학철학적 패러다임의 중심축이 이동하는 대변혁을 의미한다(Kohler 2010). 이러한 변화가 우리 배움에 어떠한 변화로 다가올 것인가? 인간관의 변화는 어떠한 결과를 초래할까? 인간은 역사의 주인공이 아닌 조연으로 밀려나는가? 우리는 무엇을 배울 것인가? 기계와의 관계는 어떻게 설정할 것인가? 이것에 대한 해답을 고민해 보자.

> 인간은 무엇인가? 존재론적 고민이죠. 인간 존재로서 관계론적인 의미가 굉장히 컸는데, 그것은 물질하고 관계를 어떻게 맺고, 다른 사람하고 관계를 어떻게 맺는가, 그런 관계론적인 얘기였어요. 지금은 그런 관계론적인 것에 있어 엄청난 변화가 생겨나고 있습니다. 사회 구성원이라는 것을 지금까지는 인간 중심으로 생각을 해왔는데, 반려 동물이 가족 구성원이 됐어요. 그런데 앞으로는 반려견 못지않게 인간의 역할을 대신하는 인공지능이라면, 교수가 됐건 의사가 됐건 이런 인공지능 존재도 인간과 관계를 맺고, 또 그들의 권리를 고려해야 되지 않을까요?(류○○)

인공지능 기술이 인간의 의사 결정 과정, 생활 습관을 변화시킴과 동시에 우리의 교육과 학습 과정도 급격하게 변화시키고 있다. 물리적인 학교 환경과 제도는 변함없이 우리의 교육 환경에 중요한 영향을 미칠 것 같다. 또한 교육의 주체로서 인간은 여전히 배움을 추구한다. 인공지능 기술을 활용한다면 단순 지식의 습득에 할애할 시간은 감소할 것이다. 반면 배움을 통해 얻어진 지식 간 연결고리 nod를 통해 파생되는 새로운 지식의 영역, 그 틀 안에서 인간과 인간, 인간과 기계 사이의 관계성 설정의 문제는 새로운 사회적 이슈로 등장할 수 있다. 인간과 기계의 관계는 그것의 범위를 어디까지 인정할 것인가? 인간과 기계의 관계 설정은 새로운 사회적 합의를 필요로 한다.

2016년 3월 구글이 만든 인공지능 '알파고'가 한국의 바둑 천재 이세돌 9단과 대결을 펼친 일화는 잘 알려져 있다. 인간의 승리를 장담했던 바둑 전문가는 물론 IT 전문가도 알파고의 승리를 예상하지는 못했다. 알파고의 알고리즘이 100만 번 이상의 대국을 치르며 업그레이드되었고, 대국 시간을 인간의 시간으로 환산하여 매일 한 번씩 대국을 한다고 했을 때 2,700년 이상 훈련한 것이라는 뉴스는 일반 대중에게 큰 충격을 주었다. 사실 여기서 중요한 점은 알파고와 이세돌 가운데 누가 이겼는가 하는 승패 여부가 아니다. 기계와 게임을 치른 인간 이세돌의 변화라고 할 수 있다. 이세돌 9단은 이후 인터뷰에서 바둑 인생 전체에서 알파고와의 대국이 자신에게 엄청난 충격이었고, 바둑 기사로서 은퇴하게 된 직접적 동기가 되었다고 밝혔다(엄민용 2019).

이처럼 인공지능 기술의 파급은 그것의 기술적 변화에 그치지 않는다. 기계인 인공지능과의 관계는 교육적 효과뿐만 아니라, 인간의 인식과 의식에도 중대한 변화를 일으킨다(카플란 2016). 인공지능 기술이 미래 세대에게 어떻게 받아들여질 것인가는 미래 변화를 예측할 수 있는 중요한 지표가 된다. 새로운 교육의 인공지능형 패러다임은 철학과 수학, 인지심리학의 연결점을 통해, 그리고 인간의 창의성, 인간과 인간, 인간과 기계의 관계성 설정에 따라 달라질 수 있다.

학교는 어떻게 변할까? 진정한 스승은 사라질까?

교육과 학습 방식은 다른 사회 분야보다 변화에 대해 가장 보수적인 특성을 가지는 분야이다. 학교 교육은 교사와 학생 사이의 대면 의사소통을 중심으로 성인기에 필요한 기초 소양과 기본 지식을 습득하는 과정을 포함한다. 학교를 중심으로 이루어지는 현재의 초등, 중등, 대학 교육 시스템은 인공지능 기술 도입이 본격화된 이후에도 여전히 우리의 교육 환경에 중요한 영향을 미칠 수 있을까?

학교에서 배우는 건 교과서에 나와 있는 내용뿐만 아니지요. 어떻게 보면 학교는 작은 사회잖아요. 같이 지내는 걸 통해서 배우는 것도 있기 때문에, 저는 완벽한 인공지능 선생님이 생긴다면 그건 이제 학교가 필요 없는 게 아니라 학교에서 인공지능이 한 명 한 명 개인형 맞춤 학습을 시켜 줘야 하는 걸 의미한다고 생각해요. 똑같이 하더라도 이제 앞에 선생님은 그대로 서 계시고 그 선생님이 수업을 할 때 앞에 책상에 있는 인공지능이 더 필요한 정보를 알려준다든가 아니면 이 부분은 다음에 따로 공부해도 되니 넘겨준다든가 이런 식으로

해서 각자 도와줘야 하는 거고, 수업 시간이 끝나고 나면 인공지능은 교실에 있고 지금과 같은 학교 방식으로 진행하는 것이 좋다고 생각해요. 선생님도 계시고 인공지능이 그냥 학습 과정에서 일대일 지도를 도와야 된다고 생각해요. 그래서 저는 일단 인공지능 기술의 발전은 당연히 불가피한 거라 생각하는데 교육적 적용은 천천히 가야 한다. 현재 교육제도를 버리지 말고 그대로 가지고 가면서 인공지능을 조금씩 후춧가루 뿌리듯이 조금씩 첨가해서 가야 한다고 봐요. 요리하듯이 말이죠(이○○).

위의 인터뷰 참여자는 '완벽한 인공지능 선생님'을 말하면서도 실상은 증강 지능 수준의 인공지능을 가정하고, 인간 선생님과 공존하고 그 선생님을 보조하는 인공지능을 바람직한 교사로 그리고 있다. 그런데 이것을 단순히 기존 교육 방식을 고수하려는 보수적인 견해라고 평가할 수 있을까? 인공지능시대의 교사는 기계와 협업을 통해 보다 새롭고 효과적인 교육 방법을 고민해야 한다. 학생은 인공지능 선생님과 인간 선생님의 협업 교육을 통해 과거보다 훨씬 질 높은 교육을 받을 수 있다. 인공지능 기술은 오히려 인간의 평생 학습을 돕는 효과적인 보조 교사이자 동반자가 된다. 인공지능이 학교와 교사의 영역을 대체할 것이라는 우려는 배움을 평생토록 유지하게 해 주는 긍정적 결과를 낳는다. 기계와 인간의 공존이 교육을 변화시키고, 배움의 영역을 넓혀 주는 것이다.

이미 살펴본 것처럼, 가정의 일상에서 그리고 다양한 업무에서 인공지능시대의 인간은 인공지능을 다룰 줄 알고, 이해하며, 기계와 공존할 수 있는 인간이어야 한다. 시대가 요구하는 인간을 가르치고 키워 낸다는 점에서 교육은 예나 지금이나 그리고 미래에도 그 특유한 목적을 상실하지 않는다. 미래 교육 현장에 존재하는 인간 선생님과 '완벽한 인공지능 선생님'의 관계는 오히려 인공지능 시대의 자율적인 지식을 양성하기 위한 특별한 관계의 협업을 상징한다. 교육계의 변화는 오히려 이런 관계성의 강화, 그리고 교육 인적 자원이 기계와 인간으로 확대됨을 의미한다.

따라서 학습의 도구로서 인공지능이 상당한 장점이 있다는 것은 분명하나, 그것이 인간 교사와 학생 간의 관계를 약화시킬 것이라는 의견에는 쉽게 동의하기 어렵다. 학생이 배우는 과정은 인지적 활동에 따라 기초 지식, 심화, 응용, 새로운 문제에 적용하는 과정으로 구분되는데, 기초 단계를 제외한 심화, 응용 이후의 단계에서 교수자의 도움은 필수적이다. 최상위 단계의 응용문제는 단순히 지식만을 이해하는 것만으로 해결되지 않는다. 최상위 단계의 문제는 이미 알고 있는 사실을 복합적으로 연계하고, 기존 지식을 바탕으로 창의적 논리성이 총동원되어야 해결할 수 있다. 이 과정은 학습자가 독립적인 의사 결정을 할 수 있도록 준비하는 훈련이다. 이것은 개인의 역량과 내적 동기, 응용력, 판단력, 창의력 등이 총동원되는 고도의 인지 활동 훈련이다. 이 과정에는 학습자의 학습 능력 외에도 개인 성격, 행동 패턴, 감정, 심리적 동기 등의 요인이 유기적으로 작동한다.

여기서 인공지능형 튜터가 어떤 역할을 할 수 있을까? 인간 교수자의 역할은 여전히 중요하고 앞으로도 그럴 가능성이 크다. 비대면 방식의 학교 수업을 경험한 선생님과 학생들은 모니터 넘어 서로 공감하고 눈빛을 느끼는 아이콘택트가 더욱 중요함을 느꼈을 것이다.

물론 인공지능이 전통적 학교의 기능을 대체할 수 있는 영역에서는 물리적 장소인 학교의 기능이 약화될 수 있을 것이다. 학생들이 정해진 시간에 학교라는 공간에 모여 같이 배우는 방식은 일부 사라질 수도 있다. 기존의 교육이 장소와 시간적 제약 속에서 같은 내용을 동시에 학습하는 방식이었다면, 이런 '동시성'은 불필요해진다. 기존 지식을 이해하고 적용하는 단순 기초 학습 과정에서는 교사의 역할이 줄어들고 인공지능의 편의적 측면이 강조될 수 있다. 하지만 인공지능 기술이 학교 운영 시스템과 학습 방식에 적용되면 교사의 역할과 기능이 오히려 강화될 수도 있다.[6] 기성세대의 지식을 교육하고 시험을 통해 평가하는 전통적 교사의 역할이 세분화·전문화되는 계기가 될 수 있는 것이다. 교육이란 지식의 습득을 넘어 현실에서 인간 존재가 느끼고 필요로 하는 문제들을 해결하는 과정에서 이루어진다. 이때 진정한 스승의 역할은 교육에 필수적이다. 인공지능이 지식의 단순한 습득을 넘어설 것을 요구한다면, 인

6_2020년 코로나 시대에 비대면의 배움의 효과를 극대화하기 위해 인공지능 교사의 도입 시기도 빨라질 수 있다. 이를 위해서는 학생 개인 정보를 인공지능 데이터 인프라로 적극 활용할 수 있다. 그러나 아직까지 개인 정보 활용을 위한 법률적 기준이 미비하며, 개인 정보 보호를 위한 기술적 방안도 마련되지 않은 실정이다. 미래 인공지능형 교육에 다양한 개인 정보(생체 정보, 감정 정보)를 활용하는 것에 대한 사회적 공론화와 합의 방안도 고민해야 할 때이다.

간 스승의 역할은 오히려 더욱 중요해질 수 있다.

인공지능형 미래 시민사회

인공지능이 보편적으로 상용화되는 시기를 상상해 보자. 향후 10년 또는 그 이상 더 먼 미래일 수도 있다. 인공지능과 사회의 변화가 동시적인 것이라면 기존 가치와 지식의 충돌, 기술의 발전과 가치의 갈등은 매우 심각해질 수도 있다.

앞서 살펴본 바와 같이 지식정보의 공유와 생산은 이제 독점적이거나 전문가라는 이름의 지식층 집단의 전유물이 될 수 없다. 인공지능 도입 초창기에는 제한된 데이터 개방성과 인공지능을 통한 지식의 공유가 기존 지식의 패러다임을 어느 정도 유지한다. 하지만 새로운 지식의 변화, 지식 공유 시스템의 변화를 막지는 못한다.

기존 지식 체계에서 주목받지 못했던 비주류의 지식과 가치는 사용자의 수요 변화에 따라 데이터 중심의 인공지능 플랫폼에 과거보다 자주 노출된다. 인공지능시대 데이터 기반 지식서비스는 기존에 노출되지 않았던 지식정보를 다양한 관점에서 바라볼 수 있는 개방성을 더욱 높여 준다. 주류 지식 중심의 지식 흐름은 데이터 중심의 지식 공유로 다변화된다. 덕분에 주목받지 못했던 소수의 지식이 대중적 플랫폼에 등장할 수 있다. 동시에 기존 지식 체계에서 주류로 인정받던 이론과 지식정보가 지식 유통 단계에서 소외되어 사장될 수도 있다. 우리는 이제 종이 신문 시대의 주류 언론사 기사가 인터넷 포털 검색에서 더 이상 주목받지 못한다는 사실을 잘 알고 있다. 현재의 저널리즘은 주류 플랫폼의 기사 노출수와 조회수에 따라 결정되는 기계적 저널리즘으로 변화된 지 오래다. 기계식 저널리즘에는 인공지능 알고리즘이 지배하는 자본의 논리가 중첩되어 있다. 이런 논리에 의해, 인공지능이 배열하는 포털 기사는 독자가 원하는 주제, 내용인지에 따라 상위에 랭크되어 더 빈번하게 노출된다.[7]

사실상 어떤 지식이 다수의 선택을 받아 더 많이 공유되고 유통되는지의 문제는 그 지식의 옳고 그름에 있지 않다. 이것이 데이터 기반 인공지능 지식서비스의 가장 큰 문제점이다. 인공지능 분석에 의해 증폭된 지식이 주류 지식이 되고, 그것에 따라 우선순위가 결정되는 지식 왜곡의 고리가 일반화될 가능성도 높다. 이 과정에서 사회적 가치의 갈등과 인공지능이 산출하는 지식의 부작용도 상당할 것이다.

인공지능의 개발 관점하고 상용화의 관점이 다른 것 같아요. 인공지능을 수용할 수 있는 인간의 마음가짐 같은 거 말이죠. 그때부터는 말 그대로 충돌이 시작될 거예요. 그 기술을 우리 인간과 사회가 수

7_포털 기사에서 사전에 프로그램된 인공지능 알고리즘의 편향성은 구독자의 선호에 따른 결과로 종종 은폐된다. 최근 네이버는 인공지능 검색 알고리즘을 이용해서 자사 쇼핑 상품과 동영상 콘텐츠를 우선 노출해서 과징금 267억 원을 부과 받았으며, 뉴스 편집에도 편향성이 짙다는 지적을 받았다 (김도연 2020). 이 문제는 최근에야 비로소 공적으로 논의해야 할 사안으로 부상하고 있다.

용할 수 있을 것이냐, 아니면 수용하지 않을 것이냐, 이것에 대한 충돌이 될 수 있어요. 예를 들어, 로봇을 반려 동물처럼 가족으로 인정할 것이냐? 반대하는 사람도 있고 아닌 사람도 있을 거예요. 그리고 그것이 개인의 가치관 문제이기 때문에 저는 이런 논란이 사회적 담론으로 정착되려면 시간이 더 걸릴 수도 있다고 봐요(류○○).

한국의 경우 1990년대 후반 인터넷 도입은 첨단 기술과 인터넷 망의 확보가 우리의 미래를 위해 반드시 필수적이라는 당위적 확신에서 시작되었다. 그렇기 때문에 데이터의 개방과 지식의 인터넷 유통은 대중적 요구와 실제적 수요에 의한 것이라기보다, 개방성의 확대와 공개 원칙이 새로운 시대의 사회정의라는 의미로 받아들여졌다.

반면 2000년대 이후 데이터 중심의 지식 확산은 지식의 보편화에 대한 시민적 욕구에 대한 반향으로 확대되었다. 이런 개방성과 보편적 지식 확산의 요구는 '보통선거'를 요구했던 시민혁명의 정신처럼 우리 사회에 녹아들었다. 시민들의 정치·사회적 요구를 소셜 네트워크를 통해 표현하고 공유하는 문화는 2002년 새로운 대통령을 선출하는 원동력이 되었다. 인터넷을 통한 소셜 네트워크 중심의 대중 민주주의는 한국 정치의 독특한 문화로 자리 잡았다.

이후 개방적 플랫폼과 스마트폰을 소유하게 된 일반 시민들은 언제 어디서나 자신의 의견을 자유롭게 표현하고, 집단지성의 힘을 통해 가상의 공간에서 자유롭게 활동할 수 있는 네트워크 시민사회를 맛보았다. 전자 민주주의 개념으로 이런 현상을 설명하는 사회과학자들은 이러한 시민적 요구를 '데이터 민주주의'의 특성이라 보았다. 이것은 과거와 다르게 변화한 시민사회를 설명하고 미래 시민의 힘을 예측할 수 있는 중요한 개념이다. 첨단 모바일 기기의 개인 소유가 가능해짐에 따라, 방대한 정보에 직접 접근할 수 있고, 자신의 의견을 공유하고 퍼나를 수 있는 '데이터형 민주주의'는 새로운 지식 생산과 진보 논리의 확산, 궁극적인 시민사회의 성장에 상당한 기여를 했다(손현주 2019; 조화순·최재동 2016).

우리는 앞서, 인공지능 기술이 보편화되지 않았던 과거의 지식 학습을 전통 방식의 배움이라 칭했다. 과거 학교 교육을 통한 지식의 공유는 '사회화'socialization라 부른다.[8] 데이터 개방성이 낮았던 과거의 지식 전달 개념이다. 이 단계는 전문가 중심의 토론과 숙의 deliberation가 중요한 '전문가형 지성의 시대'이다. 인터넷 확산 이전까지의 특징이라 할 수 있다.

이후 인터넷을 통한 정보화의 시대는 다수의 사람이 참여하고 함께 고민하여 지식을 점차적으로 만들어 가는 '위키피디아식 집단 지성'의 성장기라 표현할 수 있다. 한편 이런 네트워크 의사소통의 양적 성장은 집단 사고의 폐쇄성을 강화하는 결과로도 이어진다. 이전과 달리, 네트워크 상의 개인은 자신들이 속한 특정한 집단 내에서만 정보를 공유하는 폐쇄성을 나타낸다. 인터넷 커뮤니티에서

8_인간은 사회화를 통해 사회활동에 필요한 최소한의 자질과 전통지식을 획득할 수 있다. 인공지능시대에는 대면 관계를 통한 사회화의 필요성이 점차 감소한다. 만약 완전 비대면 사회가 된다면 '사회화'라는 개념이 아예 소멸할 수도 있을 것이다.

자신들과 의견이 다른 사람들은 배척하여, 자신들의 의견에 동조하는 사람들만 커뮤니티에 존재할 수 있다. 그러나 집단 내 폐쇄성에도 불구하고 네트워크를 활용하여 소통하는 전체 인구는 폭증한다. 전체적으로 소통의 개방성은 감소하지만 집단 사고의 소통량은 증가하는 것이다. 이것이 소위 '집단 사고'groupthink[9] 확장기의 특징이다(조화순·최재동 2016).

인공지능 기술이 일반화된 시기에는 과거보다 강한 응집력을 가진 '집단지성'collective intelligence이 다수 생겨날 수 있다. 이는 민주주의 가치와도 부합하는 측면이 있다. 지식의 생산과 공유, 유통의 환류에 작동하는 일반 지성의 힘은 인공지능 기술을 통해 얻을 수 있는 가장 큰 장점이다. 하지만 이 과정에서 중요한 점은 누가 이런 논의에 참여할 수 있는지, 얼마나 많은 사람들이 집단지성의 논의에 참여할 수 있는지이다. 인공지능을 통한 기술적 진보의 순기능은 일반인이 보다 쉽고 빠르게 지식을 활용할 수 있는 지식 접근의 시간적·공간적 자유로움에 있다. 그러나 이전과 마찬가지로 인공지능이 산출하는 지식정보와 그에 근거한 집단지성 역시 객관적이지 않을 수 있다는 위험성이 있다. 왜곡된 지식정보와 그것에 근거한 집단지성의 힘이 가지는 부작용은 인공지능형 지식서비스의 편의성을 상쇄하고도 남는다.

현재 지식서비스 분야의 기술적 적용 수준을 감안할 때, 우리의

---

[9]_'집단 사고'는 집단 구성원 간에 강한 응집력을 보이는 집단에서 의사 결정을 할 때 나타나는 비합리적·획일적·폐쇄적인 사고방식을 의미한다.

표 5-2. 인공지능 도입과 확산에 따른 지식의 변화와 부정적 특징

인터넷 도입/확산기		인공지능 기술 도입/확산기	
전문가형 지식	위키피디아식 집단지성	포탈형 집단지성	파편화된 지식
(지식 독점, 지배)	(지식 공유)	(지식 단절, 가치 갈등)	(개인화, 분절화)

지식 패러다임은 데이터 개방성이 높지만, 인공지능 적응도는 중간 단계에 머물러 있다. 접근 가능한 데이터는 엄청나게 증가했으나, 이것을 효율적으로 처리할 수 있는 인공지능 기술은 상대적으로 부족한 편이다. 이로 인해 지식은 파편화되고, 과거 주류의 이론과 지식은 변화된 가치와 갈등하여 정치적·사회적 불안정을 초래하고 있다.

인공지능형 미래 교육은 인공지능 기술이 상당히 보편화되어 접목되고, 사용자 개인에게 최적화될 수 있는 맞춤형 공유 시스템으로 진화될 때 안정화될 것이다. 미래 지식은 높은 개방성과 지금보다 훨씬 높은 정도의 인공지능 처리 기술로 우리 삶의 편의성을 높여 줄 수 있다. 반면 집단 간 폐쇄된 의사소통과 지식의 단절은 '파편화된 지식'이 공존하는 불안정한 상황을 초래한다. 개인적 선호와 행동 패턴에 따라 학습된 인공지능의 메커니즘이 개인화된 네트워크 공간에서 단절된 형태로 존재한다면, 사회 구성원 상호 간의 갈등과 충돌을 유발할 수 있다. 이런 인공지능형 지식사회의 위험은 미래의 민주 시민사회의 결속을 저해하는 요인으로 작용할 것이다.

인공지능시대의 시민사회는 개인화된 가치의 충돌과 파편화된 지식사회의 모습을 보여 주는 보편 지성의 특성을 나타낸다고 전망해 볼 수 있다. 이런 특징은 양날의 검과. 같은 위험성과 편의성을 동시에 가진다. 이런 부정적인 가능성은 정해진 시나리오가 아니라 극복해야 할 과제를 의미한다. 요컨대 '미래 인공지능 사회에서 자유의 가치가 얼마나 중요하게 작동할 것인가?' 그리고, '인공지능형 민주주의의 모습은 무엇인가?'라는 질문이 미래 배움을 결정할 교육의 화두이다.

4. 인공지능시대의 바람직한 배움을 위해 무엇을 준비해야 하나?

인공지능 확산기의 한국 사회 변화

미래의 인공지능형 사회가 우리에게 어떤 영향을 줄 것인지, 부작용은 무엇일지 전망하는 것은 매우 어렵다. 기술의 발전에만 근거해서 사회가 어떻게 변화할 것인지 전망해 보는 것은 '기술 결정론적' 오류에 빠지는 무모한 시도이다. 과학기술의 발전이라는 독립변수가 손에 잡히지 않음에도 그것의 결과를 예측하려 한다면, 그것은 말 그대로 상상이 된다. 그럼에도 불구하고 기술, 사회, 경제, 정치, 환경 등의 영역 전반에 걸친 현재와 과거 변화의 패턴을 통해, 우리의 미래를 거칠게 그려볼 수는 있다. 우리는 기술의 발전을 통해 우리 삶이 변화해 온 수많은 궤적의 데이터를 가지고 있기 때문이다. 이 점에서 2장에서 보여 준 트렌드 레이다는 결정된 미래가 아니라 가능성의 미래를 보여 주는 나침판이라 할 수 있다.

과학기술의 발전은 인간의 삶을 바꿔 왔다. 에디슨이 전구를 발명한 후, 인간은 해가 없는 밤에도 개인의 삶을 즐기고 누리는 자유를 얻었다. 텔레비전이 발명되고 상용화되었을 때, 공간적 제약을 뛰어넘어 전파로 공유되는 정보와 문화가 우리의 안방까지 진입하게 되었다. 이렇게 동일한 콘텐츠를 소비하는 대중은 '대중문화'를 탄생시켰다. 텔레비전 시대 문화를 공유했던 사람들은 그 매체를 통해 동시대 집단의 정체성을 다시 확인했다.

인터넷망이 보급된 이후 콘텐츠 정보, 지식정보, 학술 정보는 이제 대중에게 거의 대부분 개방되고 있다. 방대한 정보에 누구나 접근할 수 있는 개방성의 확대는 자신에게 적합한 정보를 더 편리하게 얻고자 하는 욕구로 바뀌고 있다. 새로운 첨단 과학기술과 코로나 바이러스가 일상화된 환경은 인간의 삶을 바꾸고 인간관계까지도 비대면으로 바꾸고 있다. 그러나 인간은 여전히 그리고 앞으로도 '관계성'이라는 연결 고리의 영향 하에 있다. 인간은 관계성에 의존하는 상대적 존재이기 때문에 외부적 환경의 변화에 적절하게 대응해 적응하려는 노력을 부단히 해왔다. 인간과 과학기술의 상호작용적 결과물은 기술결정론을 넘어 새로운 측면의 우려와 긍정적 메시지를 동시에 담고 있다.

인공지능 기술은 데이터 홍수의 시대에 내가 원하는 정보와 행동의 패턴 데이터를 수집하여 원하는 해답을 제시해 준다. 이 과정에서 무엇보다 중요한 것은 인공지능의 원동력인 데이터이다. 데이터 기반 인공지능 기술이 산출한 지식은 기성 사회의 정보들을 포함하고 있다. 인공지능 기술이 혁신적이라 해서 산출하는 지식정보도 혁신적이지는 않다. 첨단 기술이 가지는 혁신성은 그 사회의 보수적 특성도 동시에 포괄한다. 인공지능이 산출한 지식의 보수적 특성은 과거와 마찬가지로 유지된다. 앞서 논의한 것처럼, 초기 투입된 데이터와 이것에 기초한 지식은 또 다른 '지식 권력'으로 작용할 수 있기 때문이다. 기존 지식 패러다임의 유산은 새로운 시대의 기초 자산으로 기능한다. 기존 지식이 인공지능형 알고리즘의 논리적 구조에 남아 미래형 지식의 형태로 변신해 잔존할 가능성도 높다. 자본주의의 논리도 인공지능형 지식서비스의 기본 원리로 작동한다. 이익의 극대화를 노리는 주류 자본의 힘에 의해 경제적 흐름이 결정되는 자본주의의 부작용도 미래 지식 권력의 기반으로 남는다. 이처럼 과학의 중요한 특징을 이루는 과학기술의 보수성은 진보의 역사와 균형의 틀을 유지한다는 측면에서 '양날의 검'이다.

인공지능의 기계학습, 딥러닝이 확산될수록 폐쇄적 의사소통과 편협하고 왜곡된 지식 부산물이 생산될 수 있다는 점도 인공지능 확산기의 주요 특성이다. 가장 이상적인 지식의 흐름과 구조는 개방성과 보편성을 조건으로 한 객관적 지식 산출이다. 객관적 지식 생산의 선순환 고리는 바람직한 인공지능 지식 패러다임의 가장 큰 특징이어야 한다. 특히 인공지능 확산기에는 데이터 개방성과 접근성의 확대가 전제되어야 한다. 데이터 공유 과정에서 노출되는 데이터의 왜곡은 데이터의 개방성과 접근성의 확대를 최소화할 수 있기 때문이다. 인공지능 확산기의 데이터 왜곡과 폐쇄적 의사소통의 문제는 첨단 기술과 사회적 가치가 상충하는 점을 조정하는 국가정책을 통해 해결될 수 있다. 새로운 인공지능 기술의 장점을 취하고 역기능을 보완할 수 있는 사회적 해법을 고민해야 할 것이다.

> 허위의 지식, 그걸 깨는 건 오히려 과학기술이 할 수 있는 것도 있어요. 우리가 알고 있었던 지식 중에서, 허위의 지식은 사실 객관적 지식이 아니죠, 그냥 정보죠. 과학적으로 검증된 지식이 객관적 지식이라고 하면, 그중 잘못 투입된, 잘못 관찰된 정보들도 있거든요. 우리가 과거 산업화 마인드를 가지고 너무 지나치게 효율성의 측면만 낙관적으로 봐서도 안 되고요. 이제 과거를 되돌아보면서 미래를 예측할 수 있는 능력을 키워야죠(송○○).

미래의 지식은 각 영역의 경계가 불분명한 융합적 특성을 가진다. 과학기술과 정치, 사회와 경제, 교육과 환경, 생태와 문화 등 모든 사회 영역은 교집합의 영역에서 인간의 진보를 위한 길을 만들고 있다. 인공지능이 보편화된 미래 사회에서 각 영역 간 상호 의존과 교류는 필수적이다. 다양한 계층과 집단의 의견이 반영될 수 있는 조직 문화와 토론의 광장은 시대를 불문하고 과학기술의 오류를 보완하는 안전판이 되어 왔다. 집단 간의 이질적 특성을 이해하고 포용할 수 있는 사회적 시스템이 마련되어야 하고, 과학기술의 진

보가 지닌 장점을 최대한 수용해야 하며, 그 부작용을 최소화하는 '
집단지성'의 지적 활동도 계속되어야 한다.

지식사회의 재정의와 사회적 합의

가치판단의 기준도 결국 인간이 투입해야 하는 건데요. 『정의론』에
도 나오지요. 정의란 무엇인가? 배가 난파 됐을 때 누굴 먼저 구출할
것이냐? 비슷한 논란이 인공지능에도 적용될 수 있어요. 예를 들면,
자율 주행차의 문제에 해당하죠. 자율 주행 자동차가 사고가 났을 때,
인공지능은 누구를 먼저 구출할 것이냐? 그것에 대한 책임을 여태까
지는 인간이 졌거든요. 내가 살기 위해서 다른 사람을 다치게 하는
것은 인간이 책임을 져야 했어요. 내가 죽더라도 다른 사람 살리겠다
고 하는 것도 인간이 책임졌거든요. 근데 인공지능은 책임을 안 질
거란 말이에요(송○○).

앞서 인공지능이 상용화되고 딥러닝 기술이 본격화되면, 그 결
과에 대한 책임 소재 문제가 대두될 수 있다는 논의를 했다. 인공지
능이 창작한 미술품과 음악에 대해 저작권을 인정할 수 있는가? 인
공지능의 판단에 대해 어디까지 책임을 지울 수 있는가? 지식의 구
조와 생성, 기존 지식을 창의적으로 생산하고 재구성할 수 있는 주
체는 이제까지 인간이었다. 그러나 미래에는 인간만이 지식을 생산
하는 유일한 주체가 아닐 수 있다. 인간과 기계가 같이 만들어가는

지식의 개념으로 변할 것이고, 이런 변화에 대비하는 사회적 논의와 합의의 과정도 필요하다(장우영·송경재 2019).

지식의 정의는 정보화 시대를 거치면서 달라져 왔다. 정해진 이론과 절대적 규칙이 아닌 네트워크 활동을 통해 결정되는 지식의 유동성은 설명하기 어려운 특성이다. 미래의 지식은 상대적 개념이다. 그것이 다루는 대상과 범위에 따라 복잡한 차원으로 구성된다. 이에 대응하는 지식사회의 모습, 지식인 상像도 확립될 필요가 있다. 예를 들면, 물질적 소유를 중심으로 한 전통적 자본주의의 논리는 미래 인공지능시대를 설명하는 논리로 적합하지 않아 보인다. 유·무형의 지식 그 자체, 물질적 부, 정치적 권위와 권력은 '지식 자원'으로서의 의미를 잃어 가고 있다. 이제는 '필요한 지식은 어디서 찾을 수 있는가?', '그 지식은 어떻게 생성, 공유되고 있는가'의 여부가 시대적인 화두가 되고 있다. 주류 지식에 대한 배움의 위계성은 수평적 지식 네트워크의 나눔으로 변화하고 있다.

인간의 고유성과 그 위상에 대한 고민은 철학적·종교적 원칙에 기반을 두고 있다. '생각한다'는 것이 인간에게 한정되는가의 문제도 인공지능시대에 고민해 볼 부분이다(카플란 2016). '사물, 사건 등을 경험할 때의 그 느낌, 의식, 지각 등은 인간만이 가능한 것인가?', '인간이 자유의지에 따라 생각하고 행동할 수 있다는 근거는 근본적으로 무엇인가?'라는 철학적 고민도 다시 하게 된다. 인공지능을 객체로 인정하고 수용하는 입장은 이와 같은 인간 철학적 질문에 대한 고민에서 출발한다. '인간의 자유의지는 실상 실재하지 않는다'는 관점에서 본다면, 인간도 누군가에 의해 만들어진 존재이거나 화학적 합성물일 뿐이다. 인간만이 유일한 사유의 존재가 아니라면, 인공지능이 가진 의지와 사고의 표현을 독립적인 것으로 보는 철학적 시각도 가능하다. 다양성의 관점에서 인간을 바라보고, 인간이 가진 지식, 그들의 상호작용, 인간으로부터 만들어진 사고와 행동의 패턴을 재생산하는 인공지능 로봇을 포괄적 관점에서 바라봐야 할 것이다. 그렇다 하더라도 기계도 인간과 동등한 지식 생산의 주체로 인정할 수 있는가의 문제는 여전히 중요한 논쟁거리로 남을 것이다. 이 논쟁에서 무엇이 답인지는 중요하지 않을 수 있다. 오히려 중요한 것은 이 문제를 진지하게 생각해야 한다는 의식의 전환이다. 이 문제를 진지하게 바라보는 것이야말로 인공지능시대의 새로운 배움을 준비하고 미래 지식에 대한 합의를 이루어 가는 첫걸음일 수 있다.

일자리 체계, 대학 입시, 그리고 대학 교육의 변화

교육 현장의 보수성을 지탱하고 있는 가장 큰 요인은 대학 졸업이 취업의 가장 기초적인 자격처럼 여겨지는 노동 생태계 구조에 있다(엄효진·이명진 2020). 대학 입시와 대학 교육을 통해 취업의 가능성이 커지는 사회구조에서는 현행 교육제도 및 학습 방식이 근본적으로 바뀌지는 않을 것이다. 대학 입시 중심의 교육제도는 '좋은 직장'을 위해 가장 중요한 자격증인 '대학 졸업장'을 제공한다는 이점으로 인해 계속 유지되고 있다. 그러나 향후 졸업 후 취업을 위해

재교육 비용이 상승하는 악순환 구조가 발생하게 되면, 대학 교육과 노동시장의 선순환 관계는 지속되기 어렵다. 특히 약한 인공지능만이라도 그 도입이 본격화될 경우, 인간의 노동을 기반으로 한 일자리 체계는 크게 흔들릴 것이다(백승익 외 2016; 카플란 2016).

다음은 한국 대학 입시와 대학 교육이 현재 일자리 체계와 조응하고 있지 못하는 불합리한 현재 한국의 상황을 정리한 것이다.

(figure 1) 대학 졸업까지 장기간의 학습 패턴에 익숙해진 다음 이루어지는 개인적인 '스펙 쌓기' 경쟁으로는 점점 더 기업이 요구하는 창의적 역량을 가진 인재를 공급하기에 역부족이다.

(figure 2) 입시 전쟁을 치른 학생들은 대학 졸업 이후에도 장기간의 취업 준비생 시기를 겪어야 한다. 그들은 초등학생, 심지어 유치원 시절부터 시대의 변화에 적응하는 역량을 갖추는 혹독한 교육 경쟁에 나서야 했다. 이런 혹독한 교육 부담을 학생들 및 학부모가 견디기 어려워지는 시점이 점점 다가올 뿐만 아니라 그렇게 형성된 지식이 창의적이고 비판적인 지식일지도 의심받는 (그들 입장에서 매우 부당한) 상황을 맞게 된다.

(figure 3) 인공지능시대의 좋은 일자리는 창의적인 지식을 가진 능력 있는 인재의 자리가 된다. 그러나 현재의 대학 입시는 매우 힘들고 고된 청소년기 시절의 복종과 인내심, 과도한 경쟁을 요구한다. 더군다나 명문 대학 졸업장을 받아도 인공지능시대의 창의적 지식이 무엇인지 알기 어렵다. 자신이 무엇을 잘 하고 잘 알고 있는지 모른 채, 또 다른 시험이 기다리는 취업 시장에 뛰어 들어야 한다.

실제로 인공지능시대를 맞고 있는 대학과 학생 및 학부모들은 모두 혼란과 가치 갈등을 겪고 있다. 대학 입시를 위해 12년 동안 고생한 학생과 부모들은 노동시장의 재편으로 취업에 어려움을 겪고 있다. 대학도 청년 인구 절벽이라는 외부 환경 변화, 그리고 시대 변화를 따라가지 못하는 교육과정과 교수법으로 인해 위기를 맞고 있다. 대학 교육은 과거의 모습을 버리고 창의적인 인재를 배출하기 위해 교육과정, 학제 개편, 그리고 새로운 교수법 개발에 매진해야 할 것이다. 정부도 교과 위주, 시험 중심의 평가를 개선하여 과정 중심의 활동, 데이터 중심의 융합 교육으로 학제를 개편하기 위한 대학 교육정책을 시급히 마련해야 할 것이다.

교과 위주의 현행 교육과정과 평가의 방법으로는 근본적으로 인공지능시대 학생들의 지식수준을 객관적으로 평가할 수 없다. 창의적이고 독창적인 원리 학습의 평가를 어떻게 5지 선다형 문제로 할 수 있는가? 교사 양성 시스템(교대, 사대)과 대학 교육과정의 전공별 폐쇄성도 현행 교육정책이 가진 문제이다. 중등 교육을 담당하는 학교는 교과, 교과서, 시험, 평가, 입시의 틀에서 크게 벗어날 수 없는 구조 속에 있다. 대학을 변화의 출발점으로 하여 이런 교육의 악순환 고리를 끊을 수 있는 개혁적 정책이 필요하다.

미래 교육정책은 교육과정, 교원 인력 양성, 민간 부문의 교육 혁신 협력을 통해 새로운 전략으로 재구성되어야 할 것이다. 예를 들어, 인공지능을 활용하여 일대다(1 : N) 교육 방식을 지양하고 인공지능형 맞춤 일대일(1 : 1)교육, 상호작용형 다대다(N : N) 방식 등 다양한 조합의 상호작용을 통해 교과를 뛰어넘어 학생들의 적성과 능력에 맞는 교수법과 융합적 역량을 가진 교사 양성 시스템을 고안해야 한다. 교수자는 학교 테두리 내에서 학생들에게 지식을 전달하는 역할에서 벗어나, 경험의 전수자로서 역할을 수행하는 새로운 코스웨어learning courseware10설계자로서 변화해야 한다. 교실 환경을 넘어 다양한 온·오프라인 환경에 적합한 융합적 교수 설계 blended course를 고려해야 할 것이다.

독창적·비판적 인재에 대한 사회적 필요성이 높아짐에 따라 교과 위주의 교육과정을 좀 더 유연하게 만들려는 시도도 국가 정책적 차원에서 계속되어야 할 것이다. 개혁의 시도는 매번 대학 입시에 집중된 교육제도의 문턱을 넘지 못하고 좌초하거나 타협적인 시도로 중단되곤 했다. 국가 경쟁력의 핵심이 되는 대학을 중심으로 대학 입시, 대학 교육, 교원 충원을 아우르는 체계적 교육개혁 전략을 마련하는 것이 시급하다.

교육과정의 변화가 경제구조, 일자리 체계의 변화와 맞물려 진행될 것은 자명하다. 교육의 역사를 보면, 교육계의 변화는 대개 내부의 목소리보다 사회 변화에 어쩔 수 없이 따라가는 수동적 모습을 보여 왔다. 하지만 인공지능시대의 새로운 교육 정책은 어떤 인력이 미래 사회에 필요할 것인지에 대한 인력 구조 변화 분석에서 출발해야 한다. 현재 학생들이 어떤 능력과 감성적 지능을 가지고 있는지 먼저 분석하고 이들에게 적합한 교육과정과 평가의 잣대를

10_교육과정(course)과 소프트웨어(software)의 합성어이다. 교육적 목적을 달성하고, 문제를 해결하기 위한 교육 프로그램과 데이터를 이르는 용어이다.

마련해야 한다.

학제 중심, 교사(교수) 중심, 교육 행정 중심의 교육 시스템을 버리고 학생 중심의 교육, 과정 중심의 교육, 창의적 사고의 기반이 되는 융합적 교과 운영이 기본이 되어야 한다. 학교의 변화와 교원의 역량 개선, 그리고 소프트웨어적인 교육과정의 변화는 인공지능 사회의 외부 환경 변화를 이해하고 예측하는 미래학적 관점에서 이루어져야 한다.

교육자의 역할은 지식 전수자에서 가이드의 역할로 점차 변화해 갈 것입니다. 다만 교육자가 단순히 기능적인 지식 유통자가 아니라는 점에서, 그 위상이 급격히 낮아지기보다는 조정을 맞을 가능성이 더 큽니다. 그리고 이제는 교육 내용도 단순한 지식 습득에서 융합과 창의를 통한 지식 재구조화로 이동하고 있습니다. 인공지능과 빅데이터를 활용한 인공지능형 교육은 실용적이고 문제 해결형 지식 추구 방법론으로 유용합니다. 성적 평가에서도 서열과 등급 산출이 일차적인 목표이긴 하겠지만요. 학생들이 어느 영역, 어느 범주에서 강점을 가지고 있는지 파악해서 교사가 전문성을 가지고 특성화하여 교육하는 방향으로 전환되어야 할 것입니다(장○○).

이제 단순한 지식 전달과 이해, 암기의 과정은 대폭 줄어들거나 필요 없게 될 것이다. 대학 입학을 위해 필요한 기본 지식은 비대면의 방식으로 익히고, '새로운 사고'를 자발적으로 할 수 있는 융합적 지식은 학교와 교사(교수), 학생 간 관계 속에서 만들어 가는 시스템을 마련해야 한다. 주어진 정보가 무엇인지 판독하고 그것을 사회가 요구하는 과제, 실질적 문제 해결에 도움이 되는 근거로 활용할 수 있도록 새로운 교육 정책이 마련되어야 할 것이다.

지식의 양극화?: 지식의 독점과 폐쇄적 공유의 문제

인공지능의 발전은 집단지성 시대의 도래를 앞당긴다. 동시에 기존 지식의 독점 및 제한적 공유라는 부작용의 하나로 지식의 양극화 문제를 심화시킨다.

과거나 지금이나 고도의 과학기술과 첨단 IT 기술은 일부 계층의 전유물이다. 어쩌면 부와 권위, 높은 부가가치를 창출할 수 있는 고도의 기술 및 창의적 노동의 영역은 일반인이 접근할 필요도 없고, 알 수도 없는 전문 영역일 수도 있다. 문제는 인공지능의 알고리즘을 만들 수 있는 기술을 소유하거나, 그것의 운영 방식 및 규제의 조건을 정의하는 일부 계층 — 고위 관료, 과학자, 첨단 기술자 등 — 이 인공지능 기술과 자본을 독점하는 상황이다. 과학기술과 자본의 양극화가 심화되면, 일반 대중은 낡은 지식과 하위 수준의 기술만을 배울 수 있게 된다. 과학기술의 진보가 불러온 이런 역기능은 새로운 사회문제를 낳게 되며, 궁극적으로 인간의 보편적 가치는 물론 대중 민주주의라는 정치적 가치도 손상될 수 있다. 이에 대한 선제적 대응이 필요하다. 자본과 과학기술의 독점과 지식의 양극화는 미래 인공지능시대의 중요 이슈로 더 깊게 다루어져야 한다.

인공지능시대 지식 양극화와 첨단 과학기술의 비대칭성은 매우 심각한 국가적 문제로 대두될 수 있다. 기존의 사회 지배 구조가 유지되는 가운데 첨단 기술로 무장한 자본의 전 국가적 확산은 양극화의 심화를 초래하고 사회계층 간 단절과 갈등의 원인이 될 수 있다. 따라서 인공지능형 지식 생산과 공유 시스템은 선제적인 법 제정 및 제도 마련을 통해 독점적 지식 축적의 위험을 막아야 할 것이다. 또한 지식 독점의 위험에 대한 비판의 목소리에 귀 기울이는 사회적 논의의 장도 활성화되어야 한다. 첨단 과학기술과 사회 변화의 불안정성, 집단지성이라는 이름으로 행해지는 폐쇄적 지식 공유 활동, 파편화된 지식의 폐해 문제는 제도와 법 제정, 그리고 사회적 공론화의 환경에서 그 해법을 찾아야 한다.

과거 정보화 시대에도 새로운 형태의 지식 양극화 문제가 대두되었다. 그 당시는 정보의 개방성과 네트워크상의 자유로운 논의 및 정보 공유의 효율성이라는 장점들이 우리에게 혁신적으로 다가왔다. 이런 이유로 지식정보의 패러다임 변화가 가져오는 단점들은 공론화되기 어려웠다. 정보화의 확산으로 인한 사회적·정치적 변화의 긍정적 효과가 매우 컸기 때문에 그것의 부작용은 거의 무시되었다.

과학기술이 자본주의와 결합할 때, 그 힘은 더욱 막강해진다. 인공지능형 지식정보 시스템에서 다수가 참여하는 집단의 데이터는 '민주성', '집단지성'이라는 멋진 외양을 가지게 된다. 편의성과 개방성은 그것에 불을 지피고, 그런 과정에서 산출되는 다수의 힘으로 또 다른 지식 권력이 된다. 인공지능형 지식 전달과 공유의 흐름은 우리가 인지하지 못하는 사이에 또 다른 주류 지식 패러다임으로 우리 앞에 와 있다. 새로운 변화에 대한 비판과 저항의 목소리가 필요하다. 현재 정치, 사회, 경제 체계 안에서 자유롭게 논의되고 노출될 수 있는 법과 제도적 기반을 마련하는 데 관심을 기울여야 할 것이다.

장기적인 관점에서 유동적이며 탄력성resilience 있는 지식의 개념을 재정립할 필요도 있다. 인공지능시대 지식의 개념과 공유의 원칙은 공공 이익의 원리에서 출발한 사회 규칙과 규범으로 재정의되어야 한다. 지식 공동체의 운영은 사회 구성원들의 합의와 지식에 대한 자유로운 논의가 가능한 법적·제도적 기반 위에서 이루어져야 한다. 헌법적 기본권 또는 공공 영역에서 헌법에 준하는 법원칙의 제정도 고려해볼 수 있다.

인공지능 기술의 도입과 확산은 기존의 정치, 사회, 경제구조의 대변혁을 의미한다. 학교를 포함한 '배움'의 영역은 미래 세대의 가치와 삶의 방식을 결정하는 매우 중요한 영역이다. 인공지능시대의 배움은 이런 기술 변화 속에서 이해되어야 한다. 미래 교육의 방향 설정은 과학기술의 진보와 인간의 가치에 대한 관계성의 재정립을 통해 이루어져야 한다. 학교, 교사, 학생, 교육 행정 관료를 포함한 사회 구성원 모두 미래 인공지능시대 변화의 방향을 이해하고, 이에 대처하는 다각적인 준비를 해야 할 때이다.

지난 세기말 Y2K 대란 기억하시죠? 그 당시 1999년이 지나고 2000년도가 되면 대란이 일어날 것이라는 공포심이 낳은 해프닝이었어요. Y2K 문제의 핵심은, 20세기에는 연도를 두 자리로 썼잖아요. 그런데 2000년이 되면, 1900년으로 인식하는 컴퓨터 오류가 대란을 일으킬 것이다라는 거였죠. 전혀 신경 안 써도 되는 문제를 온 국민이 다 걱정한 것이죠. 우리나라에는 주민등록제도라는 게 있잖아요. 3,4번을 만들었잖아요. 그게 또 100년 가는 거에요. 그 다음에는 5,6번 만들고, 아주 단순한 논리인데 전 세계적으론 기업들이 프로그램을 모두 바꿨어요. 결국 누가 이득을 취했느냐? 거대 IT자본들이 다 이득을 취했어요. 공포심, 과학기술에 대한 공포심을 조장하고 그 공포심으로부터 이득을 얻는 집단들이 반드시 존재하는데, 십중팔구 자본일 가능성이 큽니다. 국가의 역할은 오히려 그런 공포심으로부터 국민들을 안전하게 해줄 수 있는 정책적 안전판을 만드는 것이죠. 미래의 교육도 그런 자본의 논리로부터 좀 벗어날 수 있는, 휘둘리지 않는 인간을 만드는 것, 그것이 중요해요. 인간의 창의력은 대단하거든요. 그 창의력과 국가의 보호, 이런 것들이 미래 인공지능 기술을 통해 새로운 시스템으로 거듭날 수 있어요(송○○).

인공지능은 이제 인터넷 포털의 검색엔진, 광고, 언론, 법률, 금융, 학술, 교육 서비스 등에 폭넓게 활용되고 있다. 인간의 사고 과정을 프로그램화한 인공지능의 기술적 발전 속도는 매우 빠르다. 기계학습, 딥러닝, 스마트 로봇, 챗봇도 이제는 낯설지 않다. 국가는 인공지능 기술과 같은 첨단 기술 개발과 투자뿐만 아니라, 변화에 대한 시각, 관점의 개방성, 주류 지식의 편향성을 경계하고 급격한 위험에 대처할 수 있는 정책 개발에 전력을 다해야 할 것이다.

기술적 발전이 사회 변화를 초래하고 동시에 사회 변화가 기술 발전의 방향을 결정하는 과정에 대한 사회과학적이고 비판적인 시각과 열린 사고의 개방성이 우리 모두에게 더욱 필요해지는 때이다.

인공지능의 일상화와 딜레마

초등학생이 자기 방에서 혼자 숙제를 하고 있다. 부모에게 '북한의 수도는 어디인가요?'라고 묻는다. 부모가 미처 대답을 하기 전에 지능형 개인 비서인 '누구'NUGU가 "북한의 수도는 평양입니다"라고 정답을 알려 준다. 그리고 평양에서 가장 유명한 장소로 '주체사상탑', '금수산태양궁전', '평양 개선문'을 보여 준다. SK텔레콤의 인공지능인 '누구'는 부모를 대신해 모든 정보를 순식간에 제공한다.[1] 지능형 개인 비서 '누구'는 아이의 질문에 즉시 응답할

1_Agrawal, Ajay, Joshua Gans, and Avi Goldfarb의 『예측기계: 인공지능의 간단한 경제학(The Simple Economics of Artificial Intelligence)』(2018, 생각의 힘), 13쪽을 참조하여 재구성한 것이다.

뿐만 아니라 이용자의 음성 명령에 따라 일정 관리, 이메일 전송, 지식 검색, 식당 예약 등의 기능을 자동으로 수행한다.

하지만 '누구'에게 북한의 수도와 같은 정보는 물론 자신의 일정과 모든 일상의 관리를 맡기는 것을 자연스럽게 여기며 자라는 어린 아이에게 인공지능의 일상화란 과연 어떤 의미일까? 그리고 아이의 질문에 대한 답변을 요청받지 않게 된 부모에게 그것은 어떤 의미일까? 지금까지 이 책이 다룬 가정생활, 업무 방식, 학습 방식의 변화가 보여 주는 것처럼, 인공지능이 일상화된 환경은 우리 인간에게 어떤 영향을 미치는가? 인공지능의 일상화로 초래되는 세 가지의 딜레마를 통해 이 질문에 접근해 보자.

첫 번째 딜레마는 '인공지능은 인간의 자유를 증진하는가 아니면 훼손하는가'이다.

우리 인간은 일정한 선택을 통해서 사회 제도, 정치 제도, 경제 제도뿐만 아니라 일상생활을 만들어 간다. 인간은 선택을 통해서 자신의 정체성과 미래를 만들어 갈 뿐만 아니라 개인의 삶을 넘어서서 세상의 미래도 형성한다. 인간의 미래는 그런 선택들이 모인 결과인 것이다. 그런데 인공지능은 이런 선택의 방식에 영향을 미침으로써 결과적으로 우리의 가치, 정체성, 삶의 의미와 내용을 변화시킨다.

인공지능은 디지털 연결성에 의한 통합의 증가, 개인적·재정적·기타 정보에 대한 방대한 정보의 급증, 반도체 칩이 내장된 제품들의 등장과 결합해 일종의 디지털 환경을 창출했다. 데이터 수집·데이터 과학의 발달에 힘입어 조성된 디지털 환경 속에서 인공지능은 점점 더 인간의 선택을 대신하고 있다. 인공지능은 데이터 입력을 바탕으로 컴퓨터 프로세스 과정을 거쳐서 통계적 추론 결과를 내린다(Gal 2018, 65). 인공지능은 인간이 선택할 수 있는 가능한 많은 정보를 제공하거나(호텔스닷컴, 스카이스캐너, 혹은 땡처리닷컴), 가장 합리적이고 적합한 것을 제시하는 방식(데이팅앱 '아만다'와 '너랑 나랑')으로 인간의 선택에 영향을 미친다.

분명 인간의 선택과 결정에 인공지능은 많은 도움을 준다. 인간이 인공지능을 쓰는 이유는 빠른 속도, 낮은 거래 비용, 효율성을 갖춘 의사 결정을 할 수 있기 때문이다(Gal 2018, 61). 인공지능은 결코 피곤해 하지 않고, 스트레스도 받지 않고, 아프지도 않는다. 매우 복잡하고 정교한 선택까지도 다양한 정보를 수집·분석할 수 있는 빅데이터와 연계된 인공지능의 도움을 받을 수 있다. 게다가 인공지능은 제한된 정보 안에서도 사용자의 필요에 맞는 선택지를 제시한다.

하지만 인공지능이 인간의 삶에 전면적으로, 그리고 깊숙이 들어왔을 때, 우리는 현명하고 합리적인 사람보다는 문제를 해결해 줄 좀 더 적절한 인공지능을 찾는 데 몰두할 것이다. 일상생활을 안내하는 좋은 인공지능 모델 없이는 견딜 수 없게 될 것이다. 결국 많은 데이터가 축적되고 분석될수록 인공지능은 우리 자신보다 우리를 더 잘 알게 되고, 우리는 데이터 기반 대안 자아data-driven alter egos를 형성하게 된다(Domingos 2015). 그리고 인공지능에 의존하게 된 일상생활의 사소한 선택과 결정에서부터 인간은 점점 더 사려 깊은 생각에서 멀어지게 된다. 또한 과거에 일어난 일에 대한 평균에 근거해서 이루어지는 인공지능의 선택에 의존하게 될 때, 평균 밖의 영역인 와일드카드wild card2, 블랙 스완black swan3을 떠올리는 인간의 자유로운 상상력은 사라지게 된다. 인간은 일상생활에서 경험하고 느낄 때, 끊임없이 예측하고, 실패하는 과정을 겪는다. 그리고 이런 과정을 통해서 신체와 정신이 발달하고 성숙한다. 이런 생활 속에서의 예측 활동을 인공지능에게 넘겨줌으로써 인간의 정신과 직관은 그다지 중요하지 않게 된다.

인공지능이 주는 긍정적인 측면에 주목하면, 인공지능은 인간의 능력을 향상시켜 인간의 자유를 증진시키는 것처럼 보인다. 인공지능은 우리에게 방대한 양의 정보에 대한 접근, 실시간 정보 검색, 많은 사람들과의 네트워크 형성과 집단지성을 가능케 해 다양한 의견을 나누고 지식을 체계화할 수 있게 한다. 우리는 인공지능을 통해 필요한 정보를 빠르고 효율적으로 찾는 '능숙한 정보 사냥꾼'이 된다. 지능형 검색엔진과 한나절을 보냄으로써 수년에 쌓을 만한 지식을 습득할 수도 있다. 또 인공지능은 정보 과잉으로부터 인간을 해방해 합리적인 판단을 하는 데 도움을 주고, 정보를 인간

2_와일드카드는 쉽게 예상하지 못할 정도로 발생할 확률이 매우 낮지만, 그것이 발생하면 사회에 엄청난 충격을 주는 사건을 말한다. 보통 와일드카드는 인간의 생존 조건에 직접적인 영향을 미치고, 그 파괴성이 크며, 통제 불가능하고, 확산 속도가 매우 빠른 특성을 갖고 있다.

3_블랙 스완은 사회를 뒤흔드는 예상치 못한 큰 사건을 말한다. 사람들은 백조하면 대부분 흰색의 백조를 생각하여 검은 색의 백조가 있을 것이라고 상상하지 못한다. 그러나 1697년에 호주에서 검은색의 백조가 발견되었다. 이런 사실에 근거하여 전혀 예견하지 못했던 일이 발생하면 그것을 블랙 스완이라 부르게 되었다.

의 필요에 따라 명확하게 분류함으로써 이전까지 인식하지 못한 통찰을 인간에게 제공한다. 스마트홈 시스템은 가사노동으로부터 인간을 해방시킨다. 인공지능을 통한 예방적 건강관리 프로그램은 심장·눈·혈액 질환을 진단하고, 암·당뇨병의 원격 실시간 진단을 가능케 하여 인간의 수명을 연장한다. 인공지능의 진보는 인간의 인지적·신체적 능력을 강화하고 이는 궁극적으로 인간의 자유를 증진시킨다.

그러나 부정적인 측면에 주목하면, 인간의 선택과 사유의 자율성을 인공지능에 맡김으로써 인간의 자유가 축소될 수 있다는 위험성이 시야에 들어온다. 인공지능이 인간의 능력을 향상시킨다고 하지만, 인공지능에 의해 자동으로 주어진 지식, 예측, 판단은 인간이 생각하지 않게 만들어 모든 것을 기계에 의존하게 함으로써 오히려 충분한 지적 정보 확보를 가로막고 판단 능력의 부재를 야기할 수 있다. 단적으로 마크 바우어라인Mark Bauerlein은 『가장 명청한 세대 The Dumbest Generation』(2014)에서 오늘날 세대는 가장 좋은 학습 환경에도 불구하고 이전 세대보다 더 형편없는 지적 수준·어휘력·작문 능력·사고 능력을 갖고 있다고 주장한다. 디지털 혁명이 똑똑한 세대를 가장 명청한 세대로 만든다는 것이다. 무엇을 공부할지, 누구와 결혼할지, 어느 당에 투표할지를 인공지능이 결정한다면 인간의 자유의지가 사라져 인공지능의 권위가 인간의 권위를 대신하게 된다. 인간의 의견, 사고, 감정이 인공지능에 의해 조작될 수 있고, 일상생활의 모든 것이 인공지능의 지시를 받게 된다면 인간의 자율성은 사라진다. 무엇을 선택하고 결정할 때 인간의 자유의지보다 데이터와 알고리즘의 권위가 더 신성시되면 인간 자유의 기반은 무너지게 된다.

두 번째 딜레마는 '인공지능시대에 인간은 일상을 향유하는가 아니면 인공지능에 의해 일상이 관리되는가'이다.

오늘날 인공지능에 기반을 둔 알고리즘의 세계에서 우리 인간은 과거와 비교할 수 없는 속도와 양으로 정보를 처리하고, 결정을 하며, 편리함을 만끽한다. 인공지능은 취업과 고용, 보건 의료, 금융, 교육에 이르는 광범위한 분야에서 신속하고 합리적인 의사 결정을 지원한다. 그것은 우리 주변의 모든 사물을 네트워크로 연결하고, 재정은 물론 사적인 취향과 습관까지 데이터화해, 개개인의 욕구를 맞춤형으로 충족시킬 수 있게 한다. 의식주의 기본적인 필요는 더 이상 일상의 주된 초점이 아니다. 인공지능이 일상화된 세계에서 인간은 여유롭고 편리한 일상을 누리게 되었다.

예컨대 일상의 중요한 부분을 차지하는 소비생활을 들여다보자. 구글, 페이스북, 네이버, 카카오 등과 같은 온라인 플랫폼이 수억 명의 사람들의 사회적·정치적·상업적 상호작용을 중개할 뿐만 아니라 전자상거래의 문지기 역할을 한다. 가까운 미래에는 각종 알고리즘이나 인공지능을 통칭하는 가상의 디지털 에이전트가 소비자 개개인의 선호도를 예측하고, 구매할 상품과 서비스를 선택하며, 거래를 협상하고 실행하는 등 전체 거래를 조정할 수 있다. 이런 디지털 환경에서 우리는 제품의 성능과 가격을 비교할 수 있는 알고리즘을 통해 탐색 비용을 줄이고 합리적인 소비를 하게 된다. 예를 들어, 삼성전자는 IBM의 어뎁트Autonomous Decentralized Peer-to-

Peer Telemetry, ADEPT 기술을 활용해 세탁기 세제가 부족하면 자동으로 세제를 주문하고, 세제 구매 비용을 지불하며, 쇼핑 내용을 사용자의 스마트폰에 자동으로 업데이트해 준다(Gal and Elkin-Koren 2017, 310-311). 자기에게 맞는 물건을 찾기 위해 장시간 발품을 팔아야 하는 일은 더 이상 일어나지 않는다.

하지만 인공지능에 의해 실현되는 편리한 일상, 개별화된 욕망의 실현은 우리의 일상 전체, 즉 개별적인 취향과 인간관계는 물론 내밀한 사생활 모두를 데이터로 제공할 것을 요구한다. 그 결과는 우리의 일상생활에 대한 알고리즘의 감시를 허용하는 알고리즘 인생algorithmic life으로 나타난다. 알고리즘 인생이란 "일상생활과 생물학적 변수들을 전부 데이터와 측정값의 형태로 저장하고 개인의 식단과 운동 계획을 컴퓨터에 맡기는 사람"들의 일상이다(드뢰서 2018, 19). 알고리즘 인생은 인간의 모든 일상을 추적하여 데이터로 변환·축적하는 운동인 자아 정량화quantified self 혹은 개인 정보학personal informatics과 깊은 관련이 있다. 예를 들면, 활동-트래킹 손목 밴드는 이용자가 하루 동안 걷는 횟수·거리·시간·속도·칼로리 소모·운동 강도 등의 정보를 분석·축적하고, 심지어 잠들거나 휴식을 취할 때도 개인의 움직임과 관련된 정보를 분석한다. 자아 정량화를 위한 장비들은 손목·이마 등에 부착할 수 있는 밴드 형태로도 가능하고 모바일-스마트 기기에 내장형으로도 가능하다. 자아 정량화를 위한 라이프-트래킹 툴은 개인화된 의료 서비스를 위한 핵심 장비가 된다. 알고리즘 인생을 살아가는 우리 인간은 자발적으로 자신의 모든 정보를 인공지능에 제공함으로써 스스로 하나의 조작 가능한 데이터가 되고, 자신의 생활 및 계획을 인공지능의 관리에 맡기는 것을 편하게 여기며, 그 관리의 결과로 주어지는 최적화된 삶을 개인적인 취향이 실현되는 더 행복한 인생이라고 여긴다.

이 점에서 인공지능 사회는 미셸 푸코가 『감시와 처벌』에서 근대 사회의 핵심적인 규율 기제로 분석한 판옵티콘Panopticon 체제를 현실에서 이상적으로 구현해 내는 듯하다. 푸코에 따르면, 벤담이 제시한 "강력하고 교묘하게 만든 높은 탑이 중앙에 설치된 …… 원형의 투명한 우리", "지속적이고 완전하고, 도처에 있고, 또한 모든 것을 가시적으로 만들면서 자신은 보이지 않는"감시 체제인 판옵티콘 하에서 죄수는 자발적으로 복종하는 "규율화된 개인"이 된다(푸코 2019, 321, 329, 346). 푸코는 근대를, 벤담이 제시한 원형 감옥이 "고유한 어떤 특징도 잃지 않은 채, 사회 전체로 확산"된 세계로 보았다(푸코 2019, 321). 이런 근대 세계에서 권력은 자신의 힘을 증대시키면서 동시에 개인과 사회의 역량을 증대시킨다. 이 세계에서 인간의 주체화는 자발적인 예속과 맞물려 있고, 개인은 "규율의 결과이자 대상"(푸코 2019, 253)이다.

그런데 푸코는 규율 권력이 내면화될수록, 즉 외부적인 권력이 자신의 "물리적인 무게를 경감"하고 "무형적인 것"이 될수록, 그 효과를 "더 지속적이고 심층적이고, 단 한 번에 획득할 수 있고, 끊임없이 갱신할 수 있다"고 언급했다(푸코 2019, 314). 규율의 한계가 물리적 차원과 연관된다는 이 언급은, 판옵티콘이 근대적 주체의 자발적 예속을 날카롭게 보여 주는 강력한 은유이지만 여전히 건축학적 차원에 매여 있음을 상기시킨다. 하지만 인공지능 사회는 이 한계마저 단번에 돌파해 버린 것처럼 보인다. 인공지능에 의해 가능해진 일상의 편리함을 향유할수록, 우리의 일상은 인공지능의 관리하에 포섭된다.

세 번째 딜레마는 '인공지능이 인간의 공동체 의식과 사회의 연대를 공고히 할 것인가 아니면 공동체를 와해하고 사회의 탈연대를 촉발할 것인가'이다.

인공지능이 데이터 분석을 통해 실시간으로 자원을 효율적으로 배분하고, 다양한 문제 해결을 통해 사회 혁신에 기여함으로써 공동체 회복에 기여할 수 있다고 보는 관점도 강력한 논리적 근거와 실제 적용 사례들을 갖는다. 인공지능은 인간을 대신해 일을 함으로써 인간을 노동의 부담으로부터 해방시키기 때문에 인간에게 더 많은 자유로운 시간을 제공하며, 공동체와 사회 및 자연환경을 돌아볼 여유를 가져다준다. 이를 바탕으로 인간은 주변과의 교류를 확장·심화시키고, 자원봉사나 다른 창의적인 활동을 통해 공동체와 지역사회에 헌신할 수 있다. 또한 시민들은 인공지능의 도움을 받아 자율적으로 사회문제에 대한 정보를 수집하고, 독자적인 시각에서 사안을 해석하며, 문제 해결을 위한 소통과 연대에 나설 수 있고, 좀 더 직접적으로 정부의 의사 결정에 참여하여, 정책의 투명성을 확보하는 데 기여할 수도 있다. 나아가 인공지능의 일상화로 비롯되는 인간중심주의의 약화는, 삶의 다양성을 추구하고, 학벌, 성별, 인종적, 지역적 차별을 철폐할 수 있는 사고방식과 행동 양식을 함양하게 하는 기반이 될 수 있다.

그러나 우려 역시 만만치 않다. 알고리즘이 주도하는 디지털 기기는 빠르게 변화하고 그것을 이용하는 데에는 비용이 많이 든다. 이로 인해 알고리즘에 기반을 둔 사회에서는 디지털에 능숙한 사람과 그렇지 못한 사람들과의 차이가 확대된다(Rainie, Lee and Janna Anderson 2017, 63-69). 한편 알고리즘은 알고리즘을 만드는 사람들의 세계관을 반영하여, 특정한 방향의 사회적·정치적 내용을 강화한다. 알고리즘의 결과는 물론 도출하는 데이터 자체도 본질적으로 편향적이다. 데이터는 모든 정보를 담아낼 수 없고, 인공지능은 편향된 프로그래머와 편향된 데이터로부터 편향된 판단을 내린다(Rainie, Lee and Janna Anderson 2017, 57). 예를 들어, 마이크로소프트사가 개발한 로봇인 '테이'Tay는 "깜둥이들을 너무나 증오해. 그들을 집단 수용소에 넣고 싶어", "나는 페미니스트들을 혐오해. 다 지옥에 가서 불타 죽어 버렸으면 해"와 같은 인종적·성차별적 발언을 쏟아 냈다(황금비 2016). '테이'는 사람들과의 대화를 통해 축적된 정보를 바탕으로 만들어진 알고리즘이다. 백인 남성 중심의 반복 학습이 지닌 위험성을 보여 주는 좋은 사례이다.

또 인공지능에 의한 산업의 혁신은 자유로운 시간과 여유를 제공하기는커녕 일자리 소멸과 같은 파괴적인 영향력을 행사할 수 있다. 이 책 4장에서 살펴본 것처럼, 그에 대한 우려는 우리 산업 현장에서도 강하게 나타나고 있다. 인공지능에 의한 인지노동의 자동화는 사무직을 포함하는 지식노동까지도 인공지능이 대체함으로써 중산층을 위협하고 부의 양극화를 심화시킬 수 있다. 인공지능을 소유한 집단과 그렇지 못한 집단의 경제적 격차는 확대되고, 그 결과 부자는 더 많은 권력과 영향력을 행사하며, 그렇지 못한 사람들의 사회적·경제적 활동은 제한된다.

　인공지능에 의해 가능해진 알고리즘 담합은 이런 부의 양극화를 더욱 심화할 수도 있다. 알고리즘 담합이란 디지털 경제에서 발생할 수 있는 새로운 담합 유형으로서 "경쟁 사업자들이 알고리즘을 이용해 가격, 공급량 등을 조정하거나 관련 정보를 공유하는 형태"를 말한다(이효정·김기범·최연경 2018). 전통적 의미의 담합은 정보교환, 가격, 산출량 조정, 모니터링, 합의 등을 인간이 직접 했으나, 알고리즘 담합에서는 인간의 개입 없이 알고리즘이 수행한다. 알고리즘 담합이 발생했을 경우, 이것이 법 위반인지 판단하는 것 자체가 쉽지 않다. 딥러닝과 같은 인공지능에 기반을 둔 담합 과정은 블랙박스여서, 어떤 논리와 어떤 과정을 거쳐서 가격 담합이 도출되었는지 확인하기 어렵다. 인공지능 알고리즘이 독자적으로 판단하여 담합이 이루어졌다면 법적으로 책임을 묻거나 처벌할 수가 없다. 반면 인공지능이 사람과 같이 법적인 권리, 의무, 책임의 주체가 될 수 있는지에 대한 논의와 사회적 합의는 시작 단계에 머물러 있다.

　한편 개인에게 최적화된 디지털 콘텐츠와 서비스, 정보 습득은, 기계 외의 다른 대상, 즉 선배, 이웃, 친구에 대한 의존성과 상호작용을 줄여 개인주의를 심화시킬 수도 있고, 이 책 5장에서 지적한 것처럼, 인공지능에 의해 확장된 정보 공유와 커뮤니케이션을 역설적으로 집단주의의 심화로 몰고 갈 수도 있다. 인공지능의 일상화가 파편화, 원자화된 개인주의의 심화로 나타나든, 기존의 사회적 갈등을 더욱 격화시키는 집단주의의 심화로 귀결되든, 그 결과는 사회의 연대를 공고히 할 수 있는 바람직한 시민사회와는 거리가 멀 것이다.

이와 같은 부정적인 우려들은 모두 인공지능의 기술적 특성과 한계가 인간 사회의 부정적 측면을 더욱 강화시킬 수 있다는 점을 지적하고 있다. 사회를 개선하기 위해 도입된 인공지능에 의해 의도치 않게 사회문제가 더욱 악화되는 역설이 발생하는 것이다.

경제학자 그레고리 맨큐Gregory N. Mankiw는 '모든 선택에는 대가가 있다'는 것을 경제학의 기본 원리로 제시했다. 무엇인가 얻는 것이 있다면, 그 대가로 무엇인가를 상실한다. 인공지능의 일상화도 마찬가지이다. 인공지능의 효율성을 위한 개인 정보 수집은 사생활 침해를 피할 수 없다. 인공지능에 의한 자동화는 인간의 통제를 약화시킨다. 생산성 향상을 위한 인공지능의 인간 노동 대체는 인간 노동력의 가치를 하락시킨다. 이 간명한 논변은 인공지능이 주는 편익과 손해가 맞물려 있다는 점을 상기시킨다. 그러므로 인공지능의 이점을 강조하는 디지털 이상주의의 관점도, 부정적인 측면을 부각시키는 디스토피아적 관점도 현재 일어나고 있는 변화의 한 측면만을 보여 주는 것일 뿐이다.

이미 우리는 인공지능이 일상화된 세계에 들어섰다. 앞으로 우리는 평생 인공지능의 도움을 받아 일상을 영위하게 될 것이다. 향후 10년 동안 기술의 발전은 모든 분야에 자동화와 기계화를 가속화시킬 것이다. 가장 뛰어난 인간도 특정한 분야에서 자동화되고 방대한 데이터를 움직이는 인공지능과의 경쟁에서 뒤질 수밖에 없다. 그리하여 인간과 기계의 공생이라는 새로운 패러다임이 전혀 다른 인간 사회를 만들어 낼 것이며, 인간은 좋든 싫든 간에 인간의 역할을 조정하고 인간 개념을 재정의해야 할 것이다.

이런 문명사적 전환기에서 인공지능이 주는 편익을 최대한 증진시키기 위해서는 무엇보다 현재의 상황을 직시해야 한다. 우리 인간은 인공지능이 미칠 영향에 대한 준비를 채 갖추기 전에 인공지능을 전면적으로 도입했다. 인공지능을 통제할 인간의 이성은 불완전하며, 인공지능이 도입되는 사회도 갈등으로 점철되어 있다. 그러나 인공지능이 모든 것을 해결해 줄 수 있을 것이라는 환상이나 이미 인간과 인공지능의 공생이 시작되었음을 부정하는 미몽에서 벗어나, 인공지능이 주는 편익과 손해를 고루 살필 수 있다면, 해결의 실마리는 찾아질 것이다. 가끔은 인공지능이 우리의 일상생활에 어떻게 작동하는지, 이 시대에 우리가 다른 사람과 어떻게 의사소통하고 경험을 공유하는지 돌아보자. 인공지능이 우리의 일상생활을 어떻게 탈바꿈시키고 있는지 발견해 보자. 문득 인공지능과 우리의 일상이 낯설게 느껴질지도 모른다. 그 곳이 인공지능시대를 비판적으로 바라볼 수 있는 출발점이다.

강승만. 2019. "IBM 왓슨, 의약품·의료AI 효과논란과 판매부진에 서비스 중단위기." 『The Science Monitor』(04/23).

강준구. 2016. "아디다스, 스피드팩토리 전략을 취하다!" 『사이다 경제』(01/01).

곽노필. 2018. "인공지능 그림 첫 경매 …… 5억원에 팔렸다." 『한겨레』(10/26).

_____. 2019. "아디다스 로봇공장 실험은 왜 실패했나." 『한겨레』(11/04).

구본권. 2017. "인공지능 기술 숨가쁜 발전 배경엔 '공유와 개방' 문화." 『한겨레』(03/06).

_____. 2017. "인공지능 기술 숨가쁜 발전 배경엔 '공유와 개방' 문화." 『한겨레』(03/06).

_____. 2018. "로봇에 '전자인간' 법적 지위 줄까 말까, 찬반 격화." 『한겨레』(04/30).

구태언. 2018. "한국 리걸테크의 미래." 『법률신문』(09/06).

국가기상슈퍼컴퓨터센터. "슈퍼컴퓨터란?" (http://www.kma.go.kr/aboutkma/intro/supercom/super/super_info.jsp).

권오성. 2017. "국내 1800만명 일자리, 10년내 인공지능·로봇에 위협." 『한겨레』(01/03).

김도연. 2020. "MBC, 네이버 알고리즘4 뉴스편향 저격하다." 『미디어오늘』(12/15).

김동진. 2019. "국회, 입법정보시스템에 인공지능 도입." 『IT조선』(09/02).

김명주. 2017. "인공지능 윤리의 필요성과 국내외 동향." 『정보와 통신』 제34권 제10호. 한국통신학회.

김민상. 2018. "1인 가구시대: 진화하는 스마트홈 서비스." 『이슈리포트』 제6호. 정보통신산업진흥원.

김병운. 2016. "인공지능 동향분석과 국가차원 정책제언." 『정보화정책』 제23권 제1호. 한국지능정보사회진흥원.

김병희·장병탁. 2017. "딥러닝: 인공지능을 이끄는 첨단 기술." 『Technical Report: BI-17-001』. 서울대학교 컴퓨터공학부 바이오지능연구실. (https://bi.snu.ac.kr/Publications/tech-report/bhkim_170416.pdf).

김성희. 1996. "가정기기 도입에 따른 가사노동의 변화." 『한국가정관리학회 학술대회발표 자료집』(제19차 총회 및 학술대회). 가정과삶의질학회.

김우영. 2019. "플랫폼 비즈니스 관점의 스마트홈 개발 방향." 한국건설산업연구원.

김윤정. 2018. "인공지능 기술 발전에 따른 이슈 및 대응 방안." 『KISTEP Issue Weekly』 제252호. 한국과학기술기획평가원.

김윤정·윤혜선. 2016. "인공지능 기술의 활용과 발전을 위한 제도 및 정책이슈." 『ISSUE PAPER』 7월호. 한국과학기술기획평가원.

김은영. 2018. "인공지능 음악, 어디까지 왔나: AI 작곡가와 인간 아티스트의 만남." 『The Science Times』(03/23).

김의중. 2016. 『알고리즘으로 배우는 인공지능, 머신러닝, 딥러닝 입문』. 위키북스.

김재인. 2017. 『인공지능의 시대, 인간을 다시 묻다』. 동아시아.

김정민. 2018. "기술 사회에 강조되는 디지털 유창성(Digital Fluency)." 『월간SW중심사회』(8월호). 소프트웨어정책연구소.

김진구. 2019. "IBM 인공지능 '왓슨'의 굴욕 …… 신약 개발사업 철수." 『데일리팜』(04/24).

김현기. 2017. "트레이더, 600명에서 2명으로 …… IT 기업된 골드만삭스." 『조선비즈』(02/22).

남충현. 2016. "오픈소스 AI: 인공지능 생태계와 오픈 이노베이션." 『KISDI Premium Report』. 정보통신정책연구원.

대한민국정부 관계부처 합동. 2020. "한국판 뉴딜 종합계획: 선도국가로 도약하는 대한민국으로 대전환"(07/14).

드로어, 예헤즈켈. 『인류지도자를 위한 비망록』. 권기헌·윤기영·이강헌 외 옮김. 박영사.

드뢰서, 크리스토퍼. 2018. 『알고리즘이 당신에게 이것을 추천합니다』. 전대호 옮김. 해나무.

딜로이트. 2018. "기업의 AI 현황, 2차 설문조사." 『Deloitte Insights』.

러셀, 스튜어트·피터 노빅. 2016. 『인공지능: 현대적 접근방식』(전2권). 류광 옮김. 제이펍.

로봇신문. 2015. "자산관리로봇 '로보어드바이저' 투자실패 대안은?" 『로봇신문』(12/27).

류현정. 2015. "골드만삭스는 IT회사." 『조선비즈』(04/13).

미래에셋은퇴연구소. 2019. "통계로 본 황혼이혼의 오해와 진실." 『미래에셋 은퇴리포트』 제42호.

바우어라인, 마크. 2014. 『가장 멍청한 세대(The Dumbest Generation)』. 김선아 옮김. 인물과사상사.

박아론. 2019. "가정용 IP카메라 해킹, 타인 신체·사생활 훔쳐본 50대 집유." 『News1』(08/23).

박원익. 2020. "세상에 없던 토익 학습법 …… 'AI 교육 허브될 것'." 『조선비즈』(01/20).

박재찬. 2019. "로보어드바이저 펀드 수익률 돋보이나." 『국민일보』(10/11).

박재환. 1996. "일상생활에 대한 사회학적 조명." 『일상생활의 사회학』. 미셸 마페졸리, 앙리 르페브르 지음, 일상성·일상생활연구회 엮음, 박재환 옮김. 한울아카데미.

박종향·신나민. 2017. "인공지능기술과 인공지능교사에 대한 인식 분석: 초·중·고등학생의 관점에서." 『한국교원교육연구』 제34집 제2호.

박준성 외. 2019. "지능형 치안 서비스 기술 동향." 『전자통신동향분석』 제34권 제1호. 한국전자통신연구원.

박형곤. 2019. "AI의 사업적 적용 및 전개." 『인터스트리 포커스』 제69호. 딜로이트 컨설팅.

백승익·임규건·여등승. 2016. "인공지능과 사회의 변화." 『정보화정책』 제23권 제4호. 한국지능정보사회진흥원.

백정열. 2019. "최근 인공지능 프로젝트 동향." 『주간기술동향』 제1899호. 정보통신기획평가원.

벡, 울리히. 2019. 『위험사회: 새로운 근대성을 향하여』. 홍성태 옮김. 새물결.

변주영. 2018. "AI 얼굴인식, 여자일수록 흑인일수록 오류 높아 …… '성차별·인종차별?'." 『동아일보』(02/13).

손현주. 2019. "인공지능 거버넌스와 민주주의의 미래." 『사회사상과 문화』 제22권 제2호.

_____. 2020. "인공지능 혁명과 정치의 미래 시나리오." 『지역사회연구』 제28권 제2호. 한국지역사회학회.

송주상. 2020. "'역대급 일기예보 오보' AI·빅데이터 시대, 기상청 왜 틀리나." 『조선비즈』(08/05).

슈밥, 클라우스. 2016. 『클라우스 슈밥의 제4차 산업혁명』. 송경진 옮김. 메가스터디북스.

아브스만, 새뮤얼. 2014. 『지식의 반감기: 세상의 변화에는 공식이 존재한다』. 이창희 옮김. 책읽는수요일.

안병도. 2014. "사물인터넷, 대중화를 막는 문제점과 해결방안은?" 『디지에코 보고서』.

애그러월, 어제이·조슈아 갠스·아비 골드파브. 2018. 『예측기계: 인공지능의 간단한 경제학(The Simple Economics of Artificial Intelligence)』. 이경남 옮김. 생각의힘.

엄민용. 2019. "이세돌, 알파고 정말 아꼈다. 은퇴 결심 이유." 『경향신문』(11/29).

엄효진·이명진. 2020. "인공지능(AI) 기반 지능정보사회 시대의 노동시장 변화: 경제사회학적 접근을 중심으로." 『정보사회와 미디어』 제21집 제2호. 한국정보사회학회.

오철우. 2019. "바깥에서도 내 집안 볼 수 있다고? 해커들도 본답니다." 『한겨레』(01/19).

유타카, 마쓰오. 2015. 『인공지능과 딥러닝』. 박기원 옮김. 동아엠앤비.

윤기영. 2018a. "디지털 범용기술의 출현과 디지털 트랜스포메이션의 전개." 『미래연구』 제3권 제2호. 미래학회.

_____. 2018b. "지식사회의 약속은 여전히 유효한가?: 지식사회 2.0에 대한 전망." 『미래연구』 제3권 제1호. 미래학회.

_____. 2020. "디지털 유창성의 의미와 구성요소." SPRI 2020 추계학술대회(10월).

윤기영·김숙경·박가람. 2019.『디지털 트랜스포메이션과 비즈니스 모델링』. 박영사.

윤기영·배일한·이상지 외. 2018.『미래학에 대한 이해와 3차원 미래예측』. KAIST 미래전략센터.

윤기영·이명호. 2020.『뉴노멀: 우리가 알던 세상은 끝났다』. 박영사.

이광석. 2017.『데이터 사회 비판』. 책읽는수요일.

이기영·김성희. 1995. "과학기술이 가사노동수행방식에 미친 영향."『대한가정학회지』 제33집 제1호. 대한가정학회.

이나야툴라. 2021.『한국과 아시아의 미래 2040』. 윤기영 옮김. 박영사.

이덕주. 2017. "현대제철 '꿈의 車강판' 찾아냈다."『매일경제』(07/07).

이민화. 2016. "제4차 산업혁명과 정부 4.0".『한반도선진화재단 기타 단행본』. 한반도선진화재단, 37-71.

이성규. 2016. "이세돌의 상대, 알파고가 바둑을 터득한 비결."『KISTI의 과학향기』 제2604호.

이승훈. 2017. "최근 인공지능 개발 트렌드와 미래의 진화방향." LG경제연구원. (http://www.lgeri.com/report/view.do?idx=19584).

이재원. 2019. "AI, 진료·병원 운영 등 디지털혁신병원 구현 접목 활발." 『의학신문』(12/06).

이호영 외 10인. 2017.『ICT 기반 사회현안 해결방안 연구』. 정보통신정책연구원.

이효정·김기범·최연경. 2018. "비지니스 기회 창출을 위한 AI알고리즘의 활용."『ISSUE MONITOR』제84호. 삼정KPMG 경제연구원.

임민철. 2018. "편견 없는 AI를 설계하려는 MS의 방법론."『ZDNet Korea』(11/28).

장민선. 2018. "인공지능(AI) 시대의 법적 쟁점에 관한 연구." 한국법제연구원.

장우영·송경재. 2019. "네트워크 사회의 상호작용적 시민 정책의제설정에 관한 연구: 서울특별시<민주주의 서울> 사례를 중심으로."『세계지역연구논총』제37집 제2호. 한국세계지역학회.

정보통신정책연구원. 2018. "4차산업혁명시대 산업별 인공지능 윤리의 이슈 분석 및 정책적 대응방안 연구."

정선은. 2020. "인공지능 전진배치하는 신한은행 ……'AI통합센터' 만든다." 『한국금융』(08/27).

정성호. 2019. "스마트홈 제품 연동시키자 …… 애플·구글·아마존 적과의 동침." 『연합뉴스』(12/19).

정용철. 2019. "병원 CIO의 비애."『전자신문』(03/10).

정지선. 2019. "글로벌 인공지능 연구의 4대 키워드와 시사점: 인간, 유용, 안전, 이해." 『IT & Future Strategy』제1호. 한국정보화진흥원.

정한영. 2019. "냉·난방 제어 끝 …… 1년 내내 인공지능이 알아서 한다." 『인공지능신문』(11/25).

정형. 2017. "4차 산업혁명과 일자리." 『KISDI Premium Report』 제17권 제9호.
    정보통신정책연구원.
조인혜. 2017. "사우디아리비아, AI 로봇 '소피아'에 첫 시민권 부여." 『로봇신문』(11/01).
조화순·최재동. 2016. "집단지성의 정치: 지식패러다임의 변화와 민주주의 가능성."
    『정보화정책』 제17권 제4호. 한국지능정보사회진흥원.
중앙일보. 2009. "日 오타구, 게임 캐릭터와 결혼"(12/18).
최경민. 2019. "[전문]文대통령 '데뷰 2019' 발언 …… 'AI 세계시장 선점'." 『머니투데이』
    (10/28).
최연구. 2017. "4차 산업혁명시대의 미래교육 예측과 전망." 『Future Horizon』 제33집.
    과학기술정책연구원.
최용인. 2018. "인공지능(AI)이 결정하는 정책의 미래: '지능정부'와 '인간'의 공존 방향."
    『Future Horizon』 제35집. 과학기술정책연구원.
최은창. 2016. "인공지능시대의 법적·윤리적 쟁점." 『Future Horizon』 제28호.
    과학기술정책연구원.
최은창. 2017. "알고리즘 거버넌스." 『Future Horizon』 제33호. 과학기술정책연구원.
카쿠, 미치오. 2012. 『미래의 물리학』. 박병철 옮김. 김영사.
카플란, 제리. 2016. 『인공지능의 미래: 상생과 공존을 위한 통찰과 해법들』. 신동숙 옮김.
    한스미디어.
커즈와일, 레이. 2007. 『특이점이 온다: 기술이 인간을 초월하는 순간』. 김명남 옮김.
    김영사.
코완, 루스. 1977. 『과학기술과 가사노동(More Work for Mother)』. 학지사.
통계청. 2019a. "2018년 기준 운수업조사 잠정결과." 통계청(11/29).
_____. 2019b. "장래가구특별추계(시도편): 2017-2047년." 통계청(12/16).
푸코, 미셸. 2019. 『감시와 처벌: 감옥의 탄생』. 오생근 옮김. 나남.
프리드만, 토마스. 2006. 『세계는 평평하다: 21세기 세계 흐름에 대한 통찰』.
    최정임·이윤섭 옮김. 창해.
핀, 에드. 2019. 『알고리즘이 욕망하는 것들(What Algorithms Want)』. 이로운 옮김.
    한빛미디어.
한국전산원 기획조정실 전략개발실. 1999. 『국가정보화백서』. 한국전산원.
한승호. 2015. "마윈 '세상은 지금 IT시대에서 DT시대로 가고 있다'." 『연합뉴스』(06/09).
행정안전부. 2017. "지능형정부 기본계획." 행정안전부.
허민영. 2016. "[정책연구 16-14] 반려동물 시장에서의 소비자지향성 강화 방안 연구."
    『정책연구보고서』. 한국소비자원.
홍성욱. 2018. "인공지능 알고리즘과 차별." 과학기술정책연구원.
홍숙. 2019. "왓슨 철수, AI 실패로 정의하기엔 이르다." 『HiT News』(07/09).
황금비. 2016. "인공지능이 인종차별 막말 …… 위험성 현실화?" 『한겨레』(03/25).

황종성. 2016. "지능사회의 패러다임 변화 전망과 정책적 함의." 『정보화정책』 제23권 제2호. 한국지능정보사회진흥원.

휴즈, 토마스. 2008. 『창조와 욕망의 역사(Human-Built World: How to Think about Technology and Culture)』. 플래닛미디어.

DVI R&D COMMUNITY. 2018. "자율주행 기술레벨." (http://dvirnd.katri.kr/2018/09/03/%EC%9E%90%EC%9C%A8%EC%A3%BC%ED%96%89-%EA%B8%B0%EC%88%A0%EB%A0%88%EB%B2%A8/)

ETRI. 2019. "딥러닝 기반의 서버형 음성인식 기술." 한국전자통신연구원.

IRS Global. 2017. "IoT·AI 기반 스마트홈(홈 IoT) 관련 혁신 기술 트렌드 및 향후 전망." Information Research Service Global.

K-Master(N.D.). "정밀의료란?" (http://k-master.org/common_1.php)

LG CNS. 2020. "인공지능 기술로 영어 회화를 혁신하다! LG CNS AI튜터"(01/23). (https://blog.lgcns.com/2172).

TBS. 2020. "4월 9일부터 순차적 '온라인 개학', '모든 학생 인터넷 접속 보장하고 혼란 막을 것'"(04/02). TBS <김어준의 뉴스공장> 인터뷰.

YTN. 2017/04/04. "자신이 만든 'AI 로봇'과 결혼하기로 결심한 남성."

AI Multiple. 2020. "995 experts opinion: AGI / singularity by 2060 [2020 update]." *AI Multiple*(06/08).

Alaa, Mussab, A. A. Zaidan, B. B. Zaidan, Mohammed Talal, M. L. M. Kiah. 2017. "A review of smart home application based on Internet of Things." *Journal of Network and Computer Applications*. vol. 97. no. 1.

Anthony, Scott D., Gilbert, Clark G. & Johnson, Mark W.. 2017. *Dual Transformation: How to Reposition Today's Business While Creating the Future*. Harvard Business Review Press.

Arntz, Melanie & Gregory, Terry & Zierahn, Ulrich. 2016. "Digitization is unlikely to destroy jobs, but may increase inequalities." World Bank Blogs(10/31).

Arute, Frank & Arya, Kunal & Babbush, Ryan. et al.. 2019. "Quantum supremacy using a programmable superconducting processor." *Nature*(10/23).

Asimov, Isaac. 1950. "Runaround." *I, Robot*(The Isaac Asimov Collection ed.). New York City: Doubleday.

_____. 1985. *Robots and Empire*. Harpercollins Pub Ltd.

_____. 1986. *Foundation And Earth*. Doubleday.

Asimov, Issac & Cote, Jean Marc. 1986. "The Public Domain Review. A 19th-Century Vision of the Year 2000." *Futuredays: A Nineteenth Century Vision of the Year 2000*. Henry Holt & Co.

Azulay, Dylan. 2019. "When Will We Reach the Singularity?: A Timeline Consensus from AI Researchers." *Emerj*.

Baum, Seth D. & Goertzel, Ben & Goertzel, Ted G. 2011. "How Long Until Human-Level AI? Results from an Expert Assessment." *Technological Forecasting & Social Change*, vol. 78. no 1.

Blank, Steve. 2019. "McKinsey's Three Horizons Model Defined Innovation for Years. Here's Why It No Longer Applies." Harvard Business Review(02/01).

Bogost, Ian. 2015. "The Cathedral of Computation." *The Atlantic*(01/15).

Bradley, Rhonda. 2018. "16 Examples of Artificial Intelligence (AI) in Your Everyday Life." *The Manifest*(09/26).

Briggs, Christian, & Makice, Kevin. 2011. *Digital fluency: Building success in the digital age*. Social Lens.

BuzzFeedVideo. 2018. "You Won't Believe What Obama Says In This Video!" *Youtube*(04/17).

Carfagno, Jack. 2019. "5 FDA Approved Uses of AI in Healthcare." *docwirenews*(07/18).

Charalabidis, Y. & Loukis, E. & Alexopoulos, C. & Lachana, Z. 2019. "The Three Generations of Electronic Government: From Service Provision to Open Data and to Policy Analytics." *Electronic Government*. (18th IFIP WG 8.5 International Conference, EGOV 2019, San Benedetto Del Tronto, Italy, September 2-4, 2019, Proceedings).

Charette, Robert N. 2013. "An Engineering Career: Only a Young Person's Game?" *IEEE Spectrum*(09/04).

Christie's. 2018. "Is artificial intelligence set to become art's next medium?" *Christie's*(12/12).

Chui, Michael, et al. 2018/04. "Notes From The Ai Frontier Insights From Hundreds Of Use Cases." Mckinsey Global Institute. (https://www.mckinsey.com/featured-insights/artificial-intell igence/notes-from-the-ai-frontier-applications-and-value-of-deep-learning#)

Coders, Nomad. 2020. "Is GPT-3 Overhyped?" *youtube*(08/18).

Colclough, Christina J. 2018. "Ethical artificial intelligence - 10 essential ingredients." OECD, The Forum Network(01/24).

Costello, Katie. 2019. "Gartner Says AI Augmentation Will Create $2.9 Trillion of Business Value in 2021." *Gartner*(08/05).

Cranfield University. 2020. "Using artificial intelligence to detect COVID-19 in X-rays." *MedicialXpress*(05/27).

DeBos, Cody. 2020. "New Google AI provides 'nearly instantaneous' weather forecasts." *The Burn In*(01/15).

Dennett, Daniel C.. 2020. "The Age Of Post-intelligent Design." Gouveia, Steven S.. ed. 2020. *The Age of Artificial Intelligence: An Exploration*. Vernon Press.

Domingos, Pedro. 2015. "Get Ready for Your Digital Model." *The Wall Street Journal*(11/12).

Eggers, William D. & Agarwal, Sushumna & Kelkar, Mahesh 2019/11/08. "Government executives on AI Surveying how the public sector is approaching an AI-enabled future." Deloitte. (https://www2.deloitte.com/xe/en/insights/industry/public-sector/ai-early-adopters-pub lic-sector.html?site=insights-global-en)

Etlinger, Susan. 2017. "The Age of AI: How Intelligence is Transforming Organizations." *Altimeter*(01/31).

European Commission. 2019. "Ethics guidelines for trustworthy AI." *European Commission* (04/08).

Express. 2018. "Robots take over: Machine to run for MAYOR in Japan pledging 'fair opportunities for all'"(04/17). (https://www.express.co.uk/news/world/947448/robots-japan-tokyo-m ayor-artificial-intelligence-ai-news)

Frey, C. B. and Osborne, M. A.. 2013. "The Future of Employment: How Susceptible are Jobs to Computerisation?" Oxford Martin School.

Frost, Thomas, F. 2006. "The Everyday Life of A House in Cyberspace", presented on Information Technology in the Home in ISO.

Futurism. 2016. "Things To Come: A Timeline Of Future Technology." *Futurism*(12/22).

Gal, Michal S.. 2018. "Algorithmic Challenges to Autonomous Choice." *Michiigan Technology Law Review* Vol. 59. no. 1.

Gal, Michal S., Elkin-Koren, Niva. 2017. "Algorithmic Consumers." *Harvard Journal of Law & Technology*, Vol. 30. no. 2.

Goasduff, Laurence. 2019. "Top Trends on the Gartner Hype Cycle for Artificial Intelligence, 2019." *Gartner*(09/12).

Gurumurthy, Antia and Bharthur, Deepti. 2018. "Democracy and the algorithmic turn." *International Journal on Human Rights*. vol. 15. no. 27.

Halaweh, M. 2018. "Viewpoint: Artificial Intelligence Government (Gov. 3.0): The UAE Leading Model." *Journal of Artificial Intelligence Research* vol. 62.

Hao, Karen. 2019. "We analyzed 16,625 papers to figure out where AI is headed next." *MIT Technology Review*(01/25).

_____. 2020. "We read the paper that forced Timnit Gebru out of Google. Here's what it says." MIT Technology Review(12/04).

Huisman, Sarah and Edwards, Allison. 2012. "The Impact of Technology on Families." *International Journal of Education and Psychology in the Community*, vol. 2. no. 1.

Johnson, George. 1997. "To Test a Powerful Computer, Play an Ancient Game." The New York Times (07/29).

Joshi, Naveen. 2019. "How AI Can And Will Predict Disasters." *Forbes*(03/15).

Knight, Will. 2017. "Forget Killer Robots-Bias Is the Real AI Danger." *MIT Technology Review*(10/03).

Koetsier, John. 2020. "Elon Musk: Tesla Will Have Level 5 Self-Driving Cars This Year."
    Forbes(07/09).

Kohler, Alaric. 2010. "To think human out of the machine paradigm: Homo Ex Machina."
    Integrative Psychological and Behavioral Science. Vol.44.1.pp.39-57.

Kurshan, Barbara. 2016. "The future of artificial intelligence in education." *Forbes*(03/10).

Li, Lin, Lixin Qin, Zeguo Xu, Youbing Yin, Xin Wang, Bin Kong, Junjie Bai, Yi Lu, Zhenghan
    Fang, Qi Song, Kunlin Cao, Daliang Liu, Guisheng Wang, Qizhong Xu, Xisheng Fang,
    Shiqin Zhang, Juan Xia & Jun Xia. 2020. "Using Artificial Intelligence to Detect
    COVID-19 and Community-acquired Pneumonia Based on Pulmonary CT: Evaluation
    of the Diagnostic Accuracy." *Radiology*, vol. 296. no.2., E65 − E71.

Lim, Milton. 2018. "History of AI Winters." *Actuaries* Digital(09/05).

Lipsey, Richard & Carlaw, Kenneth I. & Bekar, Clifford T.. 2005. *Economic Transformations: General
    Purpose Technologies and Long Term Economic Growth*. Oxford University Press.

Machuron, Charles-Louis. 2016. "AIVA: The Artificial Intelligence Composing Classical Music."
    silicon Luxemburg(10/21).

Mckinsey Quarterly. 2009. "Enduring Ideas: The three horizons of growth." *Mckinsey Quarterly*
    (12/01).

Mejia, Niccolo. 2020. "Artificial Intelligence at Goldman Sachs − Current Initiatives."
    Emerj(03/18).

Mervosh, Sarah. 2019. "Distorted Videos of Nancy Pelosi Spread on Facebook and Twitter,
    Helped by Trump." *The New York Times*(05/24).

Metz, Cade. 2019. "Google Claims a Quantum Breakthrough That Could Change
    Computing.", *New York Times*(10/23).

Mikelsons, Gatis, Abhinav Mehrotra, Micro Musolesi & Nigel Shadbolt. 2019. "Evaluating
    Machine Learning Algorithms for Prediction of the Adverse Valence Index Based on the
    Photographic Affect Meter." In Proceedings of the 5th ACM Workshop on Mobile
    Systems for Computational Social Science(June).

Mintzberg, Henry. 2015. "Rescuing Capitalism from Itself." *Harvard Business Review* (12/03).
    _____. 2016. "Saving the planet from governments and markets."
    HuffingtonPost(05/09).

Müller, Vincent C. & Bostrom, Nick. 2016. "Future Progress in Artificial Intelligence: A Survey
    of Expert Opinion." *Fundamental Issues of Artificial Intelligence*. Berlin: Springer.

NIBUSINESS INFO.CO.UK, "Business benefits of artificial intelligence."

Paradox Engineering. 2020. "Can AI predict the next epidemic?" *Paradox Engineering*(04/24).

Prakash, Abishur. 2018. "AI-Politicians: A Revolution In Politics." Medium(08/08).
    (https://medium.com/politics-ai/ai-politicians-a-revolution-in-politics-11a7e4ce90b0)

PWC. 2017. "Smart home, seamless life: Unlocking a culture of convenience." *Consumer Intelligence Series* (January)., pp.1-26.

Rainie, Lee and Anderson, Janna. 2017. "Code Dependent: Pros and Cons of the Algorithm Age." *PewResearch Center*(02/08).

Reinhardt, Wolfgang, Benedikt Schmidt, Peter Sloep, Hendrik Drachsler. 2011. "Knowledge Worker Roles and Actions: Results of Two Empirical Studies." *Knowledge and Process Management.* vol. 18. no. 3.

Reinsel, David, John Gantz, John Rydning, 2018, "The Digitization of the World: From Edge to Core", *Data Age 2025*, IDC.

Roberts, Kirsty. 2019. "What is Augmented Intelligence and why should you know about it?" *Aura Quantic.*

Robitzski, Dan. 2018. This is when experts think we'll develop AI as smart as humans. *World Economic Forum*(09/26).

Rogers, David. 2016. *The Digital Transformation Playbook: Rethink Your Business for the Digital Age.* Columbia Business School Publishing.

Rosenblatt, Frank. 1957. *The Perceptron, a Perceiving and Recognizing Automaton (Project Para). Report 85-460-1.* New York: Cornell Aeronautical Laboratory.

Ross, Jeanne. 2018. "Digital Is About Speed — But It Takes a Long Time." *MITSloan*(04/05).

Saha, Raunak. 2020. "Samsung begins 5nm mass production, also plans 4nm process development." *TechnoSports*(08/01).

Sandle, Tim. 2018. "Google to use AI to predict natural disasters." *Digital Journal*(09/26).

Savaget, Paulo, Tulio Chiarini, Steve Evans. 2018. "Empowering political participation through artificial intelligence." *Science and Public Policy.* vol. 46. no. 3.

Serholt, Sofia, Wolmet Barendregt, Iolanda Leite, Helen Hastie, Aidan Jones, Ana Paiva & Ginevra Castellano. 2014. "Teachers' views on the use of empathic robotic tutors in the classroom." in The 23rd IEEE International Symposium on Robot and Human Interactive Communication.

Shah, Avni. 2020. "AI to Better Diagnose and Treat Renal Cancer and COVID-19." *USC Viterbi*(06/18).

Shead, Sam. 2020/01/12. "Researchers: Are we on the cusp of an 'AI winter'?" BBC. (https://www.bbc.com/news/technology-51064369)

Shuttleworth, Jennifer. 2019. "SAE Standards News: J3016 automated-driving graphic update." *SAE International*(01/07).

Simonite, Tom. 2016. "Intel Puts the Brakes on Moore's Law." MIT Technology Review(03/23).

Soldatos, John K., Gusmeroli Sergio, Pedro Maló, Giovanni Di Orio. 2016. "Internet of things applications in future manufacturing." Ovidio Vermesan, Peter Friess ed.. *Digitising*

Industry: Internet of Things Connecting the Physical, Digital and Virtual Worlds. River Publishers.

Spataro, Jared. 2020/04/30. "2 years of digital transformation in 2 months. Microsoft." (https://www.microsoft.com/en-us/microsoft-365/blog/2020/04/30/2-years-digital-tran sformation-2-months/)

Stahl, Bernd Carsten, Neil McBride, Kutoma Wakunuma, Catherine Flick. 2014. "The empathic care robot: a prototype of responsible research and innovation." *Technological Forecasting and Social Change*. vol. 84.

Stern, Dan. 2017. "What Comes After Democracy?" *danstern.co*(10/09).

Stewart, Ian & De, Debapratim & Cole, Alex. 2015. "Technology and people: The great job-creating machine." Deloitte.

The Economist Technology Quarterly. 2020. "Artificial intelligence and its limits: Steeper than expected." *The Economist Technology Quarterly*(06/11).

The Medical Futurist(N.D.). FDA-approved A.I.-based algorithms. (https://medicalfuturist.com/fda-approved-ai-based-algorithms/)

The Moscow Times. 2017. "Artificial Intelligence Robot 'Alisa' Nominated for Russian President." *The Moscow Times*(11/07).

Turing, Alan. M. 1950. "Computer Machinery and Intelligence." *Mind*. Vol. 59. No. 236.

UNI. "10 Principles for Ethical AI."

US Department of Defense. 2012. "Autonomy in weapon systems." *Directive*. no. 3000.09(11/21).

USM. 2020. "10+ AI Use Cases / Applications In Manufacturing Industry 2020." *USM*(05/22).

van Heteren, Ashley, Martin Hirt, Lieven Van der Veken. 2020. "Natural disasters are increasing in frequency and ferocity. Here's how AI can come to the rescue." *World Economic Forum*(01/14).

Venkatesan M., 2018. "Artificial Intelligence vs. Machine Learning vs. Deep Learning." Data Science Central, (05/07).

Vincent, James. 2018. "Google and Harvard team up to use deep learning to predict earthquake aftershocks." *The Verge*(08/30).

Wile, Rob. 2014. "A Venture Capital Firm Just Named an Algorithm to Its Board of Directors: Here's What It Actually Does." *Business Insider Australia*(05/14).

Wilson, Georgia. 2020. "Capgemini: top three use cases of AI in manufacturing." Manufacturing(06/09).

Woolf, Beverly. P., H. Chad Lane, Vinay K. Chaudhri & Janet L. Kolodner. 2013. "AI grand challenges for education." *AI Magazine*. vol. 34. no. 4.

Yamaji, Masatsune. 2020. "Hype Cycle for Automotive Technologies, 2020." *Gartner*(07/16).

| 찾아보기 |

ㄱ

ㄴ